Sociotechnology
Design for Problem Solution

社会技術論
問題解決のデザイン

堀井秀之

東京大学出版会

Sociotechnology:
Design for Problem Solution
Hideyuki HORII
University of Tokyo Press, 2012
ISBN978-4-13-062833-4

はじめに

　東日本大震災，福島原子力発電所事故は，社会問題の解決に抜本的な変革が必要であることを明白にした．何かがおかしい．いままでの枠組みを踏襲し，これまでの努力を着実に続けてゆけば，状況が改善するとはとうてい思えない．今回の災害，事故に限らず，各種格差の拡大，少子高齢化，医師不足，事故犯罪の増加など，解決を必要とする社会的な課題は跡を絶たない．社会問題の解決には本質的な問題点が存在する――それが震災によって表出したと理解するべきであろう．

　それでは，社会問題解決の何が問題なのだろうか．その背景には科学技術の著しい進歩による社会の高度化がある．社会生活の利便性，効率性は向上し，豊かで快適な社会が実現された一方，その科学技術を適切に使いこなす社会システムが，科学技術の進歩に追いついていけなくなっているのではないか．

　科学技術と社会の高度化に伴い，社会の複雑性は確実に高まっている．独立に機能していた社会システムは相互につながり合い，影響を及ぼし合うこととなった．あるサブシステムがその機能を発揮するためには，システム全体が機能しなくてはならなくなっている．また，あるサブシステムが機能しないことにより，システム全体も機能しなくなってしまう．

　科学技術の進歩に伴い，必要となる知識も高度化し，専門分化・分業を進めざるを得なくなっている．学問は領域の細分化を加速することによって深化を計っている．結果として，自分の狭い専門領域以外のことについては素人に近い専門家ばかりを生み出し，全体を把握する専門家の欠如を来している．

　専門知識の高度化により，専門家と非専門家の距離はますます大きくなり，情報の非対称性は強くなるばかりである．それを補うものは，専門家に対する信頼であるが，情報の非対称性が強まることにより，専門家に対する信頼を構築，維持することが難しくなっている．信頼を構成する能力と誠実性を示すことが，専門知識の高度化によって難しくなっているのである．事実，ていねい

に説明することが，逆に誠実性を疑われることにつながったり，不確実性について言及することによって信頼を失うという現象がおこっている．

このような背景——社会の変化に対応した社会問題解決の枠組みが存在していないことが，社会問題解決の問題点のひとつである．戦後復興，高度成長の中で築き上げた社会問題解決の枠組みの延長線上に現在の状況があり，中央省庁が責任をもって社会問題の解決に当たるという枠組みが中心となっている．省庁縦割りの弊害といわれるのは，まさに問題背景や社会の変化に対する対応が不十分であるという指摘のひとつである．

社会問題解決の枠組みを構成する要素としては，社会問題解決の概念と問題解決策デザインの方法論，問題解決の実施にかかわる事項があげられる．本書では，社会問題解決の概念と問題解決策デザインの方法論に重点をおく．適切な問題解決策が立案されなければ，問題を解決することは難しい．問題が時々刻々と変化している以上，解くべき問題に対して適切な解決策を立案しなくてはならない．適切な問題解決策を立案するためには，解決すべき問題にふさわしい問題解決の概念が必要である．この概念は，解を探索するための解空間を規定するものでもあり，問題解決策デザインの方法論が基とするものでもある．たとえば，本書で扱うソーシャルエンタープライズ（社会的企業）は，ビジネスを通じて社会的課題を解決するという新しい問題解決の概念に基づいている．

また，社会問題の解決には俯瞰的なアプローチが不可欠である．問題には複数のステークホルダー（利害関係者）や社会システムがかかわっているだけでなく，政治的側面，経済的側面，技術的側面，社会的側面，倫理的側面など，多くの事柄がかかわっており，問題の全体像を把握することが求められる．工学の知識は社会問題の解決にも有効であるが，工学の知識だけで社会問題が解決できるわけではない．政治学，行政学，法学，社会学など，活用できる知識を総動員することが必要である．

本書では，「社会技術」という概念を提示する．「社会技術」とは社会問題を解決し，社会を円滑に運営するための広い意味での技術である．ここで技術とは，工学的な技術だけでなく，法・経済制度，教育，社会規範など，すべての社会システムを含んだものを意味する．社会技術という概念を通じて，新しい問題解決策を導入することの重要性を強調する理由には，科学技術の成果を活

用することによって社会的な課題の解決が可能になったこと，そのためには科学技術の成果と社会制度をうまく組み合わせることが必要であること，社会的課題を解決する枠組みが多様化し，政府が法律などによって社会的課題を解決するという枠組み以外の方法が模索されるようになっていることがあげられる．

そして次に，この社会技術という概念に基づき，問題解決策のデザインの方法論を提示する．問題解決策をデザインするためには，まず問題を分析し，着目すべき問題点を特定することが必要である．次に，問題解決策を立案する．さらに，その問題解決策を導入した場合に，状況がどのように変化するかを分析し，その結果を評価する．本書では，この問題解決策デザインのプロセスにおいて用いられる具体的な手法を示す．

社会問題に対する解決策デザインの方法論とそれ以外の問題に対するそれとの間には大きな違いが存在する．問題の分析手法をとってみても，社会問題特有の手法が必要である．たとえば，社会問題にかかわるステークホルダーは多岐にわたり，それぞれが独自の価値基準を有している．異なる価値基準の間に発生するトレードオフが本質的な問題点であることも多い．そのような社会問題の特性に応じた方法論でなければならない．

本書の最大の特長は，問題解決策の立案を支援する手法に重きをおいているところにある．問題解決策の立案は，発明や法則の発想と同様，創造的な思考プロセスであり，第三の推論であるアブダクションが中心となる．政策科学における政策のデザイン，戦略分析における戦略の立案など，類似のプロセスは数多いが，立案の部分について方法が示されている例はない．アブダクションは無意識下で行われる思考であり，それを手法化することはできない．本書では，既存の問題解決策を分析し，アナロジーを利用して発想を支援する手法を提示する．本書では，デザインと設計という言葉を区別なく使っているが，デザインというカタカナ語を使うときには，アブダクションという思考に重きをおいている．

本書で提示する問題解決策のデザインの方法論には普遍性がある．問題とは理想的な状態と現状との差のことであり，理想的な状態を目指すことが目標達成であるから，問題解決と目標達成は同じことである．

本書では，通常の社会問題の解決策に加えて，社会的企業やイノベーション

教育についてもカバーしているが，通底する考え方は共通している．イノベーション，すなわち，新しくて影響力の大きな製品，サービス，ビジネスモデルや社会システムを生み出す仕組みも今の日本には欠けている．本書では，社会問題の解決策をデザインする方法論がイノベーションを生み出す教育にも活かすことができることを示す．

　本書の構成は以下の通りである．

　第1章では，社会技術の概念を説明する．ストックホルム市渋滞緩和事業を例に社会技術の特徴を紹介する．さらに，津波防災の事例を用いて，社会技術をデザインする方法の考え方を説明する．

　第2章では，問題解決のプロセスのモデル化を行う．人がどのように問題を解決しているのかを考え，人の問題解決の方法に倣って問題解決のプロセスをモデル化する．問題解決策の立案における思考であるアブダクションに触れ，アナロジーによるアブダクションの支援と分野を超えた知の活用という，本書に通底する手法を説明する．

　第3章では，問題を分析する手法を紹介する．問題の全体像を把握し，価値分析により問題点を整理し，基となる価値基準を明らかにする．さらに因果分析を行うことにより，問題を引き起こす因果の連鎖を把握する．それらの結果から，問題解決において着目すべき問題点を抽出するのが問題分析の目的である．

　第4章では，問題解決策の立案を支援する手法を紹介する．既存の解決策の分析結果を活用して，新しい解決策の発想を支援する手法について解説する．ここでは解決策診断カルテを用いて，既存の解決策の分析を行う．分析結果は問題解決マトリクスにまとめられ，問題解決策の発想に活用される．問題解決策の発想を支援するために，アナロジーを機能させる上位概念化が利用されている．

　第5章では，問題解決策の影響分析・評価の手法を紹介する．立案された解決策によってどのような変化が生まれるのか，そしてその変化は問題の解決につながっているのか，あらたな問題が発生していないか，といった検討を行う．

　第6章では，ソーシャルエンタープライズ（社会的企業）をデザインする方法を提示する．社会的企業とは，社会的課題の解決を目的として収益事業に取

り組む事業体のことであり，社会技術の一形態である．新しい問題解決策を生み出すという社会技術の理念からは，基となる解空間を拡げるという意味で魅力的な対象である．

第7章では，政治過程分析を取り上げる．政治過程分析を，複数のステークホルダーの間で影響を及ぼし合うことによってその事象が推移する問題に対する問題分析の方法ととらえる．また，政治過程分析は，解決策の影響分析に適用することができる．ここでは例として，高知県東洋町における高レベル放射性廃棄物処分地決定にかかわる紛争を取り上げる．

第8章では，東京大学で行われているイノベーション教育 i.school を紹介する．ワークショッププロセスのモデル化を論じ，そしてワークショップの事例を紹介する．新しい手段を生み出すという点で，新しい社会問題の解決策の立案と新しい製品，サービス，ビジネスなどの発案とは共通性がある．i.school の成果は社会問題の解決策の立案にも活かすことができる．

第9章では，ケースメソッドによる教育において，社会技術研究によって開発された問題分析や問題解決策立案などの方法をどのように活かすことができるのか，また，社会技術に関する教育を行ううえで，ケースメソッドをどのように利用することができるのかをみる．まず，中国における ESCO 事業展開に関するケースを取り上げ，どのような分析を学生に行わせ，どのような結果を導き出させるかを示す．次に，福島第一原子力発電所事故の要因分析に関するケースを掲載する．このケースは本書の演習問題と位置づけられる．問題の分析を行い，二度とこのような事態が起こることがないようにするために必要な対策を立案されたい．

先にも触れたように，学問は専門分化を進めることによって深化してきた．社会は分業を進めることによって高度化し，効率性を高めてきた．しかし，専門分化・分業の弊害が現れている．東日本大震災における福島原子力発電所事故の要因，津波対策・シビアアクシデント対策が不十分であった要因には専門分化・分業の弊害があげられる．二度と同じ過ちを犯さないようにするためには，専門分化・分業の弊害を取り除かなければならない．分野横断的な教育がその方策のひとつである．本書はそのような分野横断的な教育に適しているといえよう．社会問題の解決には分野横断的な知識，能力が不可欠である．文理

融合は難しくとも，文理協働は問題解決の必然なのである．

　文系理系を問わず，あらゆる分野の専門家，技術者，実務者，そして，これから社会に出る学生に本書を読んでいただきたい．分野を問わず，すべての人びとに身につけていただきたいものが，社会問題に対する問題解決能力である．分野横断的な教育の充実を図ることが今後の大学教育の課題である．専門知識一辺倒であった大学教育に，知識を活用するための知識や能力を身につける教育を適切なバランスを保ちながら導入してゆくことが重要である．本書がそのような分野横断的な教育に活用されれば幸いである．さらに昨今，グローバル人材育成の必要性が叫ばれているが，グローバル人材に必要なものは，英語によるコミュニケーション能力だけでなく，グローバルな環境における問題解決能力である．本書の内容がグローバル人材の育成にも役立てば望外の喜びである．

目　次

はじめに ……………………………………………………………………………… iii

第 1 章　社会技術の概念 …………………………………………………… 1

1.1　社会技術とは　1
1.2　社会技術の事例——ストックホルム市渋滞緩和事業　4
1.3　俯瞰的アプローチ　16
1.4　社会技術のデザイン事例——津波防災　22

第 2 章　問題解決のプロセス ……………………………………………… 38

2.1　問題解決の心理　39
2.2　問題解決の知識　41
2.3　アブダクション　44
2.4　アナロジーによるアブダクションの支援と分野を超えた知の活用　46
2.5　製品・サービスの設計法　49
2.6　問題解決策設計のプロセス　55

第 3 章　問題の分析 ………………………………………………………… 57

3.1　問題分析のプロセス　57
3.2　原問題と既存の解決策の問題の区別　60
3.3　問題の全体像の把握　60
3.4　価値分析　65
3.5　因果分析　72
3.6　着目すべき問題点の抽出　77

第 4 章　問題解決策の立案 ……… 79

4.1　問題解決策の表現　79
4.2　システム設計法　81
4.3　解決策発想の思考プロセスと発想支援手法　86
4.4　既存の問題解決策の分析　90
4.5　解決策発想支援手法　96

第 5 章　問題解決策の影響分析・評価 ……… 112

5.1　問題解決策の影響分析　112
5.2　解決策の評価　121

第 6 章　ソーシャルエンタープライズ（社会的企業）の設計 ……… 128

6.1　社会的企業と社会技術　128
6.2　問題解決メカニズムの分析　133
6.3　社会的企業の設計事例　138

第 7 章　政治過程分析と社会技術 ……… 142

7.1　政治過程分析とは　143
7.2　放射性廃棄物処分地決定にかかわる紛争 1　147
7.3　放射性廃棄物処分地決定にかかわる紛争 2　159

第 8 章　イノベーション教育：東京大学 i.school ……… 168

8.1　i.school の背景　168
8.2　i.school の概要　172
8.3　ワークショップのプロセス　188
8.4　ワークショップの事例　195
8.5　イノベーション教育の発展の方向性　206

第9章　ケースメソッドと社会技術 ……………………………………… 208
- 9.1　ケースメソッドと社会技術　208
- 9.2　事例：中国におけるESCO事業展開　209
- 9.3　ケース：東日本大震災における原子力発電所事故の要因分析　217

「社会技術」の未来——本書のまとめにかえて ……………………… 253
おわりに ……………………………………………………………………… 257
参考文献 ……………………………………………………………………… 261
索　引 ………………………………………………………………………… 266

コラム

- 東日本大震災におけるSPEEDIの問題　3
- デザインと設計　16
- 還元主義的アプローチと全体論的アプローチ　20
- 分野を超えた知の活用　33
- 生物の問題解決メカニズムと記憶　40
- KJ法　64
- 政策原理の定式化　68
- TRIZ　88
- カードゲーム　110
- 政策過程分析　145
- アイディアを引き出すマインドセット　174
- 目的手段関係のモデル化　185
- 知の構造化　204

第1章　社会技術の概念

1.1　社会技術とは

「社会技術」とは社会問題を解決し，社会を円滑に運営するための広い意味での技術である．ここで技術とは，工学的な技術だけでなく，法・経済制度，教育，社会規範など，すべての社会システムを含んだものを意味する．社会技術という概念を持ち出さなくても，そのようなことは昔から行われてきたことだという人もいるかもしれない．しかし，あえて社会技術という言葉をつくり，新しい問題解決策を導入することの重要性を強調するのには理由がある．

第1に，科学技術の成果を活用することによって社会的な課題の解決が可能になったことがあげられる．2011年3月11日に日本を震撼させた東日本大震災で有名となった緊急時迅速放射能影響予測ネットワークシステム，SPEEDIはその典型的な事例である．SPEEDIは，原子力発電所などから大量の放射性物質が放出されたり，そのおそれがあるという緊急事態において，周辺環境における放射性物質の大気中濃度，および被ばく線量などが環境に与える影響を，放出源情報，気象条件および地形データを基に迅速に予測するシステムである．その結果は，ネットワークを介して文部科学省，経済産業省，原子力安全委員会，関係都道府県およびオフサイトセンターに迅速に提供され，防災対策を講じるための重要な情報として活用されることになっている．科学技術の成果を活用することによって放射能影響の予測が可能になったということができる．

第2に，科学技術の成果を活かして社会的課題を解決することの難しさがあげられる．再び東日本大震災における SPEEDI の例で説明しよう．

SPEEDIによって提供される，対策に有効な情報は，同時に人びとにとっては自らに危害が及ぶ可能性を意味するリスク情報でもある．情報を取得した行政側は，その情報を公開することにより，人びとがパニックを引き起こし，収拾の困難な混乱が引き起こされることを懸念し，情報の公開をためらうこととなる．一方，人びとにとっては，その情報を取得することにより，自ら危害を回避できる可能性があるにもかかわらず，情報が開示されないために，回避できたであろう被害を被ることとなる．

　東日本大震災では，SPEEDIに関連してさまざまな問題が生じた．詳細はコラムに記述したが，もっとも重大な問題は，そのようなリスク情報を取得する意味と，そのリスク情報を社会に伝える方法について，事前に十分な検討を行っていなかったことにある．結果として，情報を公開していないという指摘に対して適切に対応をすることができず，国民の政府に対する信頼を大きく損ねることとなってしまった．

　このように，科学技術の成果を活かして社会問題を解決することは容易ではない．そのためには社会技術という概念が有効となる．科学技術の成果と社会制度をうまく組み合わせて社会問題を解決するというアプローチは，社会技術という概念の中で中心的な位置を占めているからである．

　第3には，社会的課題を解決する枠組みの多様化があげられる．従来とは異なり，政府が法律などによって社会的課題を解決するという枠組み以外の方法が模索されるようになっている．それは，政府による問題解決の限界が顕れていることにもよるが，むしろ政府による問題解決の及びにくい社会的課題に注目が集まっていることも一因である．ビジネスを通じて社会的課題の解決を目指すソーシャルエンタープライズ（社会的企業）はその典型的な例である．たとえば，病児保育を行う社会的企業である「フローレンス」では，保育園ではあずかってもらえない病児の保育事業を行うことによって，働く母親の支援を行っている．社会技術という概念には，そのような新しい枠組みに基づく社会的課題の解決策も含まれている．

　本書では，「社会問題」という言葉を社会的な課題という意味で用いており，社会の欠陥・矛盾・不合理から生じる問題に限定しているわけではない．社会にかかわる問題や，社会として解決に取り組む必要がある問題も含めて社会問

コラム　東日本大震災におけるSPEEDIの問題 [6]

　政府の原子力災害マニュアルでは，実用炉において事故が発生した場合，原子力安全・保安院（以下，保安院）は緊急時対策支援システム（ERSS：Emergency Response Support System）を起動して放出源情報を把握し，文部科学省などに連絡することになっている．文部科学省はこの放出源情報を基に原子力安全技術センターに設置されたSPEEDIにより放射能影響予測を実施し，その結果を保安院，安全委員会（原子力安全委員会，内閣府），関係都道府県，オフサイトセンターなどに提供し，周辺住民への防護措置の検討などのために活用することとされている．2008年に国が中心となって福島県で実施した原子力総合防災訓練において，SPEEDIの緊急時モードへの移行や，SPEEDIを用いた防護措置の決定や検証に関する訓練が実施されている．

　東日本大震災においては，地震の影響によりERSSへのプラントデータなどの送付ができなくなったため，ERSSからの放出源情報を基にしたSPEEDIによる放射性物質の拡散予測はできなかった．その結果，SPEEDIの予測結果を避難区域の設定に活用することはできない状態となった．

　文部科学省の指示により原子力安全技術センターはSPEEDIを緊急時モードに切り替えるとともに，安全委員会作成の「環境放射線モニタリング指針」に基づき，福島第一原子力発電所から1 Bq/hの放射性物質の放出（単位放出）があったと仮定し，拡散予測を行う計算を開始した．予測結果は，文部科学省，保安院緊急時対応センター，安全委員会，オフサイトセンター，福島県庁および日本原子力研究開発機構に送付された．放射性物質の拡散方向や相対的分布量を予測するものであるから，少なくとも避難の方向を判断するためには有用な情報であったが，単位放出を仮定した計算結果は実際の放射線量を示すものではないなどの理由から，具体的な措置の検討には活用されなかった．

　3月11日から15日にかけて，文部科学省，保安院および安全委員会は，さまざまな仮定の数値を放出源情報としてSPEEDIに入力し，予測計算を行った．しかし，事故発生後しばらくその情報は公表されず，市町村が避難措置を実施する際には活用されなかった．

　3月15日に行われた文部科学省の記者会見において報道関係者からSPEEDIの計算結果の公表を求められたことに端を発し，公表にかかわる検討が行われ，モニタリングデータを評価することとなった安全委員会がSPEEDI

> を運用することとなった．安全委員会はERSSによる放出源情報が得られない状況におけるSPEEDIの活用方法に関する議論を開始した．その結果，SPEEDIによる放出源情報の逆推定を行い，それに基づいた被曝線量の推定がなされることとなった．3月23日に計算結果は公表されたが，その後，3月24日に文部科学省に対してなされた，SPEEDIの計算結果に対する情報公開請求を契機として，情報公開請求に対する対応について，文部科学省，保安院および安全委員会の間で検討された．
>
> 　4月中旬頃までに，SPEEDIの計算結果の公開請求があった場合には，1) 単位放出を仮定した結果は公開，2) 放出源情報を逆推定した結果は，安全委員会が十分な精度と判断した結果を公表，3) 文部科学省，保安院，安全委員会などのさまざまな仮定による結果は非公開，との整理がなされた．
>
> 　さらに，一部報道などにおいて，政府がSPEEDIによる計算結果を公表していないことが報じられたことを契機として再度検討がなされ，4月25日，前記1)-3)の政府が保有するすべてのSPEEDI計算結果を公表することとなった．

題と呼んでいる．

次節では，社会技術という概念を理解するために，その典型的な事例であるストックホルム市の渋滞緩和事業を紹介しよう．

1.2　社会技術の事例——ストックホルム市渋滞緩和事業 [7, 8]

スウェーデンの首都ストックホルムでは，渋滞緩和と環境の改善を目的として2006年に1) 渋滞税の導入，2) 公共交通機関の拡大，3) パークアンドライドの整備からなる渋滞緩和事業の社会実験を行い，住民投票を経て2007年より渋滞緩和事業を本格導入した．社会実験開始前は市民の反対が大きく，技術的・時間的制約もあり，行政担当者および研究者誰しもが本事業は成功しないと考えていたが，社会実験は本事業の渋滞の減少や環境改善に対する目に見える効果を示し，渋滞税導入に対する市民の合意を得るに至った．本事業の参入に大きなリスクがあることは明らかであったが，IBMは参入への決断をし，多くの制約や困難を克服して事業の成功に寄与した．

(1) ストックホルム渋滞緩和事業の概要

ストックホルム市中心部は川に囲まれており，市中心部にアクセスするためには限られた数の橋を通るしかない．また，このような地理的条件のため，自家用車のアクセス能力を増やすような道路建設も困難である．加えて人口増加や自家用車の増加もあり，渋滞問題とそれに伴う環境の悪化が問題視されていた．ストックホルムでは公共交通機関が発達しており，市民は市中心部への移動手段の60%を公共交通機関としているにもかかわらず，ラッシュ時の渋滞は深刻であった．

1992年に環状道路の建設，公共交通機関の拡大，環境対策に対し640億SEK（スウェーデンクローナ，2012年1月の換算率で1 SEK = 約11.34円），約7300億円を投資するというデニス合意がなされた．デニス合意によりいくつかの道路拡張プロジェクトが実施されたが，渋滞解消にはつながらず，1997年にデニス合意は解消された．結果として渋滞の解消には渋滞課金による方法しかないと認識されるに至った．

長期政権を保ってきたスウェーデン社会民主労働党は，2002年の総選挙において，政権を守るために緑の党に連立をもちかけ，緑の党がその条件として渋滞課金の社会実験を行うことを提示した（図1.1）．これにより社会実験は2004年秋より数年間実施することが計画されたが，実施に必要な法律が2004年になってやっと成立したこと，請負契約に関する訴訟がおこったことなどにより開始時期が延期された．2006年秋に行われる選挙と同時に住民選挙を行い市民の意思も問うという考えから，最終的に社会実験は2006年1月3日から7カ月間実施することになった．

・渋滞緩和事業の概要

渋滞緩和事業は1）渋滞税の導入，2）公共交通機関の拡大，3）パークアンドライドの整備からなる．IBMは渋滞税導入に関する事業全体を請け負った．

渋滞税は24 km^{2}のエリアに18のエントリーポイントを設け，車両が通過するごとに税を課すというものである（図1.2）．課金時間は午前6：30-午後6：30であり，通過時間によって課金額が変化する．混雑時には最大の20 SEK（約230円）が課され，1日の最大課金額は60 SEKである．課金の体系（料金

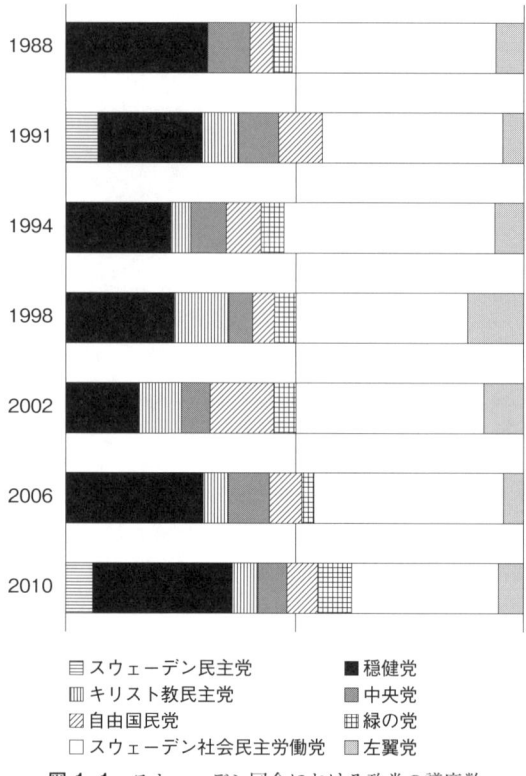

図 1.1 スウェーデン国会における政党の議席数

か税か，地方税か国税か）に関して議論が行われ，長期にわたる法律的論争の末，国税として徴収することとなった．

公共交通機関の拡大とパークアンドライドの整備は渋滞税の導入に先立って行われた．また，社会実験の終了とともに拡大された公共交通機関の一部は廃止された．これは渋滞課金と公共交通機関の拡大がセットのプロジェクトであるという意識を住民に与えるためである．

・車両認識技術

車両の識別にはカメラ（図1.3 A, D）と車載機（B, C）を用いる．カメラは各エントリーポイントに設置されており，車両通過時に車の前と後ろのナン

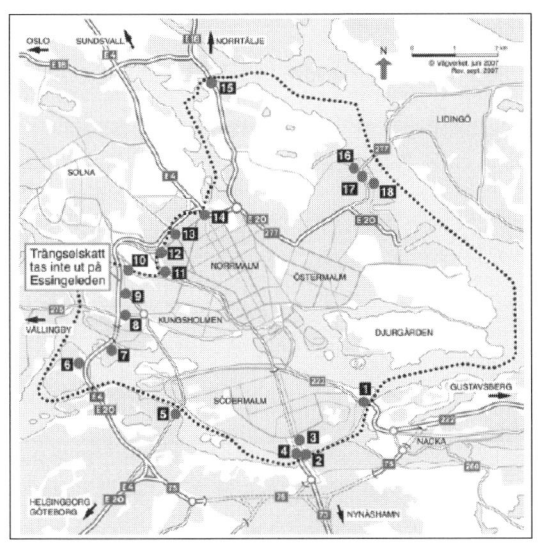

図1.2 課金エリア

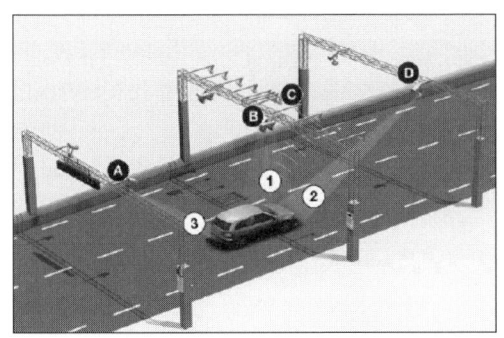

図1.3 車両認識システム

バープレートの画像をとる(図1.3②,③).ナンバープレート画像から車両ナンバーが読み取られ,所有者が特定される.車載機の装着は任意であるが,装着時は同様にコントロールポイントでレーダーにて感知され(①),車両が特定される.車載機は社会実験期間中無料で配布された.なお,現在はカメラの精度が十分に向上したため,車載機による認識は行われていない.

(2) IBM の取り組みと意思決定

次に，IBM が事業参入に至るまでの経過をみてみよう．

・案件提案

2003 年，IBM のグナー・ヨハンソンがストックホルムの動きに気づき，IBM のマネジメントに事業参画すべきかを提案する．ヨハンソンは 2002 年に IBM がプライウォータハウス・クーパース・コンサルティング（PwCC：Pricewaterhouse Coopers Consulting）を買収した際に PwCC から IBM の社員となった交通経済学の専門家である．

スウェーデン，ノルディックの IBM は，ともにリスクがあまりに大きいとしてこの提案を却下した．リスクとしては，入札時にそもそも法案が成立しておらず社会実験を実施できる確証がなかったこと，社会実験を行っても市民の合意が得られる可能性は低いと見積もられたこと，準備期間が少ないことなどがあげられる．本事業に失敗すれば IBM の評判を損ね，同様の事業に少なくとも 10 年間は着手できないとの懸念があったが，慎重な検討の結果，最終的には IBM Global Service（IGS）のサポートを受け事業を進めることとなった．

最終的に入札に参加して事業を実施する承認を得られるかどうかは，マネジメントチームの承認を得られるかどうかにかかっていた．マネジメントチームはプロジェクトにかかわるリスクの評価，プロジェクトチームのパフォーマンスの評価を行う．審査は厳しく，マネジメントチームを納得させることは非常に重要であった．

・契約

入札開始時の発注者はストックホルム市であった．入札の担当者であるデニス・ブリングは，入札に際する準備期間が限られていることに加え，市の担当者は交通戦略や IT に関する知識が乏しく，民間企業の方がよほど知識があると考え，機能的な契約内容にすることにした．つまり，技術要素に関する制約・要求ではなく，要求性能のみを定めた契約とした．なお，その性能水準は車両認識率 95％（車載機搭載車に関しては 99％）以上，エラー確率 0.01％以下という厳しいものであった．

通行料金とするのか渋滞緩和税とするのか，市に課税権限があるのかという議論の末，国税として渋滞課金が行われることが決まると，発注の責任者は国の機関であるスウェーデン道路管理局（SRA：Swedish Road Administration）に移った．

どの企業も，入札時，コスト面，技術面ともに優れていることから車載器をメインに用いようと考えていた．IBMも例外ではない．しかしながら，2005年5月に財務省は，渋滞税が国税となったからには通行の証明が車載機による記録のみで行われるのは不十分であるとしてカメラを義務化する法案を成立させた．これにより，契約書に記載がないにもかかわらず，IBMはカメラを導入せざるを得なくなった．なお，この年の秋の時点でカメラによる認識率は60%程度でしかなかった．

入札に参加した他の入札者がコンソーシアムを組んでいたのに対し，IBMはSRAと1対1契約で臨んだ．IBMはこの契約で設計・施工・運営・引き渡しまでの広範囲の事業に責任をもった．SRAはこれを高く評価した．

・IBMの組織体系

1対1契約をしたからといってすべての事業をIBMが行えるわけではない．IBMは15を超えるサブコントラクターと独自に入札・契約し，自らはシステムインテグレータという立場をとった．この体制のもとでIBMが提供したシステムは路側器や車両認識アプリケーションから，支払いシステム，コールセンター，さらにはスタッフのトレーニングにまでわたった．IBMとSRAとの契約と同様，IBMとサブコントラクターとの契約も機能的な契約であった．

ここで活躍したのはトータルソリューションマネージャーという役割のカール・ハミルトンである．SRAから要求変更があったり，新しい法律が制定されるごとにその内容を解釈し，必要な変更をSRAに提案，交渉する．1つの変更は複数の要素技術に影響を及ぼすが，その影響はどのようなものであるのか，コストはどう変わるのか，そもそもその要求変更は可能であるのかを考え，関連のあるサブコントラクターに変更を伝え，議論をする．これがトータルソリューションマネージャーの役割である．ハミルトンもPwCCで働いていたシステムアーキテクトである．

事業は大規模でさまざまな問題解決が必要であったため，世界中から多くの人的資源が投入された．IBMからは世界中から200人もの人材が，すべてのパートナーを合わせると14の国から4000人もの人がプロジェクトにかかわった．IBMのもつイスラエル・ハイファ研究所ではOCR（光学式文字読取装置）の開発がなされ，その技術向上は本プロジェクトへ多大な貢献をもたらした．

・IBMとSRAとの協力関係

　IBMの体制や能力に加え，IBMとSRAが親密な協力関係にあったことが事業成功の要因の1つである．1対1契約により信頼関係の構築とスムーズな意思決定ができたこと，IBMがSRAの事情を理解し要求変更に柔軟に対応したこと，SRAの担当責任者であるビルガー・フックの裁量やリーダーシップなどが互いの関係構築に寄与した．

　ヨハンソンはSRAとの議論の席に座る中心人物であった．彼はPwCCで交通事業関連のコンサルティングを行っていたために顧客の理解に優れていた．社会実験開始までには技術的側面や法律的側面からさまざまな要求変更がSRAから出されたが，IBMは200にのぼる要求変更に対応した．

　SRAのフックは金銭的・経済的な問題に技術者がかかわると，問題が解決しないばかりか，技術者が自分の仕事に専念できずにプロジェクトが止まってしまうと考えた．そこでIBMと「技術者は技術的なプロジェクトにのみ専念する，金銭的なことが絡む場合は運営委員会にゆだねる」という合意をつくった．

(3) 社会実験1日目での成功と渋滞緩和事業の本格導入

　さて，このようにして技術は開発されていったが，渋滞緩和事業の本格導入に向けて住民の賛成を得るためには，社会実験を1日目から成功させることが非常に重要であった．渋滞減少の効果が出るかどうかはもちろん重要であるが，システムトラブルなどがあっても市民の賛否に大きく影響すると考えられたからである．

　先にも述べたように，社会実験の開始日として1月3日が選ばれた．ニューイヤーの交通量増などの影響もあり，3日の交通量が少なく，もしシステムト

ラブルが起きても5日から8日はナショナルホリデーや週末の関係で課金されないため，この間にシステムを直せると考えたためである．

また，IBMもトラブルが起きない冗長なシステムを構築し，システムトラブル対応のための技術スタッフを24時間体制で配備した．住民の疑問や不満に対応するためのコールセンターや支払いなどに関するカスタマーサービスも充実させた．

・社会実験の結果

社会実験実施前，本事業が成功するとは誰も考えていなかった．市の内外を問わず住民の大半が強い反対を示しており，メディアの中には社会実験の実施はスウェーデン社会民主労働党による自殺行為のようなものだと酷評したものもあった．事業スキームの作成を担当した学者ですら渋滞が解消するかどうかは半信半疑であり，最終的に住民投票で事業が可決される可能性に至っては「ほとんどありえないだろう」と考えていた．SRAも必ず何かしらのシステム障害がおきると予想し，それが事業失敗への懸念要素の1つととらえていた．

ところが，社会実験の成功は初日に明らかとなった．渋滞は目に見えて減り，市民は渋滞税による効果・便益を実体験として知ることができた．懸念された大きなシステムトラブルもなく，メディアの論調も肯定的なものへと変わっていった（図1.4）．

渋滞緩和の目標値は混雑時の交通量を10-15%減らすことであったが，社会実験は日平均で22%の交通量減少をもたらした．公共交通機関の利用者は5%増加し，CO_2の排出量も14%減少した．

2006年9月に行われた住民投票の結果はあくまで諮問的であり法的拘束力はなかったが，ストックホルム市で過半数53%の賛成票を得た（他14市が住民投票を任意で実施したが，合計では39.8%の賛成にとどまった）．

・渋滞緩和事業本格導入へ

2006年の住民投票と同時に行われた総選挙では12年ぶりに政権交代がおこり，当初渋滞緩和事業に反対を示していた穏健党が政権を握ることになった．しかしながら，社会実験の成功と住民投票の結果をふまえ，政府は渋滞緩和事

図 1.4　渋滞税導入1週間後の無料日刊新聞 *Metro* の一面に掲載された，導入前日，当日，一週間後の同時刻 (16：30) における道路の状況．見出しは「ストックホルム市民よ，どこに行ってしまったのか？」

業を本格実施することを決断し，2007年より現在に至るまでストックホルムでは渋滞税が課されている．

(4)　IBM改革との関連性

さて，なぜIBMは事業に参入しようと思ったのだろうか．

1911年に創設されたIBMは1960年代から1980年代までハードウェア産業において圧倒的な成功を収めていた．しかしながら1990年代にはダウンサイジングの動きや1980年代より始まったPC市場に乗り遅れたことから業績が急速に悪化し，1992年収支ではアメリカ最大の赤字を計上することになった．この危機を乗り越えるために1993年社外からの初めてのCEOとなるルイス・ガースナーが就任し，大きな改革を進める．さらに2002年にはサミュエル・パルミサーノがCEOに就任し，ハードウェア中心だったIBMがソフトウェア，サービス部門へのシフトを加速する．顧客の経営チャレンジへの対応やインテグレータとしての役割を強化していった．2002年にはコンサルティングスキルが必要であるとしてPwCCを買収した．前述の通り，ストックホ

ルム市渋滞緩和事業への参入は，買収した PwCC で以前働いていた社員の提案が基となっている．

現在 IBM は地球・生活を賢くするという「スマータープラネット」というビジョンをかかげ，自らをソリューションプロバイダと位置づけ隆盛を取り戻している．2008 年の IBM アニュアルレポートで初めてこのスマータープラネットという言葉が紹介された．ここではエネルギー，水，教育などいくつかの対象部門があげられているが，本事業はそのもっとも古い事例である．

ストックホルム市渋滞緩和事業は，IBM 改革の流れの中で生まれたものであり，その成功が IBM 改革の方向性を決定づけたといっても過言ではない．

(5) 社会技術としての渋滞緩和事業

以上みてきたように，ストックホルム市渋滞緩和事業は典型的な社会技術とみることができる．科学技術と社会制度が適切に組み合わさり，システム技術として渋滞問題の解決という目的を達成している．

車両認識技術やオンライン課金システムは科学技術の成果を活用したものであり，科学技術の進歩がなければこのような技術やシステムは存在し得なかった．さらに，このような技術やシステムがなければ，ストックホルム市渋滞緩和事業は成立していなかった．

しかし，ストックホルム市渋滞緩和事業の成功には，さまざまな要因がかかわっている．まず，国民の高い環境意識があげられる．スウェーデン社会民主労働党が政権維持の必要性から，緑の党の主張である渋滞緩和課金の導入を受け入れたことは，国民の環境意識の表出ととらえることができる．逆に言えば，環境意識の高まりがなければ，渋滞緩和課金が実現することは難しかったであろう．

また，新たな課税に対する住民の反対も多く，社会実験の開始前の反対は 70% であり，賛成は 30% にすぎなかった．にもかかわらず，社会実験の実施を行えたのは，社会実験の結果をふまえて住民投票を行い，恒久的な実施の是非を判断するという社会的合意の仕組みを市民が支持したからであろう．これは 1980 年の原子力発電所撤廃や 1994 年の EU 加盟，2003 年のユーロ導入など，重要な国政の判断について国民投票を行ってきたスウェーデンの国民性，民度

の高さによる．このような社会的意思決定，合意形成の仕組みは，社会技術を構成する要素技術とみなすことができる．

また，事業スキームが単純であり，料金の設定が適切であったこと，公平性が担保されたことにより，事業に対する理解が得られたことも，社会的受容につながった一因といえよう．

さらに，賛成者が増えた理由として，社会実験の初日からトラブルがなく，目に見える効果があったことがあげられる．初日から渋滞が一挙になくなり，車がスムーズに動いたことにより，マスコミの論調が反対から賛成に転じたことも大きい．渋滞緩和事業，すなわち問題解決策の適切性が成功の要因の1つであるが，それはIBMの高い技術力とマネジメント能力によっている．また，IBMがその技術力と組織力をこの事業に積極的に投入した背景には，IBM改革の流れがある．

ストックホルム市渋滞緩和事業を成功に導いたさまざまな要因とその因果関

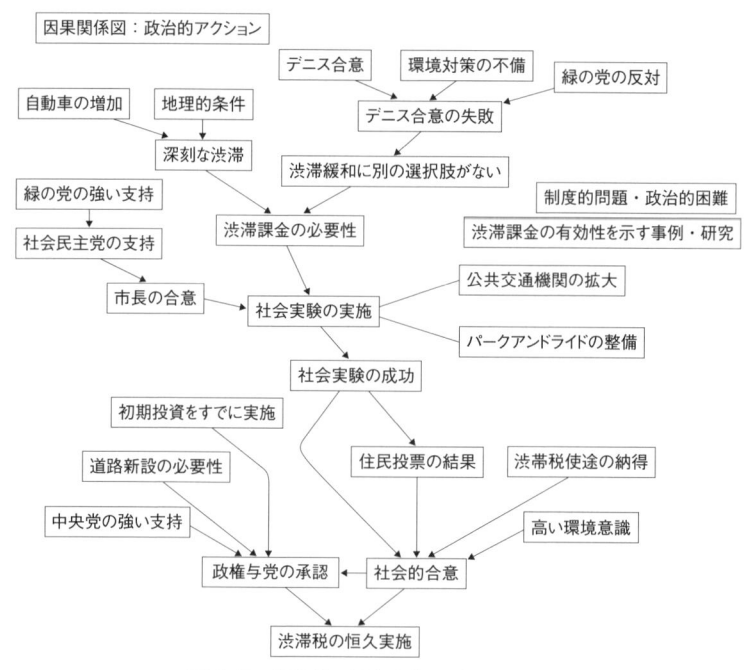

図1.5 渋滞税の恒久実施に至る因果関係

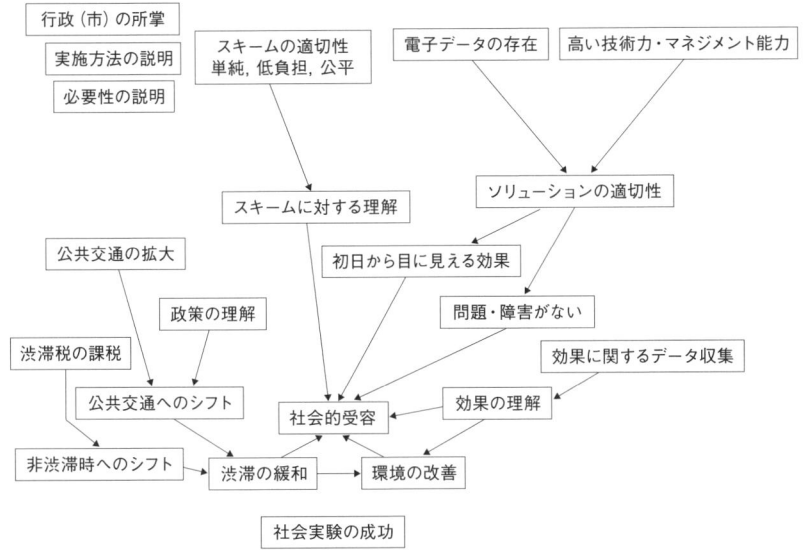

図 1.6 社会実験の成功に至る因果関係

係を図 1.5 と図 1.6 に示した．ストックホルム市渋滞緩和事業は渋滞を緩和し，環境を改善する社会技術とみることができる．車両認識技術のような科学技術と，社会実験・住民投票のような社会的技術が組み合わさることにより，適切な問題解決策となっている．それでは，このような社会技術をどのようにデザインしたらよいのだろうか．それが本書のテーマである．

ストックホルム市渋滞緩和事業の事例が示す通り，社会技術が対象とする事象には，技術的側面だけでなく，政治的側面や経済的側面，さらに社会的側面や倫理的側面もかかわっている．社会技術を適切に設計するためには，まず，事象を俯瞰的にとらえることが重要である．具体的な社会技術をデザインする方法論を説明する前に，俯瞰的アプローチを押さえておこう．

1.2 社会技術の事例

> **コラム　デザインと設計**
>
> 　問題解決策の設計を本書ではあえてデザインと呼んでいる．カタカナ語のデザインは多義的であり，人びとは多くの思いを込めてこの言葉を使っている．英語ではどちらも design であり，「設計」と「デザイン」を使い分ける言葉はない．
>
> 　公共政策学の分野でも，政策設計か政策デザインかという議論があるというのはおもしろい．足立[9]によれば，両者をとくに意識することなく同じ意味を表すものとして用いてきたが，子細に検討すると両者が微妙に異なるニュアンスで用いられることもある．辞書の解説から，「デザイン」が名人芸・職人芸・匠の技・芸術作品などに体現されている「合理-非合理という二項対立の軸ではその真価を捉えることができそうにない」(extra-rational) 要素をも含んだ活動であることを示唆している，としている．足立は，頭の中にある抽象的なアイディアやイメージに具体的なカタチを与えようとする活動といったイメージを大切にし，「デザイン」というカタカナ語にこだわっている．
>
> 　本書で「デザイン」というカタカナ語を用いるのは，まったく同じ理由による．あえて，著者の言葉で説明しようとすれば，2.3 節で説明するアブダクションという思考に重きをおく「設計」を「デザイン」と呼ぶ．アブダクションとは，観察事実を説明する法則を思いついたり，目的を達成する手段を思いつく思考であり，その思考プロセスでは，頭の中にある抽象的なアイディアやイメージが具体化されてゆく．たとえば，心を和ませるカタチをデザインするということは，心を和ませるという目的を達成するためのカタチという手段を思いつくことである．その際，手段はぼんやりとしたイメージから，具体的なモノへと変化する．そのような思考をカタカナ語の「デザイン」は表現している．
>
> 　以下では「設計」という言葉を「デザイン」と区別なく用いることにする．

1.3　俯瞰的アプローチ

　社会技術研究の特徴の 1 つは俯瞰的アプローチにある．俯瞰的アプローチとは還元主義に対峙する全体論的アプローチであるが，詳しくみてみると問題解決に有効な次の 3 つの観点に分けることができる．

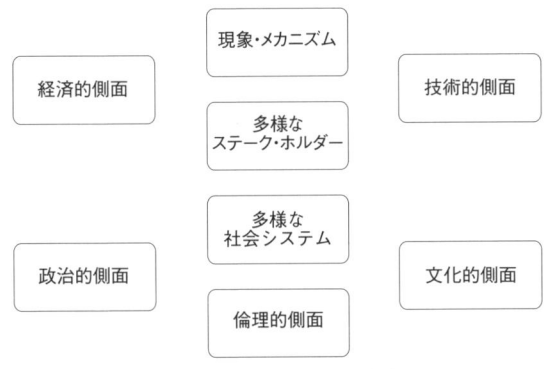

図 1.7 問題の全体像の把握

1) 問題の政治的側面，経済的側面など，特定の視点に限ることなく，問題を全体的にとらえる（図 1.7）．この観点には，問題の全体像を把握する手法が対応する．問題を分析する第一歩として，問題の全体像を把握することが重要である．

1.2 節でみてきたように，ストックホルム市の渋滞問題には，さまざまな側面があった．環境意識の高まりが緑の党の政治的な存在感につながり，渋滞課金反対の与党が政権維持のために渋滞課金に踏み切った．このことは，問題の政治的側面の典型であり，政治的側面を考えなければ渋滞緩和税導入の要因を論ずることはできない．渋滞課金に必要な施設に必要な費用，渋滞税による収入，渋滞緩和による経済効果などを比較分析し，事業の是非を論ずることは問題の経済的側面である．渋滞課金に反対が多かった中で，社会的受容に至ったプロセスや，その支配的な要因などは社会的側面である．1 日 40 万台にものぼる通過車の動画を撮影し，ナンバープレートを読み取り，5 日以内に課金処理を行うシステムを実現させることが技術的側面である．このようにストックホルム市の渋滞問題にはさまざまな側面がかかわっている．

2) 問題解決に用いる知識として，法学，経済学，工学，社会学など，特定の学問領域における知識に限ることなく，活用できる知識を総動員する（図 1.8）．これは問題解決に不可欠である．文理融合の必要性はよく訴えられるが，異なる分野の学問を融合させて新しい学問を創造することは難しい．しかし，問題を解決するために，異なる学問領域の知識を活用し，文理協働することは

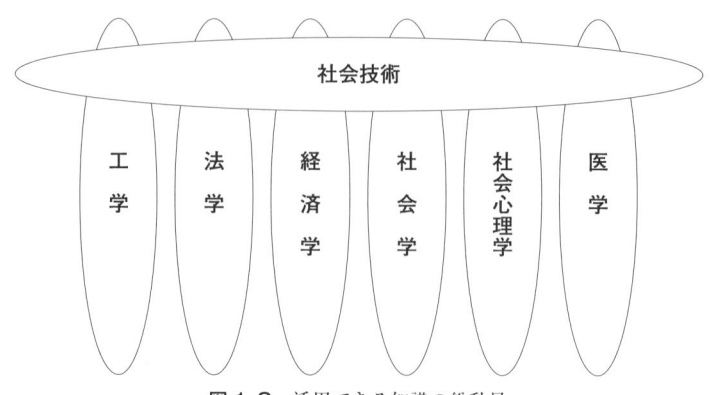

図 1.8　活用できる知識の総動員

問題解決の必然である．活用できる知識を総動員して問題解決にあたることは，社会技術研究の理念の1つである．

　ストックホルム市の渋滞問題においては，問題の政治的側面に対応して法学，政治学の知識が必要となる．同様に，経済的側面には経済学，とくに交通経済学の知識が有効である．工学的側面については，交通工学だけでなく，情報工学，電気電子工学の知識が必要である．社会的側面に関しては，社会心理学や社会的意思決定，合意形成などにかかわる知識が重要な役割を果たす．このように多種多様な知識がかかわっていることが理解できよう．

　3）問題解決策として，原子力安全，地震防災，交通安全など，特定の問題分野における対策に限ることなく，分野を超えた知を活用する（図1.9）．新しい問題分野では，対策の実績が少なく，問題解決の方針が立てにくいことが多い．そこで有効となる対策の方向性を示すことが重要となる．それを模索するうえで，類似の分野での有効な対策がヒントとなる．既存の問題分野では，長年にわたって問題解決の努力を積み重ねてきており，やれることはすべてやってきたともいえる．そのような状況において，類似の分野で行われている対策を適用することにより，革新的な解決策を生み出すことができるかもしれない．また，ある問題分野で成功した解決策がみつかった場合，それを他の分野に適用することにより，波及効果が得られることも考えられる．このようなブレー

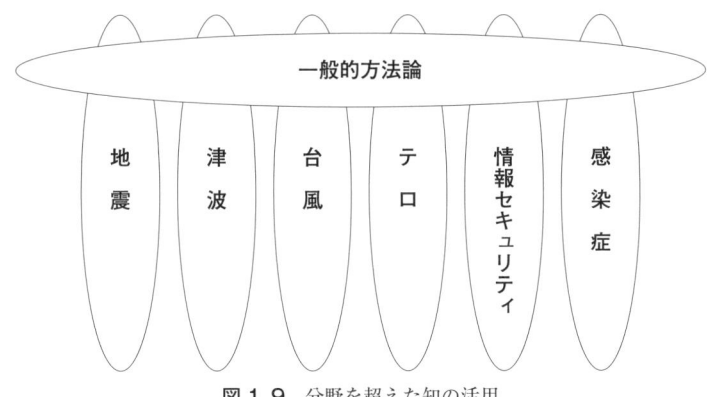

図 1.9　分野を超えた知の活用

クスルーを生み出すアプローチが，分野を超えた知の活用である．

ストックホルム市の渋滞問題を例にとれば，交通以外の分野でも参考になる事例が存在する．渋滞という問題を道路建設というサプライサイドマネジメント，すなわち供給を増やすことによって解決するのではなく，需要をコントロールする，デマンドサイドマネジメントによって解決するのが渋滞課金である．たとえば，深夜電力制度はエネルギー分野におけるデマンドサイドマネジメントであり，ホテルなどのピークシーズンの特別料金もデマンドサイドマネジメントと考えられる．このような事例からヒントを得る，教訓を学ぶというのが，分野を超えた知の活用である．

次に，俯瞰的アプローチの効用を考えてみよう．まず第1に「複雑な問題の全体像の把握」，第2に「科学技術と社会制度を組み合わせた新しい問題解決策の提示」，そして第3に「分野を超えた知の活用」があげられる．この3つの特長は，先に1)-3)であげた俯瞰的アプローチの3つの側面に対応している．このように，俯瞰的アプローチは知識の活用にとって本質的であるといえる．

コラム　還元主義的アプローチと全体論的アプローチ

　「西洋人は単純さを好み，東洋人は複雑さを仮定する」「真理は唯一と信じる西洋人，文脈のなかで真理は決まると考える東洋人」．米国の社会心理学者ニスベットは，『木を見る西洋人　森を見る東洋人』[10]で，東洋人と西洋人のものの見方・考え方の違いを論じている．この二分法は気になるが，ニスベットもその乱暴さを承知のうえで，あえて思考の違いを際立たせているのだろう．

　「何故，科学は西洋で生まれたのか」．これは『暴走する科学技術文明』[11]の著者，市川惇信の長年の問題意識の1つであった．答えの一部はキリスト教にある．ニュートンが聖書の研究に多くの時間を割いていたことは有名だが，17世紀の近代科学の成立期において自然は第2の聖書であると理解されていた．神の創造物である自然を理解することは神に近づくことであり，自然を支配する法則を発見することは神の声を聞くことである——キリスト教が自然科学を生み出す母胎をなしていたのだ．世界の複雑で多様な事象を単一レベルの基本的要素に還元して説明しようという還元主義的な考え方は，こうした近代科学を生み出した風土を土壌としている．

　確かに，「真理は文脈のなかで決まる」「複雑な物事をとらえるためには全体を把握することが必要である」という考え方は，われわれの社会では一般的であるように思われる．しかし，必ずしもそれを東洋人の見方・考え方とすることが適当とは限らない．そもそも，「複数の要素が有機的に関係し合い，全体としてまとまった機能を発揮している要素の集合体」を意味するシステムという言葉は，ギリシャ語のsystēma（一緒に結合したものの意）に由来する．システムは，構成する個々の要素に還元不可能なある種の「創発的特性」をもつという主張を基礎としており，システムという考え方，およびそれに基づくシステム工学は西洋で生まれたものである．古代ギリシャのアリストテレスは，全体は部分の総和以上のものであるいう全体論を唱えた．17世紀の還元主義により影を潜めた全体論は，20世紀に生物学の分野で有機体論として息を吹き返した．システムの目的をもっとも効率よく達成するために諸科学・技術を総合的・体系的に適用し，複雑な問題を解析・解決することを目指すシステム工学は，アポロ計画による月着陸成功によって広く知られるようになった．

　次に文系分野に目を転じて，ものの見方・考え方の違いを政策科学の歴史にみてみよう．『デザイン思考の政策分析』[12]には，ラスウェルの「政策志

向」以来発展してきた政策科学の現状が紹介されている．当初のアプローチは，自然科学者や技術者が自然界を支配する因果法則の理解に基づいて自然界に介入したように，政策分析者は社会の因果法則の理解に基づいて人間社会に介入すべきであるという，還元主義的な考え方に基づく実証主義であった．しかし，ほぼ半世紀を経ても，状況および分析者の視点から独立に人間の行動を正確に予測するような普遍妥当法則を発見できず，政策科学への期待は多くの失望をもたらした．

1960-70年代には，実証主義に対する批判として，現象論的アプローチ，解釈論的アプローチ，批判理論的アプローチなどが提唱された．選択，統合のプロセスを経て，多くのアプローチの中から単一の理論的な旗印のもとに統一的な社会科学をつくることが夢見られた時期もあったが，夢想に終わった．現状では，理論的に一貫した学説が存在せず，厚生経済学，公共選択，社会構造論，政治哲学などさまざまなテクニカルなアプローチが併存している．ボブロウらの主張は，複数のアプローチの中から文脈にあった適切なものを選択することが重要だということであり，これはまさに，ニスベットが「文脈のなかで真理は決まると考える東洋人」と指摘した考え方である．この考え方が必要な理由は，政策科学が対象とする社会現象において，観察可能な外的要因だけでなく，観察不可能な個人の価値観や意向のような主観的要因によって決定される人間の行動が支配的なためである．実証主義の政策分析は，社会的価値を与えられたものとしてのみ扱うが，政策問題の重要な特徴は価値の対立にあり，目標自体が政策分析における議論の対象となる．アプローチを選択するうえで考慮すべき文脈の中心は，各ステークホルダー間の価値の対立である．

このようにみてくると，還元主義的な考え方か全体論的な考え方かは，知的活動の目的を軸としてとらえる方が適当ではないかと思われる．知的活動は知識の創造と知識の活用に分けられる．真理の探究に代表される知識の創造においては，還元主義的な考え方が中心となる．領域を設定し，その領域で成立する法則を見いだすことが本質であり，対象を限定することは必然である．関心は全体から要素に向かい，ある物事を分解しそれを成立させている成分・要素・側面を明らかにする「分析」がキーワードとなる．一方，知識の活用では，個々別々のものをまとめる「総合，統合」がキーワードとなる．対象が複雑になれば用いるべき知識も多様となり，また対象を構成する要素同士の相互関係

を考慮しなくてはならず，対象全体を一体として取り扱う必要がある．したがって，知識の活用においては全体論的な考え方が中心的な役割を果たす．

　知識の活用は，人びとの価値志向に応えるだけでなく，知識を活用するための知識の創造を要請する．そしてその方法論は，学問体系の構築につながる．小宮山の提唱する知識の構造化 [13] は，知識活用の手法として位置づけることができる．20 世紀に知識は爆発的に増大した．専門性は領域を細分化することにより深化し，結果として専門家は専門領域外の知識を十分に把握することが難しくなってしまった．膨大な知識を活用するためには知識の構造化が不可欠であり，構造化された知識を操作する手法は知識の活用に重要な役割を果たすといえよう．

1.4　社会技術のデザイン事例——津波防災

　次章以降で社会技術のデザインの方法論について論ずるが，その前に，津波防災の事例に基づき，社会技術をデザインする方法の考え方を説明をしておく．

(1)　津波防災のための社会技術 [14-16]

　2011 年 3 月 11 日 14 時 46 分 18 秒，宮城県牡鹿半島の東南東沖 130 km の海底を震源として発生した東北地方太平洋沖地震は，日本における観測史上最大の規模，マグニチュード (Mw) 9.0 を記録し，震源域は岩手県沖から茨城県沖までの南北約 500 km，東西約 200 km の広範囲に及んだ．この地震により，場所によっては波高 10 m 以上，最大遡上高 40.5 m にものぼる大津波が発生し，東北地方と関東地方の太平洋沿岸部に壊滅的な被害をもたらした．震災による死者・行方不明者は約 2 万人にのぼるが，そのほとんどが津波による被害である．

　津波防災における最大の問題点は，津波による被害の可能性が高い状況においても住民が避難しないということである．片田敏孝（群馬大学大学院教授，災害社会工学）らが行った調査結果によれば，宮城県気仙沼市は津波常襲地域であり，住民は津波被害の可能性をよく知っていた．それにもかかわらず，宮

城県沖地震（2003年5月26日）において避難した住民は，アンケート回答者のうちわずか1.7%にすぎなかった．津波警報システムの整備は重要だが，整備が進んだとしても住民が避難しようとしなければ被害を防ぐことはできない．堤防などのハードの対策には莫大な費用がかかるだけでなく，堤防があるから津波被害の恐れはまったくないという慢心を誘導する．

岩手県釜石市は，明治三陸大津波（1896年）で約2万2000人が犠牲となり，人口の6割強を失った．昭和三陸津波（1933年）でも約3000人の死者を出した．津波被害の教訓を伝える碑が38カ所に残る．そのような津波常襲地域にある釜石市であっても，千島列島沖地震（2006年）において1万7600人に避難指示を出したが，実際に避難したのは74人にすぎなかった．「避難しよう」と呼び掛けた2つの小学校の児童81人に対し，5割を超す親が「大丈夫」と引き留めていた．「お母さんに逃げようといったら，（津波）くるわけがない，うるさいと怒られた」．

東日本大震災でも1300人を超す死者・行方不明者が出た．釜石市が公表した避難行動調査の結果によれば，犠牲者の60%近くが地震発生時に自宅におり，36%が自宅で津波に流されるなど，避難しないで被災した住民の割合が高かった．

悲惨な津波被害のなか，釜石市で在校中の小中学生約3000人が適切に避難し，全員無事に助かったことは一筋の光明を与えた．大槌湾に面した釜石東中学校，鵜住居小学校では，津波が校舎3階まで襲い，約500m先の避難所も浸水した．大きな揺れの後，真っ先に津波を想定して避難したのは，校庭でクラブ活動中の釜石東中のサッカー部員であった．逃げる彼らの姿をみて同校の生徒や，隣接する鵜住居小の児童らも山へ走り出した．ハザードマップで安全と予測されていた避難所も東側の斜面が崩れたため，この場所も危険であると中学生が判断し，小学生の手を引き，さらに500mほど先の高台の石材店に向かった．

この避難行動は，2004年より釜石市の防災・危機管理アドバイザーを務める片田による防災教育の成果である．「津波高潮ハザードマップ」の作成を自治体に促す国土交通省の委員会の一員として三陸沿岸の自治体を支援したことが機縁となった．おとなの意識を変えるのは難しいと考えた片田は，防災教育

のターゲットをまず小中学生におき，子どもを通じて保護者や地域を啓発することを目指した．そして，親子での避難所地図の作成，小中学校の合同津波避難訓練などの実践を重ねていった．「想定にとらわれるな」「最善を尽くせ」「率先避難者たれ」の3原則を掲げ，状況に応じて臨機応変に行動する姿勢を育てる教育を徹底したのである．

片田が開発し防災教育に活かしている「動く津波ハザードマップ」，津波災害シナリオ・シミュレータは，釜石市がまとめた「津波防災教育のための手引き」にも取り入れられており，防災教育に重要な役割を果たしてきた．片田は釜石市での取り組みに先立ち，三重県尾鷲市において防災教育を手がけており，津波災害シナリオ・シミュレータの開発と実践を尾鷲市と連携して行ってきた．住民の避難を促すことが問題解決であり，そのための「技術」が求められている．単に法制度を整備したり，ハード対策を施せばいいという問題ではなく，これはまさに社会技術が求められる問題である．ここでは，津波防災のための社会技術の典型的な例として片田の研究成果［15］を紹介する．

津波災害シナリオ・シミュレータは，情報伝達シミュレーション，避難行動シミュレーション，津波氾濫シミュレーションを統合することにより，災害情報伝達から住民避難，そして津波の状況までを考慮して人的被害の発生を推計し，その結果を可視化するものである．情報を得た住民が実際に避難を実施するまでに要する時間を与え，その条件のもとで人的被害がいつどこで，どの程度発生するかをみることができる（図1.10）．

このシミュレータを用いて，尾鷲市の市民に対する防災教育が実施された．尾鷲市は，人口約2万3000人で，尾鷲港沿岸の周辺8 km^2 ほどの地域に人口の約80％が集中している．東南海・南海地震に関する中央防災会議の発表では，当地域には地震発生後短時間で7 m近い高さの津波が襲来することが予測されており，とくに甚大な被害の発生が危惧されている．

津波講演会が2004年5月6日に開催された．津波防災にかかわる内容についての説明を行ったうえで，条件を変えた表1.1の6つのケースに対するシミュレータによる計算結果のアニメーションが示された．

講演の参加者には，講演の導入部分と最後の2回にわたってアンケート調査が実施された．講演前と比較して講演後の避難意向の方が高まっており，シミ

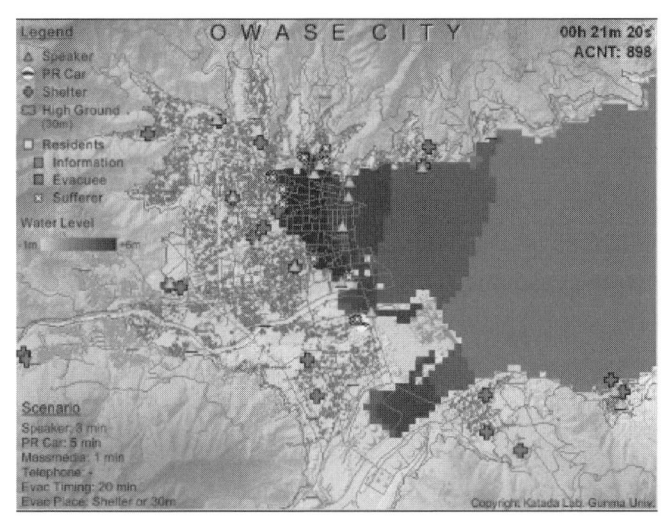

図 1.10 津波災害シナリオ・シミュレータの表示画面［15］

表 1.1 シミュレーションシナリオ

番号	シナリオ	犠牲者数
1	地震発生からの津波の挙動のみ	—
2	住民がまったく避難しなかった場合	2460 人
3	避難情報を取得した住民から順次，ただちに避難した場合	83 人
4	避難情報を取得した住民から順次，10 分後に避難した場合	323 人
5	避難情報を取得した住民から順次，20 分後に避難した場合	2700 人
6	避難情報を待たずに，地震発生後 5 分で 100％避難が行われた場合	4 人

ュレーション結果を利用した講演によって住民の避難意向が高まったことが確認された．津波災害シナリオ・シミュレータの効果については［16］を参照されたい．

　この事例は，避難を促進することにより津波被害を減少させるという社会問題の解決策であり，社会技術の典型的な例といえる．以下では，この事例を分

1.4　社会技術のデザイン事例

析することにより，社会技術の特長を明らかにする．

(2) 津波防災事例の分析

　上に示された解決策は，津波災害シナリオ・シミュレータとそれを用いた防災教育から成り立っている．津波災害シナリオ・シミュレータは，科学技術の成果ということができる．地震による津波の遡上を再現し，情報を住民に伝達し，また避難の状況を再現するために，複数のモデルが用いられており，数値解析の結果を可視化する部分に科学技術の成果が活用されている．

　このシミュレータにより，与えられた地震の大きさや，避難情報を取得してから避難を開始するまでの時間などの入力データに対して，被害がどのように発生するかをアニメーションとして観ることができるようになったが，これだけで避難が促進されるとは考えられない．上の解決策では，シミュレータと防災教育が組み合わされている．防災教育はリスクコミュニケーションの一形態ということができる．リスクコミュニケーションとは，社会を取り巻くリスクに関する正確な情報を，行政，専門家，企業，市民などのステークホルダー（利害関係者）である関係主体間で共有し，相互に意思疎通を図ることをいう．リスクに対する認知を高め，適切な態度や行動を促し，社会問題の解決につなげるための，社会的な技術と呼ぶことができる．

　防災教育はこれまでにもさんざん行われてきている．津波被害の可能性があることは住民も知識としてはすでに知っている．しかし，知識を与えようとする防災教育をくり返しても，避難行動に結びつけることは容易ではない．上の事例では，防災教育に津波災害シナリオ・シミュレータを活用したところに特長がある．科学技術によって根拠づけられたアニメーションをみることにより，リアリティを実感し，リスクに対する認知が高まることによって，避難に対する態度が改まり，避難行動を行う動機づけがなされるのである．

　ここで取り上げた津波防災の社会技術は，シミュレータという技術と，リスクコミュニケーションという技術を組み合わせたシステム技術であるととらえることができる．システム技術とは，複数の要素技術を組み合わせることによって，全体として所定の目的を達成するために用いられる手段・手法を意味する．

社会技術の特長は，科学技術と社会制度をうまく組み合わせて社会問題を解決する点にある．システム技術という考え方は，そのような組み合わせを可能にし，科学技術の成果を社会問題の解決に活かす手だてを与えている．科学技術の成果を社会問題の解決に活用することは，革新的な問題解決を生み出す可能性につながる．しかし，科学技術のみで社会問題を解決できるわけではない．社会的な技術を組み合わせることによって科学技術のパワーを社会問題解決に活かすことができるようになるのである．

　ここで取り上げた例では，法律による規制や，助成制度による誘導などの既存の問題解決の形態とは異なり，リスクの認知を高めることにより，住民の対処行動を誘導することによって問題を解決するという形態に，社会技術らしさが表れている．

(3)　社会技術の設計法

　さて，前項では津波防災の社会技術を紹介したが，どうしたらこのような問題解決策を生み出すことができるのであろうか．科学技術を活用し，革新的な社会問題の解決策を生み出すことが目的であるとすれば，そのような問題解決策を設計する方法が必要である．単に成功事例を参考にして，思いつきで問題解決策を生み出すのではなく，体系的に有効な問題解決策をつくり出すためには，問題解決策の設計方法を確立することが必要である．それが本書の目指すところである．詳細は次章以降に述べてゆくこととして，ここでは津波防災の社会技術を例として，それを設計する方法を考えてみる．

　設計とは，建築物や工業製品，情報システムなどの人工物をつくるために必要となる情報を決定する行為である．人工物をつくる行為は，設計と製造に分けられる．人工物を，単に製品などのモノだけでなく，制度のようなコトまで含めるのであれば，社会技術も人工物の1つといえる．社会技術の設計と実装が，製品の設計と製造に対応する．制度設計という言葉は一般的に使われているので，社会技術設計も違和感を与えないかもしれない．

　問題解決策の設計において，最初に行うのは問題の分析である．問題にかかわる情報を収集し，分類・整理する．社会問題の特徴はその複雑性にあり，政治的側面，経済的側面，技術的側面，倫理的側面など，異なる側面にかかわる

情報が存在する．問題の全体像を把握できるよう，分類・整理された情報を一覧できるように整理することが大切である．

次に，膨大な情報の中から，着目すべき問題点を抽出する．一般的に問題にかかわる多くの事柄の間には因果関係があり，因果分析（因果関係の分析）によって着目すべき問題点が抽出されることが多い．

図 1.11 において，四角のノードは津波災害にかかわる事柄を表し，矢印はそれらの間の因果関係を表している．この因果関係図は原問題，すなわちもともとの問題が引き起こされる過程を表している．津波によって大きな人的被害が生じるのは，多くの住民が津波警報を無視し，避難をしない，あるいは，避難したとしても避難行動が不適切であることが原因である．周辺住民の警報への反応を気にし，警報に従うことをためらったり，警報を信頼していないこと，また，自分に危害が及ぶことはないという根拠のない誤った安心によって，避難を怠ったり，避難行動が不適切になってしまう．

既存の問題に対しては，多くの対策が施されている．その対策に問題があるために，原問題は解決されていないのである．図 1.11 では，既存の対策にかかわる事柄を楕円のノードで示した．問題と思われる事柄は点線の楕円で表示し区別してある．これらの事柄が先の津波災害にかかわる事柄に及ぼす影響を

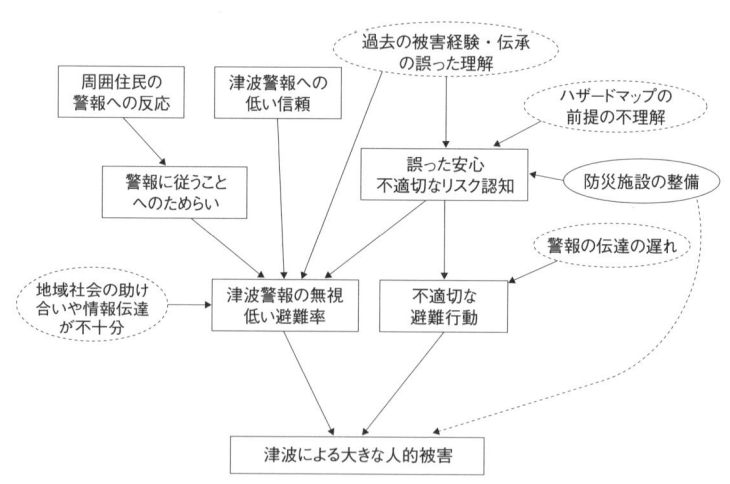

図 1.11 津波災害における因果関係：原問題＋既存対策の問題

矢印で示した．点線の矢印は，負の因果関係を表す．

　地域社会の助け合いや情報伝達は，本来有効な対策であるが，逆に避難を妨げることもある．過去の被害経験や伝承の誤った理解は，誤った安心や警報の無視につながる．予測される災害の発生地点，被害の拡大範囲および被害程度，さらには避難経路，避難場所などの情報を地図上に示したハザードマップも，その前提を十分に理解していない場合には，誤った安心につながる．堤防などの防災施設の整備は，典型的な対策といえるが，リスク認知を低くし，備えを怠ることにつながり，かえって危険な状態を生み出すこともある．

　図1.11の因果関係図より，着目すべき問題点を抽出しよう．既存の対策においては，警報の伝達の遅れから避難が遅れる点に着目して，警報システムの整備に対策の力点がおかれることが多かった．しかし，それが着目すべき問題点なのであろうか．たとえ，警報が迅速に伝達されたとしても，住民が避難する意思をもたなければ，被害を防ぐことはできない．図1.11からは，誤った安心，不適切なリスク認知が着目すべき問題点として浮かび上がってくる．適切なリスク認知がなされていれば，警報に対して被害に及ばないであろうという意識を押さえ，たとえ空振りであったとしても避難すべきであると自覚することになろう．

　ここで取り上げた津波災害シナリオ・シミュレータを用いた防災教育がどのように問題を解決しているかをみておこう．

　図1.12は図1.11に津波災害シナリオ・シミュレータを用いた防災教育の影響を加えたものである．誤った安心，不適切なリスク認知を是正することにより，避難率を高める効果が見込まれている．

　問題解決策の導入は，新たな問題の発生につながることも多い．津波災害シナリオ・シミュレータを用いた防災教育を実施することにより，平常時の住民の不安が助長され，行政に対する不満につながることもあろう．あるいは，シミュレータを盲目的に信頼してしまうことにより，自分の住んでいるところには被害が及ばないという不適切な安心に至ることにより，かえって大きな被害がおこることもあるかもしれない．後者は，シミュレーションの精度の問題であるが，被害に対する責任が追及されることも考えられる．

　問題解決策の設計にあたっては，問題解決策が引き起こす可能性のある悪影

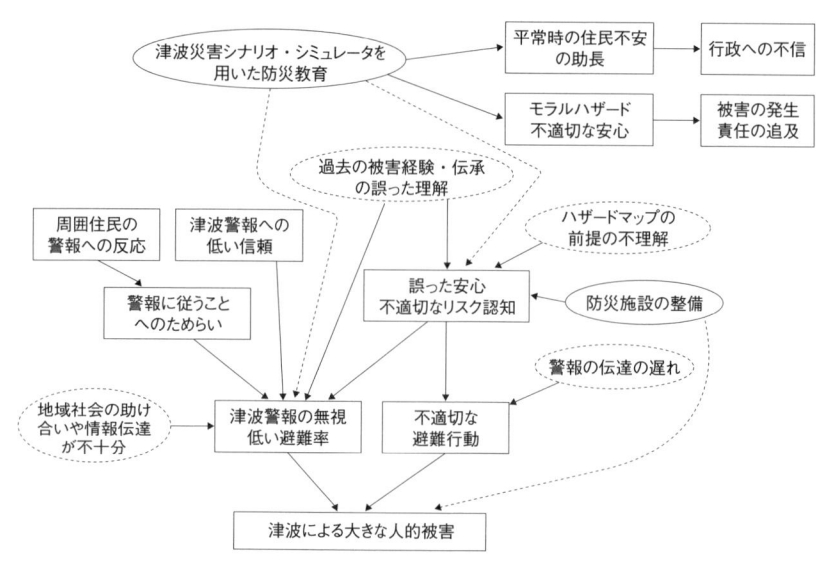

図 1.12 津波災害シナリオ・シミュレータを用いた防災教育の影響

響を事前に把握し，それを抑制する工夫を講じることが重要である．図 1.12 のような因果関係図を描き，さまざまな可能性を検討することが，より良い解決策の設計につながる．

　因果関係図を描かずに設計するよりは，因果関係図を描き，さまざまな可能性を検討する方がよりよい設計になることは間違いなかろうが，もう一方で，合理性の限界があることも知っておかなくてはならない．将来おこる事柄に対する予測の精度は当然限界がある．まして，さまざまな側面が複雑に絡んでいる社会的事象の場合には，高い精度はとても期待できない．

　また，何が着目すべき問題点であるか，という判断も絶対的ではありえず，判断する者の主観が入り込んでくることをふまえておかなければならない．これが着目すべき問題点である，という主張の根拠を明らかにし，その論理性を検証することにより，その主張が誰にとっても納得のゆくものであることを確認することが必要である．

　着目すべき問題点を抽出した後，問題解決策を立案することになるが，この立案の過程が設計のもっとも重要な部分である．シミュレータと防災教育を組

み合わせるというアイディアをどのように思いつかせるかというのが課題である．発見，発明，発想などという言葉で表される，人の創造的な思考過程に基づく行為であり，解決策の立案の方法を定式化することは難しい．しかし，創造的な思考過程の支援方法を定式化することは可能である．コラム「デザインと設計」で述べた通り，この創造的な思考過程に重きをおくとき，「設計」は「デザイン」というカタカナ語に置き換えられる．次に，創造的な思考過程を支援する方法を検討する．

(4) 問題解決策の立案

津波防災の事例では，リスク認知を高め，避難行動を促すことが問題解決策に求められている．問題解決策の立案のために最初に行うことは，当該分野における既存の対策の分析である．津波災害に対する対策としては，津波堤防などの構造物による被害の抑止，地震直後の自主避難や，それを情報面からサポートする津波情報・避難情報の収集伝達システムの整備，地域での津波防災教育，防災意識の啓発などの地域防災力の向上，浸水範囲や避難場所・避難路などを地図上に書き込んだ津波ハザードマップなどがある．既存の対策には問題点が存在していることが多い．だから新たな対策が必要なのである．新たな対策の立案には既存の対策を分析することが有効である．ここで取り上げた事例は，地域での津波防災教育を分析した結果，参加者が被災の状況を自分のこととしてイメージできていないという問題点を抽出したことが，解決策立案の出発点になっている．

しかし，津波防災教育を改善しようとしても，なかなか画期的な改善策は思いつかないだろう．従来の努力の延長線上で既存の対策を改善することには限界がある．そこで革新的な解決策を立案するうえで有効なのが，他分野における対策の分析である．

リスク認知を高め，適切な行動を促す方法にはどのようなものがあるだろうか．地震の場合，誰もが思いつくのが，地震体験車（起震車）ではなかろうか．これは，地震発生時の対応を身につけたり，家具の転倒防止対策を促すうえで有効である．火事に対しては，煙体験ハウスや，バーチャルリアリティを利用して火災現場を擬似体験できる施設も登場している．交通安全では，飲酒運転

疑似体験教室が開かれており，実際に飲酒をしたうえで，運転シミュレータで運転してみるというものから，酒酔い状態を再現するゴーグルを装着した状態で，コース内を運転し，飲酒運転の危険性を体験するものもある．

ここであげた例は，疑似体験がキーワードとなっているが，危機時の状況を想像することができるようにすることがポイントである．津波被害の場合は，地震の大きさや，どこに住んでいるか，いつ避難するかによって助かるかどうかが分かれるため，そのことをどのようにして疑似体験することができるかが求められる．ここで紹介した津波災害シナリオ・シミュレータはそのような条件の違いによる危機時の状況を想像することを可能にするものである．

他分野における対策の分析を可能とするためには，参考となる事例を他分野から探し出してくる必要がある．どのような事例が参考となるかは必ずしも明確ではないので，参考事例を効率よく探し出す手法の整備が，革新的な解決策立案の要点となる．分野を超えた知の活用がイノベーションの有力な手段であるが，そのためには新たな仕組みが必要となる．次章でそのような方法を提示するが，それは本書のもっとも重要な部分の1つである．

さまざまな分野における既存の問題解決策を分析し，それぞれが解決している問題の特性と，その解決メカニズムを明らかにすれば，問題特性と有効な解決メカニズムの関係性を見いだすことができる．その関係性は問題解決の法則と呼ぶことができよう．問題解決の法則が体系化されれば，ある問題に対する有効な解決策を立案するときにその問題の特性を明らかにすることができるようになり，問題解決の法則に照らせば，有効な解決メカニズムと参考にすべき他分野の解決策が導き出される．

参考にすべき事例が提示されることは解決策の立案にたいへん役立つことは間違いない．しかし，どのように参考にすればいいのであろうか．類似性はあるが，異なる分野における解決策とするために，何らかの改変を加えなければならない．あるいは，その解決メカニズムをさらに精緻なものとし，より解決能力の高いものとするためには何をすればいいのだろうか．

次に，そのような解決メカニズムの精緻化に資する解決メカニズムの分析について述べる．

コラム　分野を超えた知の活用

　問題解決は5つのレベルに分けられる．第1のレベルは個人の知による問題解決であり，自分のもっている知識や経験に基づいて問題を解決するケースである．第2のレベルは，組織の知による問題解決である．同僚，上司，チーム，あるいは会社に蓄積された知を活用して問題を解決する．第3のレベルは，分野の知による問題解決である．ハンドブック，教科書，論文集など，その分野の知を活用して問題を解決する．これまでの問題解決の多くは，このレベル3までに留まっている．

　ここで着目するのが，第4のレベルの問題解決で，他分野の知を活用した問題解決である．分業は効率性を高めるために有効な手段である．専門性を高めるためには，領域を細分化せざるを得ない．結果として，全体を見渡せる専門家がいなくなってしまった．ある分野の専門家は，他の分野に関しては素人に近い．知識は領域ごとに蓄積活用されてきた．膨大な知識はその分野以外で活用されることはまれである．知識が飽和し，問題解決が手詰まりになったとき，革新的な問題解決を実現するためには，他の分野における知を活用することが1つの有力な方策となる．ある技術が他分野に展開されたときに，新しいブレークスルーが生み出された事例は数多く知られている．

　航空機のフライトレコーダーを自動車に当てはめたのがドライブレコーダーである．カメラを自動車のフロントガラスに取り付け，衝撃・急ブレーキ・急ハンドルなどを自動的に検知し，危険な場面として，その際の映像・各種データを車載機本体に記録する．事故時の責任を明確化し，裁判などのコストを減らすことを目的としてタクシー会社が導入したところ，運転手が慎重に運転するようになったために事故そのものが減少したという話がある．予期せざる好影響である．この好事例を他分野で活かすにはどうしたらいいのだろうか．たとえば，医療の分野で活用するとしたら，どのようなことになるのであろうか．このように展開が拡がってゆく．

　分野を超えた知の活用を可能とするものは，アナロジー（類推．2.4節参照）である．分野が異なれば同じものがあるはずがない．意味ある類似性を発見し，適用が有効な事例を他分野から見つけ出し，それを当該分野に当てはめなくてはならない．意味ある類似性とは何なのか，どのようにしてそのような類似性を発見するのかが課題となる．

第5のレベルは，創造的な問題解決である．創造性に恵まれた問題解決者が革新的な問題解決策を発想するというパターンがこれにあたり，体系的に創造的な問題解決を導くことはできない．しかし，第4のレベルの問題解決をくり返すことは，問題解決における創造性を培う有効な方法である．

(5) 解決メカニズムの分析

　津波災害シナリオ・シミュレータを用いた防災教育を例として，その解決メカニズムの分析を行ってみよう．解決のメカニズムは，防災教育に参加した住民が津波のリスクを認知して，津波警報があったときには避難をしようという行動意図をもつことである．まず，合理的行為理論に照らして，行動意図の形成過程を考えてみる．

　合理的行為理論 (theory of reasoned action) は，多くの状況における人間行動を予測する一般モデルであり，行動に至る心理的過程を図1.13のようにモデル化する．その行動に対する当人の態度と，主観的規範の両者によって行動意図が形成され，その行動意図に基づいて行動がなされる．

　行動に対する態度は，その行動をとることによっておこる結果に関する認識と，その結果に関する評価で決定される．警報が鳴って，ただちに避難すれば助かる可能性が高いことが理解され，逆に避難しなかった場合に命を落とす可能性があることがわかれば，たとえ避難が無駄に終わることがほとんどであるとしても，避難した方が良いという態度が形成される．

　主観的規範は，人がどのような行動をとるべきかについて，その人が重要と考えるグループ（準拠集団）がどのように考えているかに関する認識である．

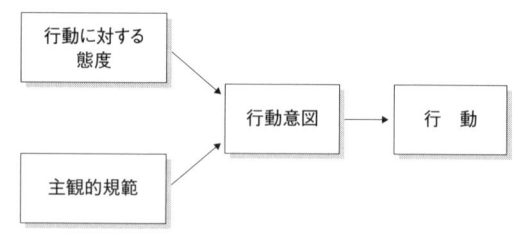

図 1.13　合理的行為理論：行動に至る過程 [17]

主観的規範は，準拠集団の意見を反映したものであり，特定の行動に関する一種の社会的圧力と考えられる．主観的規範は，特定の行動の遂行に関して準拠集団の意見を知覚したものである規範的信念と，それに従うモチベーションの程度によって決定される．

　「実際に津波がやってこなかったとしても，避難したことを臆病であったなどと思う必要はありません」と防災教育の講師が話したとき，一緒に参加していた住民が皆うなずいているのを確認すれば，それは避難行動に対する肯定的な主観的規範の形成につながる．

　このように考えていけば，シミュレータによるアニメーションの提示が避難に対する行動意図の形成にどのような効果があるかが明らかになる．さらに，住民の心理的過程を分析するために，不安喚起モデル［18］に照らして考えてみよう．

　図1.14は，心理学における既存理論（ラザルスの心理学的ストレスモデル，スピルバーガーの状態—特性不安モデル，精緻化見込みモデルなど）に基づいて，鳥インフルエンザに関する新聞や雑誌，および，インタビュー調査の結果を使って構成されたモデルであり，喚起された不安が解消される過程をモデル化している．

　情報が入力されて，危険かどうかの評定（認知的な評定）が行われ，その結果，不安が喚起される．次に，その不安を解消しようという動機づけがなされたかどうかをみる．動機づけがなされた場合には，能力があるかないかによって，3つのルートにしたがって不安への対処がなされる．

　第1のルートは，信頼できる情報を探す問題焦点型処理の中心ルートである．情報の内容・質を吟味し，事態の統制可能性を判断することによって，安心に至る．

　第2のルートは，信頼できる人を探す問題焦点型処理の周辺ルートである．誰しも自分で判断し，対処する能力を持ち合わせているわけではない．信頼できる人を探し，見つかれば，その人の指示にしたがったり，その人に任せることによって安心する．

　信頼できる人が見つからなかった場合には，第3の情動焦点型の周辺ルートを選ぶこととなる．このルートでは，直面する問題について考えるのをやめて

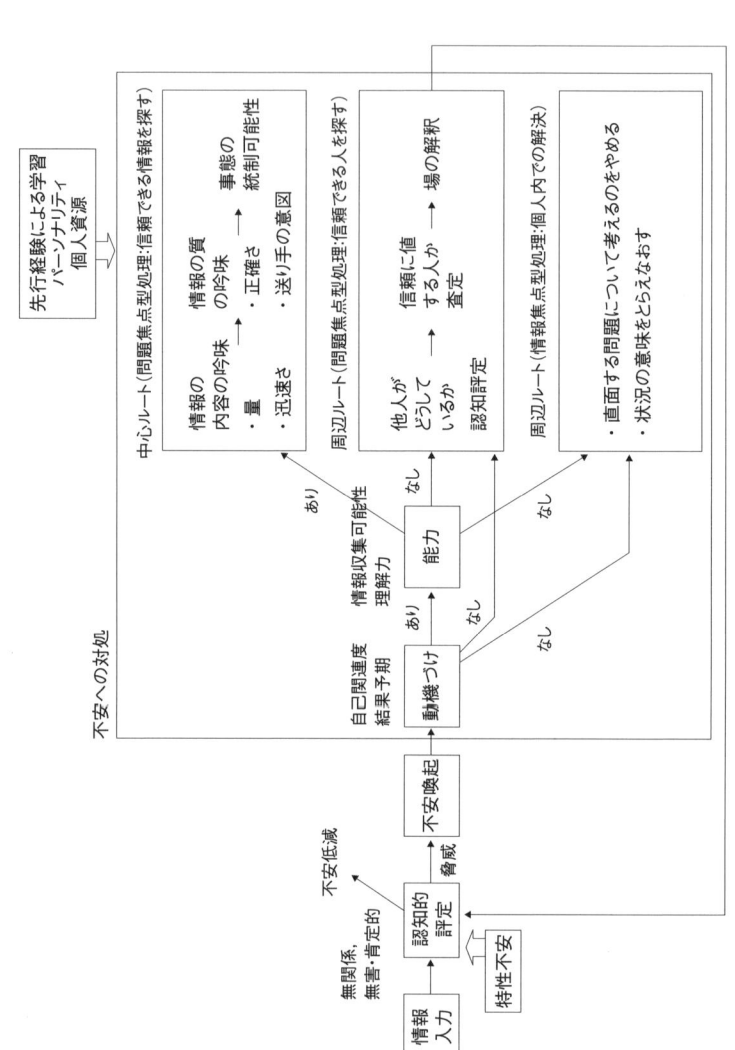

図 1.14 不安喚起モデル [18]

36　第 1 章　社会技術の概念

しまったり，状況の意味をとらえなおすことにより安心してしまったりする．たとえば理由もなく，自分には関係ない話だと信じ込んだり，あるいは，そういうものは，どういう理由であろうと絶対にいやだと，完全に拒否したりする．原子力に対する反感とか，あるいは遺伝子組換え食品に対する拒否反応というものはこうしたルートに対応すると考えられる．

防災教育に参加した住民は，津波災害シナリオ・シミュレータのアニメーションをみせられて，まず不安に陥るであろう．しかし，どこに住んでいる人が，いつ避難すれば助かるかをみることにより，自分に危害が及ぶのかどうか，どう対処すれば助かるのかを確認することで，不安が解消される．喚起された不安が解消する過程を経ることによって，避難行動に対する態度が形成・強化される．これは，第1のルート，信頼できる情報を探す問題焦点型処理の中心ルートに対応する．

この過程の中で，情報の質が吟味される．科学的知見に基づく結果であることは，情報に対する信頼性を確保するうえできわめて重要である．説明が明快であること，説明者が能力を有し，誠実であることを住民が認め，住民が説明者を信頼することも大切である．

ある住民にとっては，説明された内容は難しく，その内容を吟味したりはせず，しかし，説明者に信頼感を抱いた場合，「あなたはこのタイミングで避難すれば助かります」とその説明者にいってもらうことによって安心するということも考えられる．これは，第2のルート，信頼できる人を探す問題焦点型処理の周辺ルートに対応する．

このように既存の理論をあてはめ，解決メカニズムを分析することにより，津波災害シナリオ・シミュレータの役割や，防災教育を行ううえで何が大切であるかなどが明らかになる．これは，解決メカニズムの妥当性を検証し，解決策をより効果的なものに改良したり，他の分野に転用するために工夫を加えるうえで有効な手段を与える．

第2章　問題解決のプロセス

　本章では問題解決のプロセスのモデル化を行う．問題とは，望ましい状態と現状との差を意味している．望ましい状態に達することを目標達成というのであるから，問題解決と目標達成は，いい方の違いであって同じことを指している．

　人には問題解決の能力が備わっている．というより，生物が生き延びていくためには問題解決が不可欠である．生物の中でも，人の問題解決能力はきわめて高度である．ここでは，人がどのように問題を解決しているのかを考え，人の問題解決の方法に倣って問題解決のプロセスをモデル化する．人に備わっている問題解決の方法を，パワーアップするというのが本書の戦略である．

　問題解決は，問題解決策の設計，問題解決策の実施，結果の評価からなる．これらはそれぞれ事業のマネジメントサイクルとしてよく知られている，計画（Plan），実施（Do），評価（See）に対応している．どれも重要ではあるが，本書では，問題解決策の設計に焦点を当てる．適切な問題解決策が設計されていなければ，どんなに問題解決策の実施をうまく行おうとしても問題解決にはつながらないからである．

　計画，決定，策定などの言葉を用いず，ここではこだわりをもって「設計」という言葉を用いる．後で述べる通り，設計は工学にとって重要な概念であり，活動である．工学は財やサービスを生産することによって，人びとの欲求に応えてきた．生産は設計と製造からなるが，何をどのように製造するかを決めるのが設計である．「設計」という言葉を用いることは，工学の方法論を用いて問題解決策を生み出すという本書のフィロソフィーを体現している．第1章に述べた通り，設計における創造的思考に重きをおくのであれば，「設計」を

「デザイン」と呼ぶことがふさわしい．一般の人にとって，「設計」という言葉からは芸術性を含まない機械的な操作をイメージされるかもしれない．先にも述べたように，本書では「設計」と「デザイン」が混在しているが，両者を同じ意味合いで用いている．

それでは，人がどのように問題解決をしているかをみていこう．

2.1 問題解決の心理

人の問題解決においてもっとも大きな役割を果たすのは，記憶のメカニズムである．五感を通じて入力される信号はパターン化され，モデル化され，大脳新皮質に記憶される．無意識のうちに，入力信号は過去の記憶に基づく自己連想の結果と比較され，処理される．この記憶に基づく予測こそが知能の基盤である．意識に上るものはごくわずかであり，ほとんどの知的活動は無意識のうちに行われている．必要となる記憶が無意識のうちに選び出され，都合よく統合・再構成され，問題解決に利用されている．

膨大な記憶のなかで，問題解決に大きな役割を果たすのが因果関係にかかわる記憶である．人は因果関係によって現象を理解しようとする．人はそのようにできているのだ．幼児が「なぜ」という問いをくり返すのもそのためだ．付き合っている彼女から連絡がこなくなれば，その原因に頭を巡らせるであろう．原因に思い至るならば，どうしたら彼女の気持ちをこちらに向けることができるか，思い悩むことになろう．意識的に行うとしても，無意識のうちに行われるにしても，原因の究明と解決策の立案に用いられるのは因果関係にかかわる記憶である．

因果関係の記憶は，類似の原因と結果の体験をくり返すことによって強化される．言語化され，意識にのぼり，知識として記憶される．人から教えられる因果関係の知識もあろう．論理的な裏づけや科学的根拠のある因果関係の知識は強固なものとなる．

因果関係の知識に基づき，結果を引き起こした原因を明らかにすることと，問題を解決するための手段をみつけだすことが，問題解決の心理である．意識的に行う問題解決，複雑で高度な問題に対する問題解決においては，さまざま

コラム　生物の問題解決メカニズムと記憶 [20, 21]

　生物が生き延びていくためには，外部環境の変化に対応して，何らかの対処をしなければならない．これはまさに問題解決である．

　問題解決のプロセスは生物の進化レベルに応じて，かなり異なっている．原始的な生物は，突然変異，遺伝子に記録される記憶，自然淘汰によって問題を解決している．突然変異によって引き起こされた変化の中から，環境の変化に適応したものが自然淘汰によって選ばれ，遺伝子に記録される記憶によって，環境に対応したものが継承されてゆく．

　進化が進み脳が発達することによって，より複雑な問題解決ができるようになってゆくが，個体の生存期間中の記憶がその個体の問題解決に活かされるようになるためには，大脳新皮質の発生を待たなくてはならない．

　大脳新皮質は，大脳の表面をしめる皮質構造のうち進化的に新しい部分であり，哺乳類で出現し，進化に伴って面積が大きくなっていった．ネズミでは切手ほどの大きさしかなく，サルでも封筒くらいの大きさなのに対して，人間では大きめの食事用ナプキンほどの大きさとなる．厚さはおよそ 2 mm で 6 つの層が重なっている．

　大脳新皮質は記憶と記憶に基づく予測を掌っている．生まれてからの経験や知識はすべて大脳新皮質に記憶され，新たな問題解決に活用される．個体の生存期間中の記憶がその個体の問題解決に活かされるようになったのである．さらに人間は言語を生み出すことで，ある個体の記憶を別の個体の問題解決に活用できるようになった．伝承により，世代を超えて記憶が活用できるようになり，そして文字の発明によって，記憶の伝達，保存をさらに効率的に行えるようにした．

　次の革命的な出来事は，1 人の人間の大脳新皮質に蓄えられた膨大な記憶を効率的に保存し，活用する手段の獲得であろう．人生をかけて蓄積された膨大で貴重な記憶のうち，活用できているものはごく一部にすぎない．死とともにすべては失われてしまう．日記や書籍は貴重な記憶を保存，活用する手段である．歴史研究を目的として口述記録を行う，オーラルヒストリーという研究手法もある．近年急速に普及したブログやツイッターもこのような手段として有力であるが，もっと効率的な手段が出現する日はくるのであろうか．

な知識や思考が動員される．その詳細を知るために，次節では数学の問題解決に目を向けてみよう．

2.2 問題解決の知識

「n 角形の内角の和を求めよ」という問題を考えてみる．まず，三角形について考えてみる．つまり，三角形の内角の和が 180 度であることを証明し，その思考過程を一般化することで元の問題の解答を導く．

図 2.1 のように，三角形 ABC に対して，BC と平行な補助線 AP を引く．「同位角は等しい」ので，三角形の外角の和は 360 度となる．多角形のある頂点における内角と外角の和は 180 度であるから，三角形の内角と外角の和は，180×3 で 540 度となる．したがって，三角形の内角の和は $180 \times 3 - 360 = 180$ で 180 度になる．これを一般化すると，n 角形の内角の和は，$180 \times n - 360$（度）という公式によって求められる．

以上の問題解決における思考過程において，どのような知識が用いられているのかを検討する．まず，問題を解くために「多角形」「内角」「外角」などの概念と，「同位角は等しい」という専門知識を用いた．それから，平行な補助線を引いた．ここで，「平行な補助線を引く」というのは，「同位角は等しい」という専門知識を活用するための知識である．このような，概念や定理などの専門知識を運用するための知識を「方略的知識」と呼ぶ．

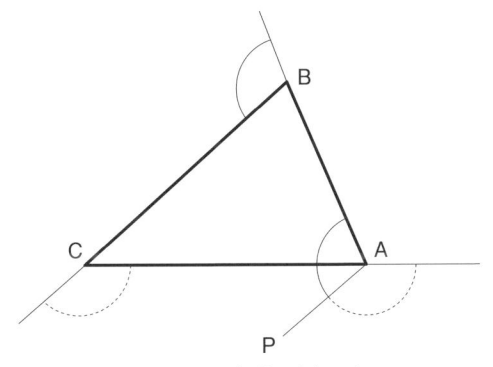

図 2.1　三角形の内角の和

さらに，「ヒューリスティック」という知識が重要な役割を演じている．ヒューリスティックとは，つねに有効である保証はないが，多くの場合，解決方法の発見を導いてくれる，経験的に得られた指針のことである．最初に三角形の例を考えることは，「まず，簡単な問題を考えてみる」というヒューリスティックに対応する．ちなみに，外角の和を求めたのも，「下位目標を設定する」というヒューリスティックの適用例である．

　このように一般的に，数学の問題を解くためには，数学のさまざまな概念，定理，公式などの専門知識に加えて，これらの知識を運用するための方略的知識，さらにはヒューリスティックが用いられている．

　このうち数学の問題解決に有効なヒューリスティックの多くは，数学以外の問題解決にも有効である．たとえば数学者のポリアは，大学生への数学教育を通じて，問題解決全般に妥当する普遍性をもったヒューリスティックを見いだし，『いかにして問題をとくか』[23]という著書の中にまとめた．その中から数例を示す．

- 何が未知であり，どんなデータが与えられ，どんな制約条件があるのかを明らかにせよ．
- よく似た問題を思い出し，現在の問題と関連づけよ．
- 問題が解けなければ，別の関連した問題，より一般的な問題，より特殊な問題，類似の問題を先に解け．

　数学以外の分野でも，それぞれの専門領域でさまざまなヒューリスティックが用いられている．そうした各分野のヒューリスティックを集め，一般化し，より包括的・体系的なヒューリスティック群を整備することが，問題解決の普遍的な方法論を築くうえで有効な方策となるはずだ．

　以上，問題を解決するときには，専門知識，方略的知識，ヒューリスティックという3つの知識が利用されていることをみてきた．だが，未知の問題を解くためには，これらの知識だけでは不十分である．たとえば，「平行な補助線を引く」という方略的知識をもっていたとしても，それを思いつき問題へあてはめることができなければ無意味である．未知の問題へ挑むためには，それを

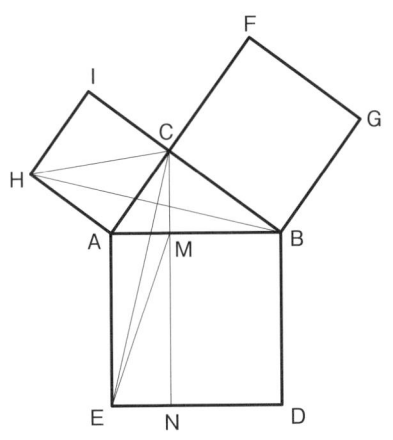

図 2.2 三平方の定理（ピタゴラスの定理）の証明

解くうえで必要な既知の知識を記憶の中からよみがえらせ，活用する能力，すなわち「創造的な能力」が不可欠なのである．

もう一例取り上げよう．三平方の定理（ピタゴラスの定理）の証明（図2.2）では，底辺と高さが等しい三角形の面積が等しいこと（△AEM と △AEC，△ACH と △ABH）や，三角形の合同条件などの知識（△AEC と △ABH），「補助線を引いて考える」というヒューリスティックを用いている．しかし，もっとも重要なのは，三角形の合同を利用することを思いつくような創造的な能力である．

どうすれば創造的な能力が発揮できるようになるのであろうか．ポリアの『いかにして問題をとくか』[23]の記述を紹介しよう．「合理的な発見学は絶対確実などということをねらいはしない．それはただ問題をとくときに役立ついろいろな過程を研究しようとつとめるだけである．問題に関心をもつ健全な精神の持主ならば，誰でもそのような過程を経験する筈である．それは有能な人たちが自身に問い，有能な教師が学生に問ういくつかのきまった問いや注意によって示唆されうるものである」．ポリアは適切な思考作用を引き起こす問いと注意を集めて分類した．

次に，創造的な思考に関する知見を押さえておこう．

2.3 アブダクション [25]

　人間の知的作用の総称である思考の中で，手元にある証拠をもとにして，未来のこと，あるいはまだ真相がよくわかっていないことなどを推し量ることを推論という．推論には，前提とされた命題から，論理の規則に従って必然的な結論を導き出す演繹（あるいは演繹的推論）と，個々の具体的事実から一般的な命題ないし法則を導き出す帰納（あるいは帰納的推論）がある．

　たとえば，「地球も，火星も，水星も丸い」という観測事実から，「惑星は丸い」という命題を導き出す行為が帰納的推論である．これに対して，「惑星は丸い」という命題から「木星は丸い」ことを導くのが演繹的推論である．演繹的推論によって，前提された命題から，経験にたよらず，論理の規則にしたがって必然的な結論が導き出される．「木星は惑星である」「惑星は丸い」，したがって「木星は丸い」ことを結論する三段論法が演繹的推論の代表例である．

　パースはアメリカの論理学者，哲学者で，演繹・帰納と並ぶ第3の推論としてアブダクションを提唱した．アブダクションは仮説とも呼ばれ，科学的発見や創造的思考を生み出す推論である．アブダクションは科学的探究のいわゆる発見の文脈において仮説や理論を提案する推論であり，帰納はいわゆる正当化の文脈において，アブダクションによって導入される仮説や理論を経験的事実に照らして実験的にテストする操作である．帰納とアブダクションの関係は帰納をどう定義するかによるが，帰納を事例獲得，仮説形成，仮説検証からなる推論だとすれば，その仮説形成において，事例の中に観察したものと類似の現象の存在を推論するのではなく，直接観察したものとは違う種類の仮説を導き出す推論がアブダクションである．

　そのような仮説は超越的仮説とも呼ぶことができる．ニュートンの万有引力の法則はその典型的な例であろう．この法則は，現象からの直接的帰納で導くことはできない．引力の大きさは引き合う物体の質量の積に比例し，距離の2乗に反比例するという仮説は，観察事実から直接的に導き出されるものではない．この思考は論理的思考とは異なり，言語化することができない．ニュートンがどのようにこの仮説を導いたかは，いっさい書き残されていない．書き記

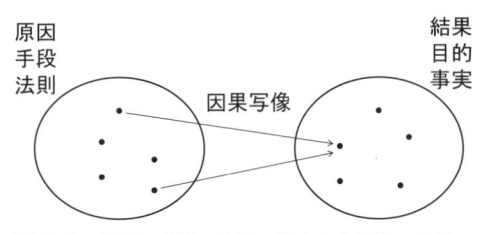

図 2.3 原因・手段・法則の集合から結果・目的・事実の集合への写像

すことができない思考プロセスなのである．

パースはアブダクションの別名として遡及推論（リトロダクション）という用語を用いている．結果から原因を導いたり，観察データから法則や理論を導く推論が遡及推論である．問題解決策の設計における思考には，この遡及推論という言葉がもっとも適合するかもしれない．

原因の集合と結果の集合を考える（図 2.3）．ある原因とある結果は因果関係で結ばれているとする．因果関係は，原因の集合から結果の集合への写像を与える．この写像を因果写像と呼ぶことにしよう．アブダクションとは，与えられた結果に対して，その結果をもたらす原因を明らかにする推論である．問題解決において，問題の分析を行い，問題の原因を明らかにする推論は，このアブダクションである．

原因の集合を手段の集合に，そして結果の集合を目的の集合に置き換える．目的とは手段の結果のことである．与えられた目的を達成する手段を求める推論もアブダクションである．問題解決において，問題解決策を立案する思考は，このアブダクションである．与えられた設計仕様を満足する製品やサービスを決定する操作もアブダクションである．

原因の集合を法則の集合に，そして結果の集合を観測事実の集合の集合に置き換える．観測事実の集合を説明しうる法則を見いだす思考もアブダクションである．

アブダクションとは，因果写像の逆写像である．すなわち，定義域（原因，手段，法則）から値域（結果，目的，事実）への因果写像に対して，値域のある要素に対応する定義域の要素を求める操作がアブダクションである．値域の

2.3 アブダクション

ある要素に因果写像の逆写像を適応すれば，結果を引き起こす定義域の要素が求まることになる．

とはいっても，アブダクションは容易ではない．すべての問題において数学の問題のように因果写像が明確に与えられているわけではないからである．因果写像が1対1対応になっているとも限らない．目的を達成する手段は1つとは限らないし，存在しないかもしれない．また，定義域の要素は事前にすべて規定されているわけではない．むしろ，与えられた目的を達成するためにまったく新しい手段を見いだすことが求められることが多い．そのような手段や法則を発見したとき，人びとはそれを創造的な発見として賞賛するのである．

それでは，アブダクションの方法は存在しないのであろうか．上記のようなアブダクションの特性を理解すれば，アブダクションの方法を求めることが難しいことは理解できる．むしろ，アブダクションを支援する手法を確立することが適切な目標であろう．類似性は人間の知的活動の根本を支えており，人間の思考は過去の類似した経験を現在の場面に適用するアナロジー（類推）を利用している．それでは次に，アナロジーを利用してアブダクションを支援する方法を考えてみよう．

2.4　アナロジーによるアブダクションの支援と分野を超えた知の活用

2.3節では，問題解決策の立案が手段から目的への因果写像の逆写像を求めることであることを論じた．与えられた目的を達成するための手段を見つけだすことは容易ではない．それは創造的思考と呼ばれる知的活動であり，意識的あるいは無意識的な試行錯誤を伴うものである．その試行錯誤においては，過去の経験や知識などの記憶が検索され，人の記憶と記憶に基づく予測のメカニズムにより，目的を満足する結果を与える手段を思いつくこととなる．

2.2節で紹介したポリアのヒューリスティックスの中には，「似た問題を知っているか」という問いがある．入念に準備された学生に対する問いや注意は，問題を解くのに間接的に役立つような，典型的な思考作用に対応している．「似た問題を知っているか」という問いは，問題解決においてアナロジーが重要な役割を果たしていることを示唆している．

アナロジーとは，知っている事柄をよく知らない事柄に当てはめて行う推論である．知りたいことはターゲットドメイン（あるいはターゲット）と呼び，すでによく知っていることはベースドメイン（あるいはベース）と呼ぶ．たとえる（当てはめる）ということは，ベースドメインの要素をターゲットドメインの要素に写像することである．アナロジーが行われるとき，ベースとターゲットの間に重要な意味で類似点が存在している．アナロジーは新たな知識の獲得や発見，仮説の形成，物事の再吟味などにおいて，強力なパワーを発揮する．
　具体的な事例で考えてみよう．第1章で取り上げたSPEEDIと，SARS（サーズ）と呼ばれる感染症に対する対策のアナロジーを検討する．
① SPEEDI（緊急時迅速放射能影響予測ネットワークシステム）：原子力発電所から大量の放射性物質が放出されるなどの緊急事態時に，周辺環境における放射性物質の大気中濃度および被曝線量などを，放出源情報，気象条件および地形データをもとに，迅速に予測するシステム
② 重症急性呼吸器症候群（SARS）の感染空間解析システム：発症から1週間分のデータより，6週間後の感染エリアの拡大を見通すことができる．「GIS」と呼ばれる地理情報システムを応用する．まず1週間分の患者数とその所在地を入力．GISの地形や人口密度のデータを加味し，感染スピードを算出する仕組み．エリア別に6週間後の感染危険度をはじき出す．
　①は原子力発電所事故に対する対策であり，②はSARSウイルスにより引き起こされる新種の感染症に対する対策である．両者には類似性が存在する．人が先の文章を読めばただちに類似性を感じとれるが，①をウェブ検索にかけても②は容易に出てこない．逆も同様である．それでは，人はどのように類似性を感知しているのであろうか．
　2002年11月に新型肺炎が中華人民共和国広東省で発生し，2003年7月に新型肺炎制圧宣言が出されるまでの間に8069人が感染し，775人が死亡した．罹患した旅行者により感染が世界中に飛び火し，その致死率の高さと，明確な治療法がなかったため，世界中に不安が拡がった．
　当時の状況に立ち返って，SARSへの対策を立案することを考えてみよう．いま，②の対策は存在しなかったとしよう．①の対策に辿り着くことができたとすれば，そのアナロジーとして，②を立案することはできるであろう．課題

はいかにして①の情報に辿り着くかだ．感染症の専門家は原子力分野における対策に関する情報を持ち合わせていない．また，原子力分野の対策を検索してみようと思うとは考えられない．アナロジーを活用して，問題解決策を立案できるようにするためには何らかの工夫が必要である．

ここでは鈴木［27］の提唱するアナロジーの準抽象化理論を参考に，類似性のある問題解決策を検索する手法を考えることにする．準抽象化とは，人が実際に行っている抽象化を意味する．人の記憶においては，具体的な経験そのものでもなく，また過度に抽象的なものでもない，中間レベルの抽象化がなされている．過去の記憶を検索するとき，人はことわざレベルの手がかりに対して敏感に反応する．「友人から投資勧誘を進められたが，いろいろ悩んだ末に申し出を断った．……結局，友人は事業に失敗し倒産した」というような話を思い出すとき，類似しているが別の具体的事例や，「危惧の回避」というような抽象度の高い手がかりよりは，「君子危うきに近寄らず」ということわざレベルの手がかりの方が記憶に辿り着きやすい．このような中間的な抽象化を上位概念化と呼び，上位概念化の結果を上位概念と呼ぶことにする．

①の対策が解決しようとしている問題の特性は，「被害の拡大が急速であり，迅速な対応が難しい」，および，「被害の拡大を予測することが難しいため，適切な対応をすることが難しい」と上位概念化できる．また，①の対策の解決メカニズムは，「被害の拡大を予測することにより，適切な対応を講ずる」と上位概念化できる．このような上位概念化をしておけば，次のように容易に辿り着くことができるであろう．

SARSに対する対策を立案しようとしているとき，問題点が「被害の拡大が急速であり，迅速な対応が難しい」，および，「被害の拡大を予測することが難しいため，適切な対応をすることが難しい」という点にあると分析されれば，その問題特性に有効な解決メカニズムは「被害の拡大を予測することにより，適切な対応を講ずる」であり，その具体的事例としては原子力を対象とした①があることがわかる．①を詳しく分析し，SARSにふさわしい対策にするために必要な修正・変更を行い，②を立案することができる．

このように上位概念化した問題特性と解決メカニズムを準備することによって，分野を超えた知の活用が可能となる．すなわち，異なる分野における既存

の問題解決策を参照し，有効な解決メカニズムを当該分野の問題に対して適用することによって，当該分野においては新しい問題解決策が立案される．これは，1.3節のコラムで紹介した「分野を超えた知の活用」の具体的な方法である．ここで紹介した問題解決策の立案手法は，第4章で詳細に説明する．

2.5 製品・サービスの設計法

問題解決策の設計の方法論というのが本書のテーマである．問題解決策の設計方法を構築するにあたって，一般的な製品やサービスの設計方法を参考にするのは自然であろう．設計は工学が対象とする人の高度な知的活動である．まず，工学とは何かを押さえておこう．

(1) 技術としての工学，学問としての工学

工学（engineering）という名称はラテン語の「考案」に由来する．エンジニア（engineer）とは，もともと軍事用具・施設を設計・使用する職業人のことであった．1818年に街路・給水・運河など一般市民のための施設にかかわる職業人が市民工学会（Institution of Civil Engineering）をイギリスで結成した．このとき，工学は「自然にある大きな動力源を人間に役立つように支配する術」と定義された．この学会は全工学を代表していたが，土木工学が主流を占めていた．1847年には機械工学会が分化，独立し，1871年には電信工学会が創立され，1881年電気工学会と改称された．この後，工学は専門分化され，対象とする分野も拡がっていった．

『広辞苑（第6版）』によれば工学とは「基礎科学を工業生産に応用して生産力を向上させるための応用的科学技術の総称．古くは専ら兵器の製作および取扱いの方法を指す意味に用いたが，のち土木工学を，さらに現在では物質・エネルギー・情報などにかかわる広い範囲を含む」とある．一方，『大辞林（第3版）』では「科学知識を応用して，大規模に物品を生産するための方法を研究する学問．広義には，ある物を作り出したり，ある事を実現させたりするための方法・システムなどを研究する学問の総称」と説明されている．前者は工学を技術ととらえ，後者は工学を学問として定義している．

技術とは，(1) 物事を巧みにしとげるわざ，または，(2) 自然に人為を加えて人間の生活に役立てるようにする手段を指す．運転技術は (1) に対応し，鉄道技術は (2) の一例である．工学を技術ととらえる場合は当然 (2) の手段を意味し，基礎科学を応用した手段であることが技術としての工学の特徴である．

科学（science）と技術（technology）は別のものとして伝統的に区別されていたが，とくに第2次世界大戦後，両者の融合が進み，科学技術という言葉が定着した．その背景には，フランス革命中に創立されたエコール・ポリテクニクにおける科学と技術を融合させる教育や，帝国大学における技術者教育に代表される明治政府の国家的政策がある．さらに，第2次世界大戦後は「科学技術」に対する投資が各国の重要な国家政策となった．

科学技術は英語では science and technology であり，直訳すれば科学と技術となる．しかし，科学技術は主に科学を応用した技術を指し，工学を技術としてとらえるならば，工学と科学技術は同意である．

前述の通り，工学という言葉は，技術を指すこともあるし，学問として定義されることもある．本書では，工学を学問として定義することにする．たとえば，鉄道工学とは鉄道技術に関する学問である．学問とは，一定の理論に基づいて体系化された知識を指す．このように考えれば，工学のもっとも短い定義は，「技術に関する体系化された知識」であり，その知識を得るための活動が工学研究である．

(2) 工学が対象とする技術の目的

(1) でも述べたように，技術とは，ある目的を達成するための手段である．工学が対象とする技術はどのような目的を達成するものであろうか．

前述の『広辞苑』，『大辞林』の説明にもある通り，工学が対象とする活動のもっとも典型的なものは生産である．自動車を例に考えてみよう．自動車を求める人びとの要求に応えるために自動車を生産するという活動において，自動車を生産する手段が生産技術である．また，自動車自身も，人が移動する，物を運ぶという目的を達成するための手段であり，1つの技術であると考えられる．

生産は製品，構造物，ソフトウェア，システムなどをつくり出す活動であり，生産で生み出されたものは，人びとの要求に応える手段とみなすことができる．われわれが生活していくうえでの必要や欲望を満たし，われわれに満足を与えるものは，いずれも価値あるものとされる．したがって，生産は価値を創造する活動であるということができる．

　人びとは，自らの欲求を満たすために，さまざまな技術を生み出してきた．マズローの有名な欲求階層説［31］では，人びとのもっている欲求は階層的に5段階に分けられる．すなわち，低い方から順にいうと，「生存のための生理的欲求」「安全欲求」「帰属意識・愛情の欲求」「尊敬されたいという欲求」「自己実現の欲求」という階層で，低次元の欲求が満たされてはじめて高次元の欲求へと移行するとされている．

　まずは，生命を維持するために生理的な欲求を満たそうとする．生理的欲求には，呼吸欲求，飲水欲求，排泄欲求，睡眠・休息の欲求，食欲求など，さまざまなものがある．食欲求を満たすために農耕技術が開発され，飲水欲求を満たすために水道技術が構築された．

　低次元の欲求が満たされれば，より高次元の欲求へ移行するのにあわせて，次々とそれらの欲求を満たすための技術がつくり出されてきた．技術によって創造された価値の種類も生命価値，経済的価値から快適価値，社会的価値へと拡がってきた．

　たとえば船の安全性を保つ船舶技術も，造船技術の進歩に加え，天文学をベースとした羅針盤の発明，さらにはレーダーの発明によって著しく進歩した．科学の活用による技術の進歩である．

　このように，技術の発展・進歩は，対象とする人びとの欲求，創造される価値の範囲を拡大することと，要求を満足する度合い，すなわち，技術の能力を向上することによって実現されてきた．工学を学問としてとらえ，技術に関する体系化された知識と定義するとすれば，どのような知識が生み出され，このような技術の発展・進歩に伴って，どのように知識が蓄積・更新されてきたのであろうか．これらを考えるために，具体的な事例をみてみよう．

(3) 価値創造の方法論としての工学

人びとの欲求に応える手段の典型的な例として再度自動車を取り上げよう．自動車技術にかかわる知識をとりまとめたものとして公益社団法人自動車技術会による『自動車技術ハンドブック』[32]がある．全9分冊，2512ページのうち，設計にかかわる部分が3分冊，855ページで，全体の34％にあたる．設計に関する知識が自動車技術に関する知識全体の中で大きな部分を占めていることがわかる．試験・評価に関する部分が21％，基礎・理論が18％，製造（ハンドブックでは生産となっているが，ここでは，設計と製造をあわせて生産と呼ぶ）・品質が14％，環境・安全技術が6％，整備・リサイクルLCAが6％である．

基礎・理論の部分には，自動車の開発・生産において活用される科学的知識が記載されており，エンジン性能，動力伝達系，動力性能，制動性能，材料・構造強度，操縦安定性，振動・騒音・乗り心地に関する知識に分かれる．たとえば，エンジン性能に関する知識には，無次元，疑似次元モデルによるガソリンエンジンの性能シミュレーションがあり，これはエンジンの設計に用いられる知識である．

自動車技術に関する知識とは，おおよそ次のようにまとめることができるであろう．すなわち，安全に，環境に対する負荷を最小限に留め，効率よく，快適に，人や物を運ぶという目的を果たすために，自動車をどのように設計，製造すればよいかという知識である．自動車技術に関する知識体系である自動車工学とは，自動車に関連した価値創造の方法論ということができよう．

(4) 設計とは

ある目的を果たすための手段をつくり出す行為である生産は，どのような手段をつくり出すかを考案する過程である設計と，設計の結果に基づいて実際に手段をつくり出す行為である製造とに分けられる．ある目的を果たすための手段には，およそ人びとがこれまでにつくり出したすべてのモノやコトが含まれる．たとえば，社会基盤施設や建物，機械，電子製品，化学物質などの形のあるものから，計算機ソフトウェアなどの形のないもの，さらには制度や，本書で対象としている問題解決策も含まれる．

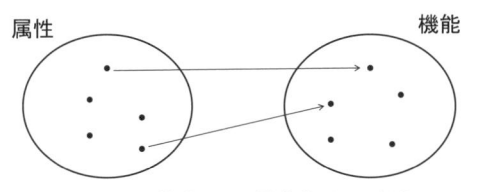

図 2.4 属性空間から機能空間への写像

　あらゆる手段の設計プロセスには共通性が認められる．まず，手段が果たすべき目的である要求機能が与えられる．要求機能は，満たすべき制約条件を含めて設計仕様として与えられる．要求機能を規定することを設計に含めることもあるし，所与のものとすることもある．

　設計仕様を満足するために，手段の属性を定める行為が設計である．属性とは，用いる材料の種類とか，部材の寸法・形状などのことである．図 2.4 に示すように，設計とは与えられた機能空間の点に対応する属性空間の点を指定することと理解できる．属性空間の点と機能空間の点の対応関係に基づき，与えられた機能空間の点に対応する属性空間の点を求める方法が設計法である．設計とは属性空間から機能空間への写像の逆写像を求める行為であるとも考えられる．設計対象や置かれた状況に応じて，適切な設計法を導くものが設計の方法論であり，設計の方法論を扱う学問が設計学である．

　具体的な事例で説明しよう．簡単な事例として，長さ 10 m，重量 10 kg 以下，直径 4 cm 以下，重さ 10 t を吊るすことができるロープを生産することを考えてみる．「長さ 10 m，重さ 10 t を吊るすことができる」が要求機能であり，「重量 10 kg 以下，直径 4 cm 以下」が制約条件で，両者をあわせて設計仕様と呼ぶ．

　まず，用いる材料を決め，断面形状を円形にすることと，その直径を決める．材料を決めれば，材料の単位体積重量と強度が決まる．これらの属性の組合せが設計解である．次に，重さ 10 t を裁荷した状態を考えると，ロープの断面に作用する単位面積当たりの力である応力が計算できる．さらに，すべての条件が満足されているかを検証する照査を行う．重量 10 kg 以下であるか，応力が強度を下回っているかを確認する．条件が満足されていなければ，直径を変えたり，材料を変えたりして，新たな設計解を考え，設計のループをくり返す．

2.5 製品・サービスの設計法

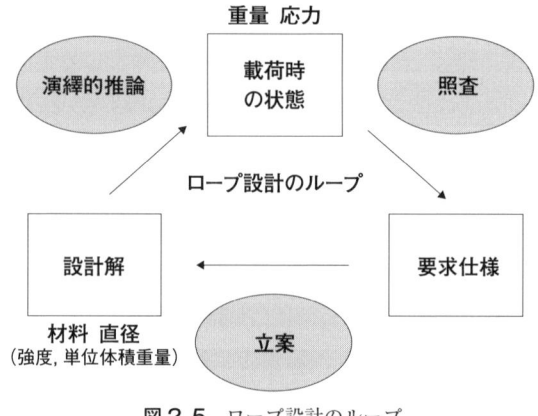

```
                    重量 応力
        ┌─────────┐  ┌─────────┐  ┌─────────┐
        │ 演繹的推論│→ │ 載荷時  │→ │  照査   │
        └─────────┘  │ の状態  │  └─────────┘
                     └─────────┘
                  ロープ設計のループ
        ┌─────────┐              ┌─────────┐
        │ 設計解  │ ←──────────  │ 要求仕様│
        └─────────┘              └─────────┘
          材料 直径    ┌─────────┐
        (強度,単位体積重量)│ 立案 │
                       └─────────┘
```

図2.5 ロープ設計のループ

設計仕様が満足されたところで設計は終了する (図2.5).

　要求機能と制約条件を満足する設計解を思いつく思考は2.3節で説明したアブダクションである．どんな材料がロープには適しているかなど，経験知が設計解の発案に役割を果たす．既存の事例から適切な設計解を導くことが難しい場合には，新材料の開発など，創造的な問題解決によって画期的な設計解が生み出されることもある．

　設計解に基づき，実際の使用条件下における状態を予測するときに用いられているのは演繹的推論である．このロープの例の場合には，演繹的推論は自明であるが，たとえば，複雑な構造物の場合には，構造解析などの高度な演繹的推論の手法が用いられる．工学において，物理学などの自然科学を用いるのは，この演繹的推論の部分である．連続体力学，流体力学，熱流動解析など，対象に応じてさまざまな理論が適用され，有限要素法など，コンピューターを駆使した数値解析手法が適用される．

　要求機能を満たす設計解は必ずしも唯一とは限らない．複数の解からどのように解を選ぶかという問題も生じる．総重量最小というような，条件を追加することにより解の選択肢を少なくする設計方法もある．ここでの関心は，一般的な手段の設計方法を参考に問題解決策の設計方法を構築することにあるので，設計の各論に踏み込むことは避けることにする．

2.6 問題解決策設計のプロセス

　本節では，工学における，ある目的を果たすための手段を設計するプロセスを参考に，問題解決策の設計プロセスを検討する．

　問題解決策の設計プロセスにおいて，最初に行うことは，問題の分析である．対象とする社会問題は，1.3 節で論じた通り，複雑であり，さまざまな観点からの分析が必要である．問題の分析にあたっては，まず問題の全体像の把握が必要である．かかわっている主体もさまざまであるため，どのような主体がかかわり，それぞれの主体がどのような利害をもっているのか，どのような価値基準をもっているのかなどの分析が必要である．生じている事象は複雑であり，個々の事象の間には因果関係が存在している．何がどの結果の原因であるかということを明らかにすることも必要である．このように問題を分析することによって，問題の解決において着目すべき問題点が抽出される．

　次に，抽出された問題点に対応して問題解決策の立案が行われる．ここでは，2.3 節で説明したアブダクションが中心となる．アブダクションにおいては，既存の問題解決策に関する知識が意識的に，あるいは無意識的に活用される．そして，どのように既存の問題解決策に関する知識を活用しやすく準備するかが課題となる．

　問題解決策が立案されたら，その問題解決策を適用した場合に，社会の状況がどのように変化するかという影響分析がなされなければならない．この影響分析には，製品の設計と同様に演繹的推論がなされるわけだが，物理現象を対象とした製品の設計とは異なり，社会現象を対象とした社会問題に対する解決策の設計においては，演繹的推論を支援する知識や手法は限られている．経済学，社会学，社会心理学など，社会科学の知識を可能な限り活用するのは当然であるが，自然科学における数値シミュレーションのような数理的な手法が利用できるわけではない．しかし，この影響分析を行うことは重要である．これまで，難しいことを理由に，解決策が社会の状況をどのように変化させるかという分析を怠ってきた嫌いはないだろうか．

　影響分析の精度を上げるためにはアンケート調査を実施するなど，時間を含

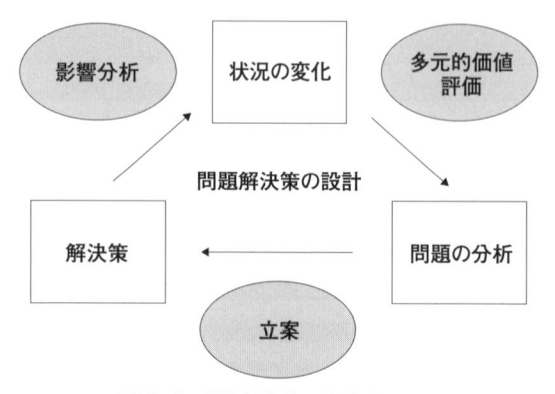

図2.6　問題解決策の設計プロセス

めてコストをかけなければならない．しかし，かけられるコストには当然限界がある．影響分析の精度に限界があることを前提に，妥当な影響分析手法を選択しなければならない．社会問題の場合には，問題解決策が部分的にしか問題を解決しておらず，問題の全体的な解決につながらないことも多い．また，問題解決策の導入が新たな問題を発生させることもある．意図せざる問題の発生を防ぐためにも，この問題解決策の影響分析は重要である．

社会の状況がどのように変化するかが推測できたら，次にはその評価を行う．社会問題の場合においては，かかわる主体は多く，それぞれ異なる価値基準をもっている．ある事態は，ある主体にとっては問題であっても，別の主体にとっては問題ではないということがあり得るのである．そこで，ここでの評価は多元的価値に基づいて行われることになる．

以上のプロセスを図2.6に示した．この設計ループを回すことによって，問題解決策の質は向上する．複数の問題解決策を準備し，選択肢の中から実施すべき問題解決策を選択するというプロセスも重要であるが，本書ではそのプロセスは扱わないこととする．

それでは，次章以降において，問題解決策の設計プロセスについて，より詳しくみていこう．

第3章　問題の分析

　問題解決策の設計において，まず行うのは問題分析である．問題分析を適切に行うことができなければ，設計した問題解決策が問題を解決できないことになってしまうのは自明であろう．何が問題であるかは明らかであり，問題分析は容易だと思うかもしれない．しかし，けっしてそうではない．まず，ほとんどの社会問題は複雑であり，問題の全体像を把握することが難しい．さらに，価値判断にかかわらざるを得ない．「○○は問題である」という問題認識は，「△△は□□であるべきだ」という価値判断に基づいているからである．対立する価値がかかわる問題において，「どうあるべきか」ということを簡単に確定することはできない．また，抽出される問題点は独立ではなく，ある問題点が原因で別の問題点が生じていることが多い．問題点同士の関係性を明らかにすることも必要となる．

　しかし，容易ではない問題分析も，適切なプロセスに従い，しかるべき方法に則って行えば，比較的妥当な分析となる．とはいうものの，問題分析には，「こうしなければならない」というような決定的な方法が存在するわけではない．問題の特性に応じて有効となる分析方法は異なるため，問題ごとに最適な分析方法を選ぶことが必要となる．本章では，多くの問題に対して参考となると考えられる問題分析の手法を紹介する．

3.1　問題分析のプロセス

　以下のプロセスに従えば，問題解決策の設計の基となる，着目すべき問題点を比較的容易に抽出することができる．

1) 問題の全体像の把握

先にも述べたように，社会問題の解決が困難であることの原因の1つは，その複雑性にある．さまざまなステークホルダーや社会システムがかかわっているだけでなく，政治的側面，経済的側面，技術的側面，倫理的側面，文化的側面など，多様な側面がかかわっていることが多い．さらに，問題ごとにポイントとなる観点が異なっている．問題の多面性を把握するとともに，問題の特徴，注目すべき観点を明らかとするために，まず問題の全体像を把握しなくてはならない．

問題の全体像を把握することにより，着目すべき問題点に関する仮説を形成することができる．ある問題においては，何が問題であり，何が望ましいのかという価値判断の相違が着目すべき問題点であり，別の問題では，望ましくない結果を導く原因が不明確であることが着目すべき問題点であったりする．このように，問題ごとに着目すべき問題点は異なっている．取り扱う問題の性質に応じて，それぞれにふさわしい詳細分析を行うこととなる．詳細分析の例としては，価値分析，因果分析があげられる．どちらも実施する場合もあろうし，どちらか，あるいは別の分析を行うこともあろう．

2) 価値分析

ある人は「○○は問題である」と主張し，別の人は「○○は問題ではない．むしろ△△が問題である」と主張するというように，価値が対立することはよくおこる．問題が特定できなければ，解決策を立案しようがない．問題認識にかかわる個々の主張を分析し，その基となっている価値基準を明確にしたうえで，問題にかかわるすべての価値基準をリストアップして整理することが価値分析の目的である．価値基準間の関係を明確化し，優先順位を付けることにより，問題解決の立場が設定される．

3) 因果分析

問題にかかわる事象をリストアップし，その因果関係を明らかにすることが因果分析の目的である．

社会問題と呼ばれる社会現象には多くの事象が複雑にかかわっている．望ま

しくない事象は，別の事象の結果としておこっており，さらにその事象も別の事象の結果であったりする．社会現象はこのような因果の連鎖過程によって引き起こされることが多い．問題解決策は，問題の原因となっている事象を対象として講じられるものであるが，適切な事象を原因として特定することができなければ，問題解決策が功を奏することは期待できない．

4) 着目すべき問題点の抽出

　2), 3) などの詳細分析の結果をふまえて，着目すべき問題点の抽出を行う．着目すべき問題点の明確化が，この問題分析の目的であり，特定された着目すべき問題点が，次の問題解決策立案のステップに対する入力情報となる．問題解決策立案のステップでは，着目すべき問題点に対する対応方策が検討される．

　以上が基本的な問題分析のプロセスである．詳細分析としては，価値分析と因果分析を取り上げたが，問題に応じて必要となる詳細分析を行うこととなる．たとえば，問題にかかわるステークホルダーが多様であり，それぞれが異なる利害や価値基準をもっている場合には，ステークホルダー分析を実施することが有効であろう．

　ステークホルダー分析では，問題にかかわるステークホルダーをリストアップし，それぞれの主体の目的，機能，特性，利害，重視する価値，他の主体との関係などを明らかにすることがステークホルダー分析の目的である．多くの社会問題においては，複数の主体の間に広い意味での利害対立があることが問題の原因となっている．ここでいう広い意味での利害には，単に利益や損失だけでなく，価値分析で明らかにされる価値の充足度も含まれる．ステークホルダー分析については [34, 35] を参照されたい．

　さらに，ステークホルダーが相互に影響を及ぼし合うことによって事態が推移し，その過程の中に問題点が潜んでいるような場合には，第7章で紹介する政治過程分析を行うことが有効である．

　1)-4) の詳細については，3.3節以降で個々にみていく．

3.2 原問題と既存の解決策の問題の区別

　問題分析の技法を詳しく説明する前に，重要な留意点に触れておこう．それは，原問題と既存の解決策の問題の区別である．十分に注意しないと，問題を分析するときに，両者が混同されてしまう．
　既存の社会問題には問題を解決するために努力を重ねてきた長い歴史があることが多い．過去に講じられた解決策に問題がないのであれば，その社会問題は現時点では問題として認識されないはずである．したがって，問題分析を行ううえでは，原問題と既存の解決策の問題を区別することが重要である．問題解決策の立案を行う場合に，既存の解決策に代わって原問題を解決する新たな解決策を立案するのか，既存の解決策の問題点に対する解決策を講じるのか，方針を決定しなくてはならない．そのためにも，この区別が重要なのである．さらに，過去に講じられた解決策の問題に対する解決策に問題があるというようなケースもあることに注意が必要だ．
　たとえば，1.4 節で取り上げた津波防災の問題（図 1.11）において，津波によって人的被害が生じるのが原問題であり，津波警報を無視して避難しないというのが既存の解決策の問題点である．さらに，その解決策の問題に対する解決策として導入されたのが，リスク認知を高め避難を誘導するハザードマップであり，ハザードマップの前提を理解しないために誤った安心感を抱いて避難しないというのが，解決策（津波警報）の問題に対する解決策（ハザードマップ）の問題点である．
　本章の後半で例に取り上げる感染症の問題では，感染症によって健康や生命が損なわれるのは原問題であるが，情報の不確実性と経済損失の恐れから渡航禁止や食料輸入停止の措置が遅れ，感染が伝播するというのは，既存の解決策の問題である．

3.3 問題の全体像の把握

　それでは，問題分析の手法について，先の 1)-4) のプロセスに従ってみて

いこう．

　問題の全体像を把握するために，まず対象となる問題にかかわる情報を収集し，リストアップする．リストアップされた情報を分類し，同じグループに分類された情報群にそれらを説明するタイトルを付ける．さらに，内容の関連性に応じて複数のグループを1つのグループにまとめ，タイトルを付ける．このように情報を構造化する作業は，（狭義の）KJ法（コラム参照）と同じである．基本的には，本の内容を章，節，項に分類する作業とも同じと考えられる．

　問題の全体像の把握においては，着目すべき問題点に関する仮説を設け，その仮説を検証するための詳細分析の方針を決定することが目標となる．グループ化，図解化の過程で得られた認識，知見，発想をカードに書き込み，それらに対して再度KJ法を適用する累積KJ法によって，着目すべき問題点に関する仮説が明確化される．

　構造化・可視化された情報の一例を示そう．図3.1は国際機関の視点から葛西［36］がアジアの感染症と日本の役割についてまとめた内容を表したものである．この図は，感染症にかかわる情報全体を俯瞰できることに意味がある．感染症の問題に登場するステークホルダーとしては，途上国の人びと，途上国政府，先進国の人びと，先進国政府，国際機関があること，感染症の発生，伝播，対策の費用負担についてステークホルダーごとに異なる利害を有していること，感染症がどのような観点から問題であり，対策を講じなくてはならないかという点が論点になっていること，現状の対策には問題があり，その問題には感染症に関する価値判断がかかわっていること，などが読み取れる．

　問題の全体像の把握から，感染症問題の着目すべき問題点に関する仮説として，対策のためのコスト負担に関する意思決定メカニズムが不十分であること，社会経済的損失を伴う対策を適切に実施するための情報の不確実性が大きいことなどが設定される．それらの仮説を検証するために，詳細分析として価値分析と因果分析が必要であると判断される．

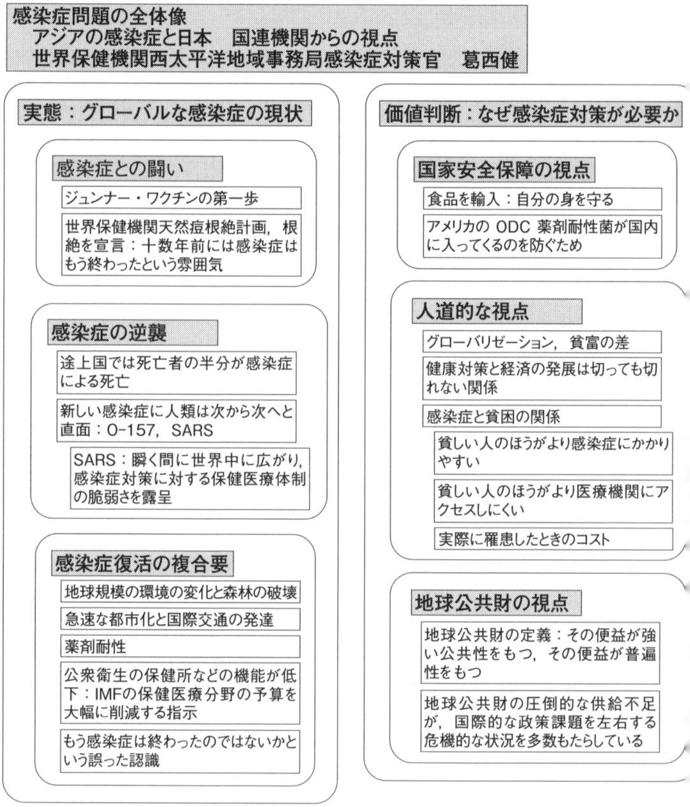

感染症問題の全体像
アジアの感染症と日本　国連機関からの視点
世界保健機関西太平洋地域事務局感染症対策官　葛西健

実態：グローバルな感染症の現状

感染症との闘い
- ジェンナー・ワクチンの第一歩
- 世界保健機関天然痘根絶計画，根絶を宣言：十数年前には感染症はもう終わったという雰囲気

感染症の逆襲
- 途上国では死亡者の半分が感染症による死亡
- 新しい感染症に人類は次から次へと直面：O-157，SARS
- SARS：瞬く間に世界中に広がり，感染症対策に対する保健医療体制の脆弱さを露呈

感染症復活の複合要因
- 地球規模の環境の変化と森林の破壊
- 急速な都市化と国際交通の発達
- 薬剤耐性
- 公衆衛生の保健所などの機能が低下：IMFの保健医療分野の予算を大幅に削減する指示
- もう感染症は終わったのではないかという誤った認識

価値判断：なぜ感染症対策が必要か

国家安全保障の視点
- 食品を輸入：自分の身を守る
- アメリカのODC 薬剤耐性菌が国内に入ってくるのを防ぐため

人道的な視点
- グローバリゼーション，貧富の差
- 健康対策と経済の発展は切っても切れない関係
- 感染症と貧困の関係
  - 貧しい人のほうがより感染症にかかりやすい
  - 貧しい人のほうがより医療機関にアクセスしにくい
  - 実際に罹患したときのコスト

地球公共財の視点
- 地球公共財の定義：その便益が強い公共性をもつ，その便益が普遍性をもつ
- 地球公共財の圧倒的な供給不足が，国際的な政策課題を左右する危機的な状況を多数もたらしている

図3.1　感染症問題の全体像

対策：グローバルな感染症への対策

感染症対策の基本
- 感染症対策の3要素：感染源，感染経路，受け取る側
- 感染症対策のサイクル：情報の収集分析と還元（サーベイランス），対策の計画と実施，効果のモニタリング

- インフルエンザ対策
- インフルエンザサーベイランス
- 新型インフルエンザ対策
- エボラ出血熱
- 香港で新型インフルエンザ
- WHO 結核対策特別計画

感染症対策の現実と問題点
- 感染症対策は地球公共財
  - だれかが資金を出したらあとの人はただ乗りできる
  - だれが，どれだけ，どのようにコストを負担するのかという政策決定，意思決定のメカニズムがない
  - そのような状況下で個別のドナーに「お金を出してください」と言ってあくせくしている
- サーベイランスに関してはかなり進んでいる部分がある：感染症の情報ネットワーク
- 感染症対策にかかるコストのパラドックス問題
  - 患者一人当たりの費用は最後に近づくほど高くなる
  - 最後までやらないと地球公共財にならない
- サーベイランスと情報の不確実性の問題
  - 経済に大きなインパクトを与えるような判断
  - どれだけ透明性をもって情報を発信し，どれだけ不確実要素を減らすことができるかが，感染症対策の1つのかぎ

これからの感染症対策を考える上での切り口
- 国レベルの政策決定と地球レベルの政策決定の間にリンクがない
  - 外部性を内包化する：外に悪い影響が出ていく場合に，その影響を発生源で迎える
- 納得して費用を分担できるような仕組みがない
  - 協力者のすべてに明確な利益があり，かつ関係者がそれを公正と認める状況をつくり出す
  - 基金―保証金―の積み立て，クラブのルールとして公共財に一定の投資
- 研究者・市民グループが効果的に参加する仕組みがない
  - 国連の運営において南北の対話を推進すること
  - 政府・産業界・市民社会からなるフォーマルをつくること
  - 将来の社会の代理人と発言権を確保すること

日本の役割
- イギリスやアメリカ：国際協力あるいは国連の場において「地球公共財」と「開発問題と人道問題」の立場から発言，しかし実際は，「国内の安全保障」を意図
- 日本のスタンスは中途半端
- 国内の安全保障の観点，すなわち国内対策の延長線上として国際の場において支援するべき感染症対策を取捨選択することが重要：国際的な政策決定と国内の政策決定の間にギャップ
- 「自国のため」というスタンスがあってもよい：国内の安全保障の観点は，さらに推し進めていくと地球公共財の観点に至る
- 日本はすでに地球規模の感染症対策の基礎を築くきっかけとなるような提言や活動を行っている
- 感染症対策拡充のリーダーとなることを期待

[36] より著者作成

コラム　KJ 法 [37]

　KJ 法とは，複数の情報（事実，意見など）を構造化したうえで可視化することにより，漠然としてつかみどころのない問題を明確にしたり，創造的な解決策・発想を得るための手法である．個人の発想技法としてだけではなく，複数の人間による共同作業，合意形成などにも使われる．

　KJ 法は，もともと文化人類学者の川喜田二郎が学術調査（フィールドワーク）で得られた大量で雑多な資料を整理するために開発した手法であり，開発者のイニシャルから KJ 法と名づけられた．品質管理，マーケティング，新製品開発，ソフトウェア開発といったビジネスシーンをはじめ，教育，創造性開発，カウンセリングなど幅広い分野に普及している．

　KJ 法の手順はおおむね以下の通りである．

1) テーマ，目的の設定
2) 情報収集
　　文献調査，取材，現地調査，観察，内省，考察，ブレーンストーミングなどによって情報を収集する．
3) カードづくり
　　得られた情報をカードに記入する．1 枚のカードには 1 つの情報だけを記入する．
4) グループ化
　　類似するカードをグループ化する．各グループにタイトルをつける．タイトルカードを一番上において，グループ（小グループ）のカードを束ねる．再び似たものを集めてグループ化を行う．小グループから中グループ，大グループとグループ化をくり返す．
5) 図解化
　　グループの意味関係から空間配置を行う．グループ同士を（相互，対立，原因・結果の関係などを表す）線でつないだり，囲んだりして図解化する．
6) 叙述化
　　図解の概要と，図解化の過程で得られた認識，知見，発想やアイディアを文章化する．

　図解化，叙述化の過程で得られた認識，知見，発想やアイディアをカードに

> し，KJ法を再度適用する累積KJ法もある．KJ法は発想法，創造性開発手法と呼ばれ，混沌とした情報から創造的な発想や問題解決策を導き出すところに本質がある．しかし，単に多様な情報を整理する手法として用いられることも多い．狭義のKJ法と呼ぶのは，創造的な発想や問題解決策を導き出すところに重きをおかないことを意味している．

3.4 価値分析

　問題認識にかかわる主張を分析し，その基となっている価値基準を明確にしたうえで，問題にかかわるすべての価値基準をリストアップして整理することが価値分析の目的である．問題解決が必要なのかどうか，何のために問題解決を行うのか，といったことが明確になり，問題解決の立場が設定される．あるいは，本質的な問題点が，異なる価値基準の間のトレードオフにあることが明確になる場合もある．ここでは，前者の例として感染症の問題を，後者の例として東京大学における進学振り分け問題を取り上げる．

(1) 感染症
　前節で紹介した感染症問題を例として価値分析を説明する．「○○は問題である」という主張（問題認識）は，ある価値基準に基づいた価値判断である．取り扱う問題に関係して，どのような価値判断に基づく主張が存在するのか，それらがどのような価値基準に基づいているのか，価値基準の間にはどのような関係があるのかを明らかにすることが課題となる．
　感染症にかかわる問題認識をリストアップしてみよう．
　　1) 感染症によって人の健康・安全が脅かされることは問題である．
　　2) 貧しい国でより多くの死者，患者が出て，その国民の生命の安全・安心が脅かされることは問題である．
　　3) その結果として，さらに南北格差が拡がることは問題である．
　　4) 日本国内で感染症が広まり，国民の生命の安全・安心が脅かされることは問題である．

5) 感染国で輸出禁止措置などが講じられ，経済的損失が出ることは問題である．

6) 先進国の対策費用負担で各国間に不公平感が生じうることは問題である．

問題点を指摘することは比較的容易にできるが，それが妥当であるかどうかは自明ではない．「○○は問題である」という主張は蓋然的な推論であり，真もしくは蓋然的なデータに基づき，完全とはいえない理由づけによって結論が導かれている．そのような主張は，その妥当性について慎重な吟味を必要とする．

その方法としては，トゥールミン・モデル［38，39］による分析が有効である．トゥールミン・モデルの基本構造を図3.2に示す．根拠（Data）から，論拠（Warrant）に基づいて主張（Claim）が導かれる．現実の蓋然的な推論を表現するためには，論拠を支持する裏づけ（Backing），論拠の確からしさの程度を示す限定語（Qualifier），保留条件としての反証（Rebuttal）も必要となるが，紙面の都合上ここでは詳細に立ち入ることを控えることにする．

「貧しい国でより多くの死者，患者が出ていることは問題である」という主張は，「貧しい国でより多くの死者，患者が出ている」という事実に基づいた根拠と，「社会構成員の間の不当な格差は極力是正されるべきである」という平等の原理に基づいた論拠から導き出されていることがわかる．

蓋然的推論の妥当性を検討する方法は，根拠が正しいかどうか，論拠が妥当であるかどうか，根拠・論拠・主張のつながりが妥当であるかを確かめることである．この3点のどれかに焦点を当て，主張に対する反論を試み，反論に対する反論を試みることをくり返し，反論できなくなったところで蓋然的推論の確からしさが検証される．

図3.2の例では，たとえば感染症による死者，患者の比率と1人当たりのGDPの関係から根拠の妥当性を議論することができる．論拠となっている平等の原理は国内の政策原理から採ったものであるが，社会構成員を人類と置き換えることができるかどうか，何を不当というのか，極力是正されるべきという決意の強さなどに関しては反論をくり返して検証することが必要であろう．根拠と論拠が妥当であれば，論理性については問題が少ないと考えられる．

Data：根拠

過去になされた不正は矯正されねばならず，優遇措置はそのための適切な方法の1つである．

Claim：主張

それゆえ，政府は優遇措置を採用しようとする大学行政に介入するような政策をとるべきではない．

Warrant：論拠

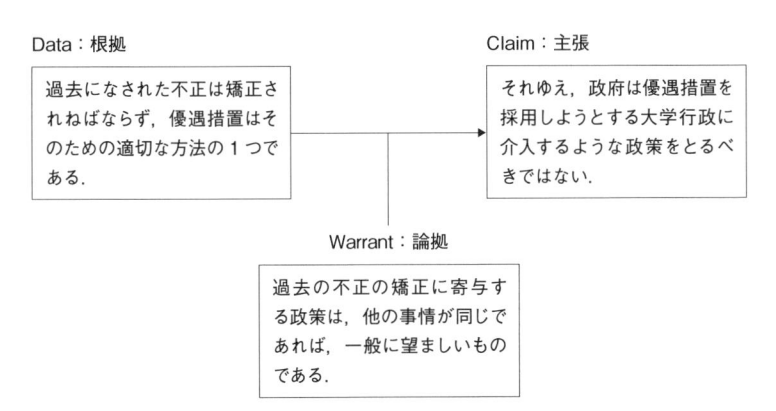

過去の不正の矯正に寄与する政策は，他の事情が同じであれば，一般に望ましいものである．

図3.2 トゥールミン・モデルの基本構造

　トゥールミン・モデルによる分析の利点は，暗黙的了解事項として明示されないことの多い論拠，あるいはその裏づけが明らかになることにある．社会問題に関する問題認識の主張を分析すれば，共通する価値基準が抽出される．そのような価値基準の体系を整理しておくことは，個々の主張の妥当性をトゥールミン・モデルによって検討するうえでも役立つ．ここでは，社会問題にかかわる価値基準の体系を示す代わりに，類似性が認められる政策原理の体系をコラムで紹介する．紹介した政策原理は，1つの国家を対象としたものであり，感染症のような国際的問題に対しては，別次元での検討が必要となろう．

　先にあげた感染症にかかわる問題認識1)-6)を分析すると，以下の価値基準がかかわっていることがわかる．

・健康・人命の尊重
・平等の原理
・経済発展の重要性
・対策費用の負担に関する諸国間の公平の原理

　このようにして明らかとなった価値基準は，次節で説明する因果分析において，原因と結果の連鎖の最終的な結果と対応している．この例のように複数の価値基準がかかわっている場合には，それぞれの価値基準にかかわる因果関係を検討しなくてはならないが，相互に連関していることにも注意が必要である．

　かかわる価値基準が1つしかない問題は非常に単純であるが，一般的には複

3.4 価値分析

コラム　政策原理の定式化［40］

　政策原理とは，ある1つの事情以外のすべての事情が同じであるとき，その1つの事情に適合すれば政策はその分だけ望ましく，それに背反すれば政策はその程度に応じて好ましくないと，ほとんどの人が判断するような基準である．政策原理は以下のように分類される．

分配的諸原理：自由，権力（影響力），権利，富，所得，機会，補償，国家が特定の個人や団体に提供する便益などの重要な社会・経済的資源や，社会構成員に課される義務や負担を，社会構成員の間でどのように分配することが適切であるかを問題とする諸原理
　1）自由の原理：個々人の自由は最大限尊重されるべきである
　　　市民的・政治的自由
　　　　肉体への暴行，殺傷からの自由，奴隷的拘束や苦役からの自由，人身の自由，プライバシー・思想の自由，信仰の自由，集会の自由，結社の自由，表現の自由，居住・移転の自由，移住・国籍離脱の自由，職業選択の自由
　　　経済的自由
　　　　経済活動の自由，財産にかかわる自由
　2）平等の原理：社会構成員の間の不当な格差は極力是正されるべきである
　3）民主主義の原理：国政は少数の特権的階層でなく多数者の意志に基づいて行われるべきである
　4）福祉の原理：政府はすべての市民に対し一定水準の生活と健康を保障せねばならない
　5）矯正の原理：過去に行われた不正に対しては矯正的正義に基づく適切な補償がなされるべきである

総計的諸原理：社会全体における安全，便宜，快適さ，豊かさ，満足などの総量ないし平均水準のみにかかわり，それらの分配のあり方を直接の問題とはしない諸原理
　6）公共の利益の原理：
　　　①消極的な公共の利益の原理：不特定多数の市民一般を，予想される危険や不都合から保護すべきである

②積極的な公共の利益の原理：市民一般の生活に不可欠な物資やサービスを安定供給すべきである．市民の生活基盤を整備・充実すべきである
  7) 経済的効率性の原理：生産の停滞や後退を阻止し，経済発展に寄与すべきである
  8) 効用の原理：社会構成員の満足を増大させたり，不満を減少させるべきである

技術的諸原理
  9) 合理的選択の原理
　　①有効性の原理：同一の目的をより小さいコストで達成すべきである
　　②包括性の原理：より多くの目的が達成されるべきである
　　③確実性の原理：目的を達成する見込みが大きいことが望ましい
  10) 首尾一貫の原理
  11) 明確性の原理

数の価値基準がかかわっている．価値基準同士の間に関係を考えることも重要である．とくに，トレードオフの関係にある価値基準が存在する場合には，両者を同時に満足することが難しく，そのこと自体が着目すべき問題点である可能性がある．そのような事例として，進学振り分け問題を分析する．

(2) 進学振分け問題

　何が問題なのか判然としない問題の例として，進学振分け問題を取り上げよう．著者が在職する東京大学では，文科一－三類，理科一－三類に分かれて入学して，まず教養教育を受ける．2年生の9月に進学振分けという制度に従って，専門教育を受ける学部学科に配属先が決定される．進学振分け制度に関しては，学生・教員双方から不満の声が聞かれる．進学振分け制度に関する問題認識の主張を吟味してみよう．

> 論拠：教養教育の目的は，「部分的専門的な知識の基礎である一般教養を身につけ，人間としてかたよらない知識をもち，またどこまでも伸びていく真理探究の精神を植えつける」（初代教養学部長，矢内原忠

3.4 価値分析　　69

雄）ことにある．東京大学では，教養教育（リベラル・アーツ教育）
　を学部教育の基礎として重視している．
根拠：進学振分け制度のために，良い成績を得るためだけに勉強するよう
　になっている．
主張：進学振分け制度は教養教育の目的達成を阻害している．

この主張には反論の余地はないように思われる．次の主張については，反論を
くり返すことが可能である．

論拠：学生の選考は，意欲や能力など，その分野の教育研究に対する適性
　に基づいて行われるべきである．
根拠：学生の選考は，1，2年生時の成績のみに基づいて行われる．成績
　のみで適性を測れるとはいえない．
主張：学生の選考において，その分野の教育研究に対する適性が反映され
　ていないことは問題である．
【反論】
論拠1：学生の選考は，公平に行わなければならない．
論拠2：進学振分け制度は，必要とされる労力・時間などに照らして現実
　　的でなければならない．
根拠：成績以外の方法で学生の選考を公平に行うことは現実的ではない．
主張：学生の選考が，その分野の教育研究に対する適性に基づいて行われ
　るべきであるという論拠は必ずしも最優先されるべきものではない．
　公平性を確保するためには，成績が学生選考の唯一の現実的な方法
　であり，その分野の教育研究に対する適性が反映されていないから
　といって，進学振分け制度に問題があるとはいえない．
【反論の反論】
根拠：各進学振分け部門ごとに試験を実施することは現実的な方法である．
主張：成績が唯一の現実的な方法とはいえない．
【反論の反論の反論】
根拠：仮に各進学振分け部門ごとに試験を1回実施することが現実的だと

しても，第1志望が適わなかった学生の進学振分け方法も考えなければならない．

主張：各進学振分け部門ごとに試験を実施する方法は現実的ではない．

表 3.1 進学振分け制度の問題点と価値基準の関連性

問題点	教養教育の理念	専門領域の存在意義	学生の希望の尊重	公平性	振分けの適切性	進路判断の環境	制度の現実性
点数かせぎの勉強	×						
学生の希望と定員のギャップ		○	×				
異なる科目の成績で比較				×			○
成績のみでの評価				○	×		○
人気に左右された進路選択					×		
不確実性下の意思決定			×		×	×	
人気が専門領域の評価を支配		×					
制度が複雑でわかりづらい						×	×

同様の分析を重ねることにより，進学振分け制度にかかわる問題点と関係する価値基準が抽出される．ある問題点は1つまたは複数の価値基準にかかわっている．その関係を表3.1に示す．

たとえば，成績のみでの評価によって進学する学科が決まるということは，振分けの適切性という基準に照らせば問題といえるかもしれないが，公平性や制度の現実性という観点からは妥当と判断される．このように，問題と考えられる点については異なる価値基準の間でのトレードオフが存在していることも多い．問題解決策を立案する場合には，表3.1のような分析結果に基づいて，異なる価値基準間の調整も考慮することが必要である．

表3.1からは，専門領域の存在意義と学生の希望の尊重という価値基準の間のトレードオフが本質的であることが読み取れる．一方で，振分けに伴う不確

実性を低減することは必ず改善につながるとか,点数かせぎの勉強や人気に左右された進路選択など,学生の姿勢にかかわる問題点が存在することもわかる.学生の姿勢にかかわる問題点を進学振分け制度の改善によって解決することは難しい.

本節では,2つの事例を取り上げて価値分析の説明を行った.社会問題の解決を考えるとき,価値判断から逃れることはできない.価値分析によって問題にかかわるすべての価値基準がリストアップされ整理される.その結果,問題解決の目標や問題に潜むトレードオフの関係が明らかとなる.

さて,価値分析と並んで実施されることが多いのが因果分析である.次に因果分析についてみていこう.

3.5 因果分析

3.1節でも述べたように,問題にかかわる事象をリストアップし,その因果関係を明らかにすることが因果分析の目的である.具体的には,因果関係図を描くことが課題となる.因果関係図によって,問題にかかわる事象の全体像が示され,ある事象がおこっているのはどの事象によるのかという原因と結果の関係が把握できる.着目すべき問題点を抽出するためには,連鎖しているさまざまな因果関係の根源的な原因となっている要因を特定することが重要である.

再び感染症問題を例に因果分析の説明を行おう.感染症問題において生じる事象は数多いが,因果の波及の最後にあたるのが「途上国内での感染の蔓延」と「他国への感染症の飛び火」であろう.この最終的な事象は,3.4節(1)で示した通り,健康・人命の尊重という観点から問題であると判断される.

未曾有の速度で進んでいる森林破壊により,人類と森にある病原体の遭遇がおこる.また,地球温暖化によって病原体の生息地域の変化がおこる.結果として,人類と病原体との接点が増加することになり,感染が発生,途上国内での感染蔓延につながる.

一方,感染症が終焉したという誤った認識から,IMFなどにおける保健医療分野の予算が大幅に削減となったために,保健所などの機能が低下し,感染者治療が困難となり,その結果,感染の伝播がおこっている.そこには,貧困

による劣悪な生活環境が感染の伝播を加速したり，貧困に起因する医療アクセスの困難性や，不適切な薬の処方による薬剤耐性病原体の出現によって感染者治療の困難性が増している．

このような因果の波及を図に表したものが図3.3である．この図は，因果関係図，あるいは，因果フロー図，因果ネットワーク図と呼ばれる．このような因果関係図を描き，問題の原因として着目すべき事象を特定することが因果分析の目的である．問題にかかわる事象を四角の枠で囲んだノードとして表し，事象と事象の因果関係を矢印で表している．因果分析においては，3.2節で述べた通り，原問題と既存の解決策の問題との区別を考慮することが重要である．ただし，原問題を他の問題と完全に分離することは難しい．図3.3においても，感染症が蔓延するという原問題に，IMFなどの保健医療分野予算の削減や保健所の機能低下などの既存の対策の問題点も混在している．

次に，既存の解決策として，世界規模の情報収集，流行予測に基づく平時の感染症予防と，アウトブレイク（集団発生）後の感染者治療，および，感染地域への渡航禁止や食料輸入停止がどのように問題を解決しようとしているかを図3.4に示す．楕円で囲まれたノードは対策を表す．点線は問題を解決するという負の因果関係を表している．たとえば，渡航禁止・食料輸入停止という対策は，他国への感染症飛び火を抑制するということを点線の矢印は示している．

現在の問題解決策に問題がないのであれば，感染症の問題は解決済みということができる．実際には，対策のための各国コスト負担に関する意思決定メカニズムが不十分であるために，対策資金の調達が困難であり，平時の感染症予防とアウトブレイク後の感染者治療が適切に実施されているとは言い難い．また，情報の不確実性と経済損失への恐れのために，感染地域への渡航禁止や食料輸入停止を適切に実施することは難しいのが現状である．このような既存の問題解決策の問題点を書き加えたのが図3.5である．

以上のように因果分析を行い，因果関係図を作成することにより，因果の連鎖でおこっている事象の全体像を把握することができる．この情報は着目すべき問題点をあげるうえで有用である．不適切な薬の処方を是正すれば，薬剤耐性病原体の出現を抑制し，感染者治療の困難性を取り除くことに役立つかもしれないが，問題の抜本的な解決にはつながらないであろう．貧困の撲滅は，医

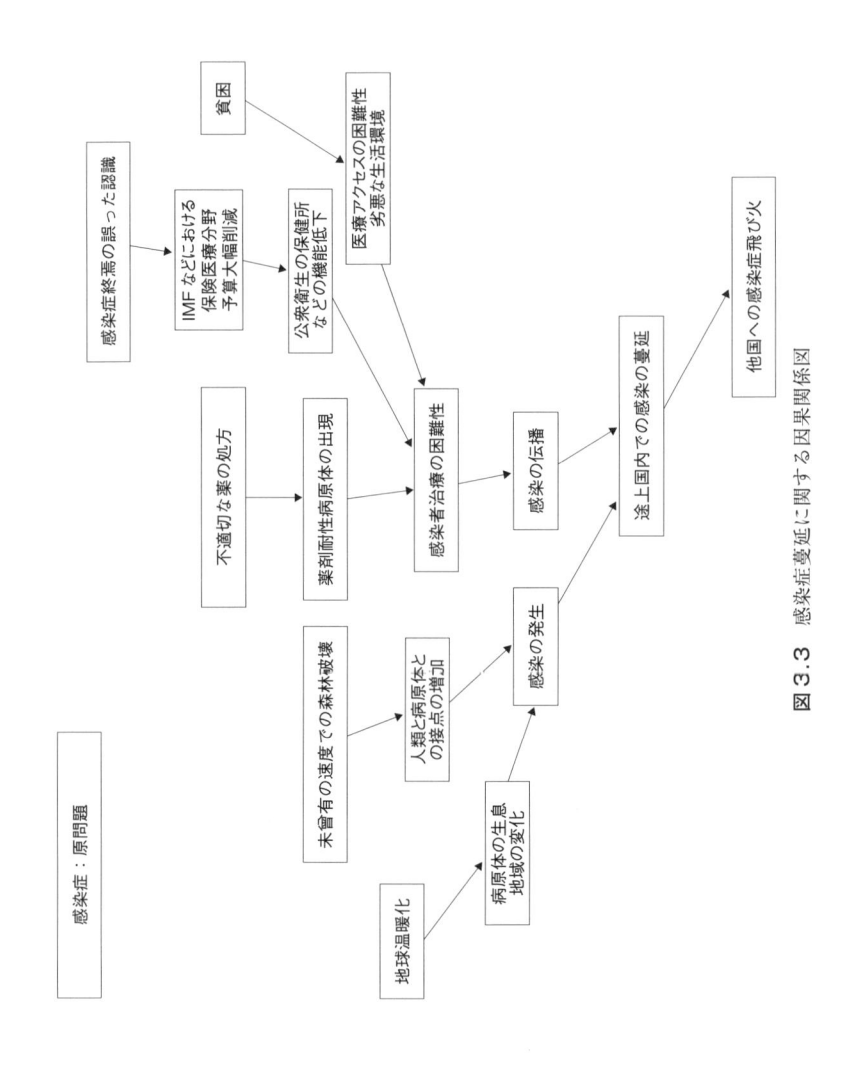

図 3.3 感染症蔓延に関する因果関係図

74 第 3 章 問題の分析

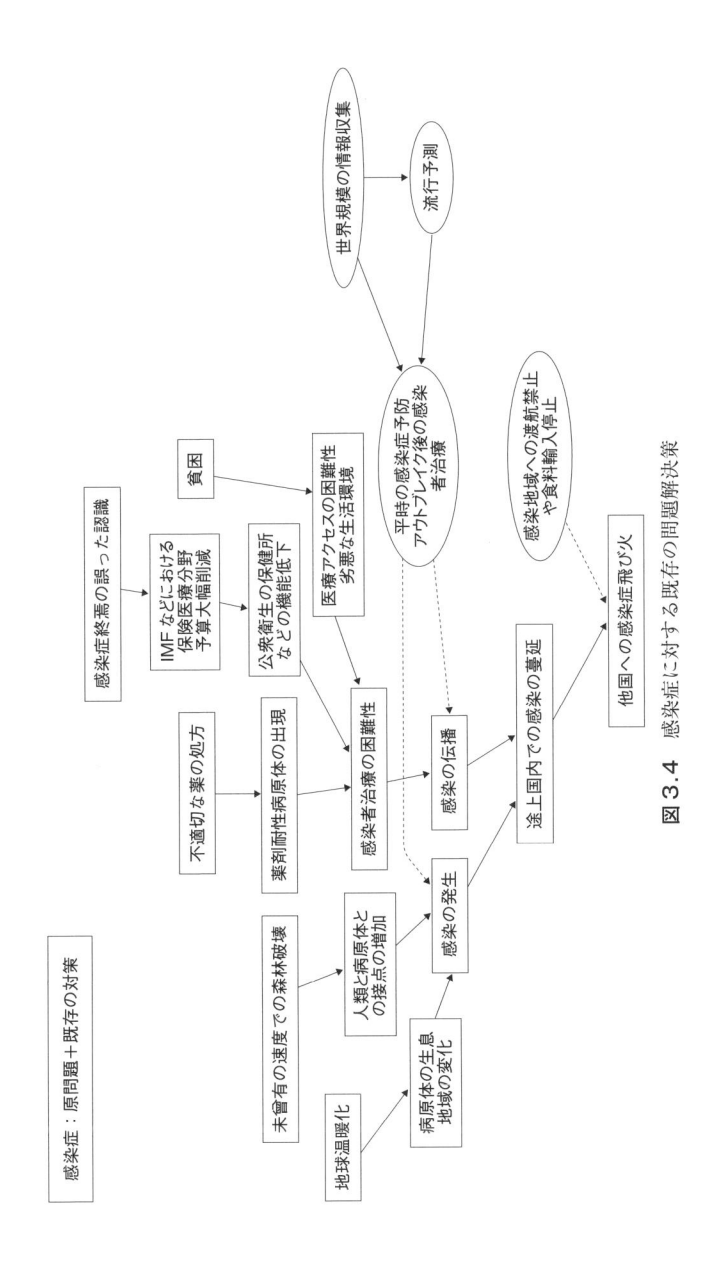

図 3.4 感染症に対する既存の問題解決策

3.5 因果分析　75

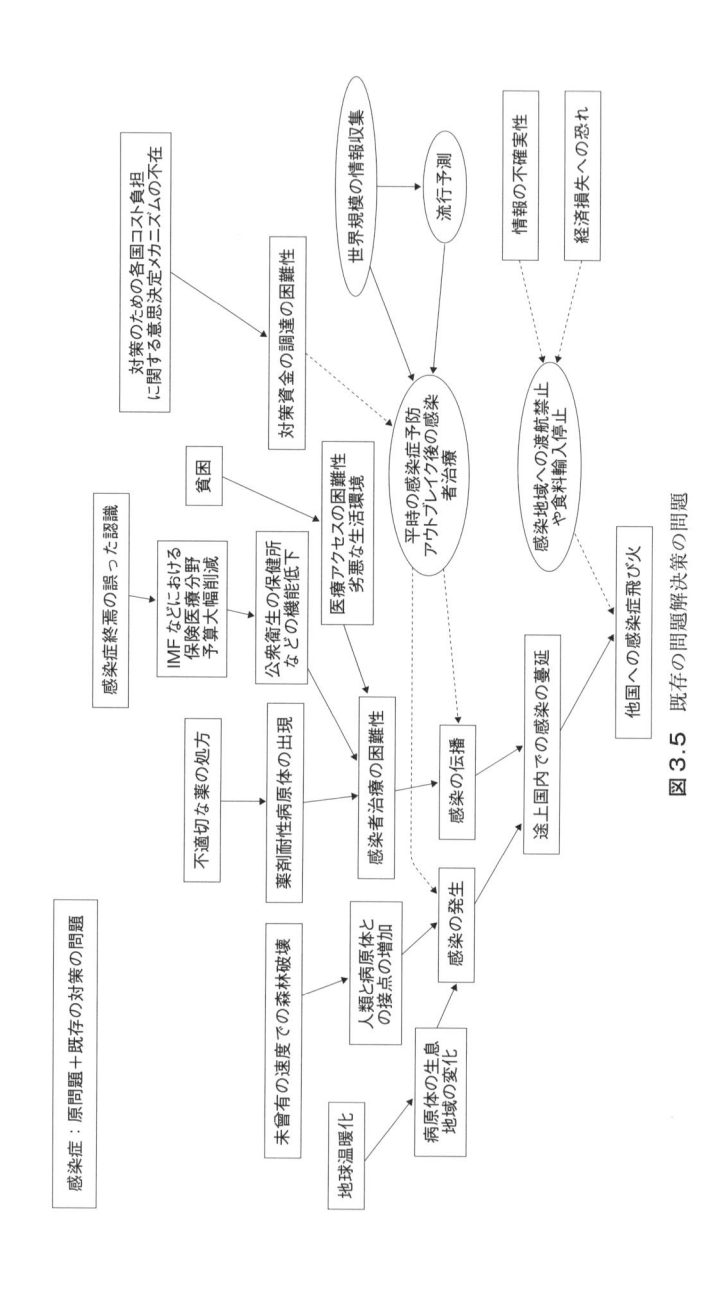

図 3.5　既存の問題解決策の問題

76　第 3 章　問題の分析

療アクセスの困難性を是正し，劣悪な生活環境を改善することにつながるのは明らかで，根本的な問題解決ではあるが，貧困を撲滅することは容易ではない．このように，因果分析の結果は，問題解決に対する効果と実現可能性を考慮して着目すべき問題点を特定するうえで有用である．

次節では，本章で取り上げた問題分析の最終目的である着目すべき問題点の抽出について論ずる．

3.6 着目すべき問題点の抽出

以上の分析結果に基づいて，着目すべき問題点を抽出し，問題の分析を終了する．着目すべき問題点は，主に問題の全体像を把握した結果として設定される仮説に基づいて実施された詳細分析の結果から導き出される．「着目すべき」というのは，問題解決策を立案する者の主観的な価値判断である．これは問題をどうとらえるかという方針に依存するものであり，問題分析者の主観性を免れ得るものではない．

問題解決策を設計する者が，誰のために設計しているのか，あるいは，誰が問題解決者であるのかによって，着目すべき問題点は異なったものとなろう．したがって，価値分析の結果に照らし，なぜ，何のために問題を解決するのかを十分吟味することが必要である．問題にかかわる価値基準が複数ある場合，どの価値基準を重視するかによって，何が問題であるかは変わりうる．

部分的な問題解決に終わることなく問題全体の解決につながるようにするためには，因果関係の連鎖の上位にある事象を着目すべき問題点に選ぶことが望ましい．一方，上位にある事象は解決が困難であることが多い．たとえば，「貧困」が問題の根源的な原因であったとしても，それを解決することは容易ではない．解決の可能性を考慮にいれて着目すべき問題点を選ばなくてはならない．

「着目すべき問題点」に正解はない．可能な限り情報を網羅し，その情報から着目すべき問題点を抽出するプロセスを明示化し，誰にでもその過程を検証できるようにすることが重要である．

本章で例として取り上げた感染症の問題において，たとえば世界保健機構（WHO：World Health Organization）が問題解決者であるとすれば，着目すべ

き問題点は，平時の感染症予防とアウトブレイク後の感染者治療を適切に実施するための各国コスト負担に関する意思決定メカニズムが不十分であること，感染地域への渡航禁止や感染地域からの食料輸入停止を適切に実施するための情報が不確実であること，とするのが妥当であろう．

　価値分析の結果からわかるとおり，途上国における感染症の発生に対して適切な対策を講じることは，人道的な立場からも，また自国民の健康と生命を守る観点や世界経済の変調を避ける観点などからも，先進諸国にとって重要であり，コストを負担することを拒む理由はない．ただし，コスト負担の適切性を自国の納税者に説明する責任があるため，各国コスト負担に関する意思決定メカニズムが存在し，合理的な負担額が決定されることが必要である．

　実際には，この着目すべき問題点に対する解決策はすでにさまざま講じられている．たとえば，2000年7月の九州・沖縄サミットで，日本は途上国の感染症問題を主要議題の1つとして取り上げ，2000年度から2004年度までの5年間に，総額約30億ドルの感染症対策支援を行うとする「沖縄感染症対策イニシアティブ」を発表し，実際には約58億ドルを拠出した．その後，日本は，「『保健と開発』に関するイニシアティブ」を発表し，2005年から2009年までの5年間で感染症を含む保健分野の支援に約50億ドルの支援を行うことを表明した．これらをきっかけとして，感染症問題への国際社会の関心が高まり，2001年のジェノバ・サミットを経て，2002年1月の「世界エイズ・結核・マラリア対策基金（世界基金）」の設立につながった．世界基金は，途上国における感染症対策の最大の資金供給者となっている［41］．

　一方，感染症の飛び火を防ぐために，感染地域への渡航禁止や感染地域からの食料輸入停止などの対策を適切に実施することは重要である．情報が不確実であるために，そのような社会経済的な損失を伴う対策を適切に講じることが難しいということは着目すべき問題点である．各国が個別に対応するよりは，国際機関が包括的，統一的に情報の確実性を高めるための方策を講じることが妥当であると考えられる．

　以上のように着目すべき問題点が特定できれば，いよいよ問題解決策の立案のプロセスに移ることとなる．次章では，問題解決策を立案する方法について論ずる．

第4章　問題解決策の立案

　問題分析の結果，着目すべき問題点が明らかとなった．問題解決策の設計プロセスにおいて，次に行うことは問題解決策の立案である．問題解決策の立案は元来創造的な活動である．創造的な活動自身を方法論化することは難しいが，それを支援する方法論を構築することは可能である．本章では問題解決策の立案を支援する手法を紹介する．

4.1　問題解決策の表現

　一般に社会問題には多くの事象が絡んでおり，それらの事象の間には因果関係が存在することも多い．因果の波及によって全体の社会現象が推移するのは前章でみてきた通りである．その中で着目すべき問題点である事象を特定することが問題分析の目的であった．

　問題解決策は，この着目すべき問題点と考えられる事象を変化させることによって問題を解決しようとするものである．問題解決策がどのように問題を解決しようとしているかは，因果関係図に表現することによって明確化される．具体的に感染症についてみてみよう．

　前章でもみたように，感染症において着目すべき問題点は，平時の感染症予防とアウトブレイク後の感染者治療を適切に実施するための各国コスト負担に関する意思決定メカニズムが不十分であること，感染地域への渡航禁止や感染地域からの食料輸入停止を適切に実施するための情報が不確実であること，の2点であった．ここでは感染症に対する新たな対策として，感染症シミュレーションの開発・実装を取り上げよう．

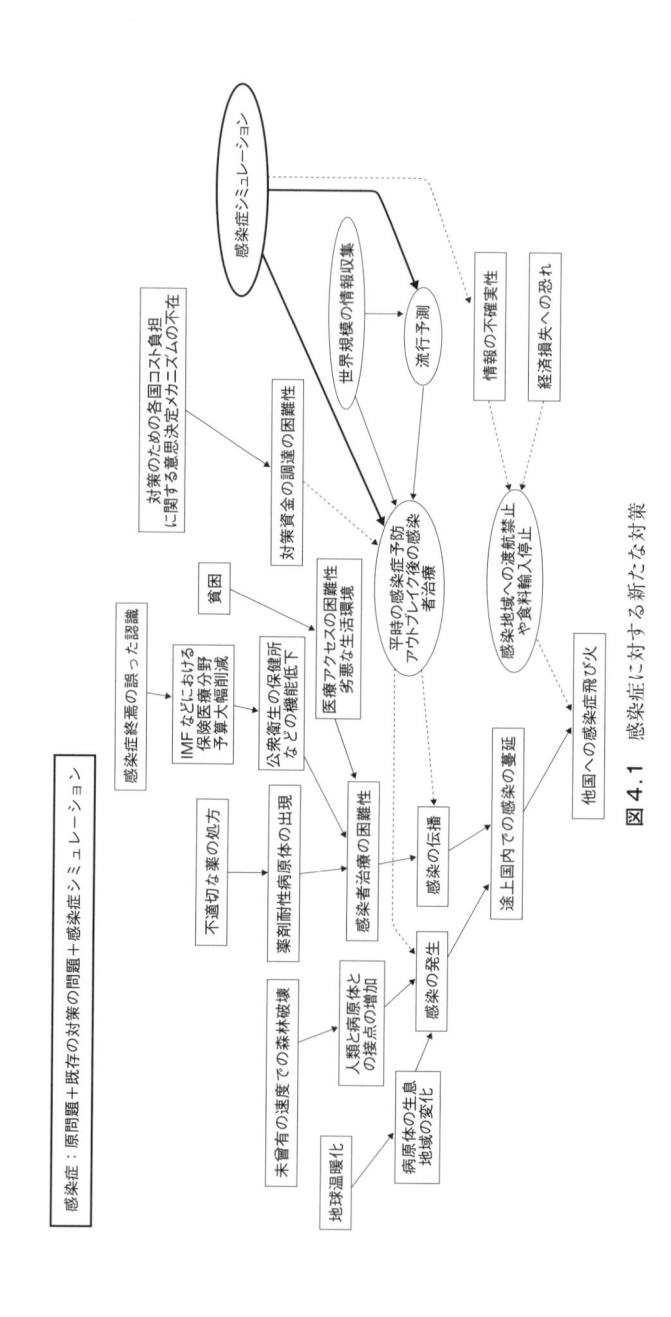

図 4.1 感染症に対する新たな対策

80　第 4 章　問題解決策の立案

感染症シミュレーションがどのように問題解決に寄与するかを図 4.1 に示した．感染症シミュレーションによって，感染症の流行予測，発生伝播情況の把握，伝播予測を行うことにより，平時の感染症予防とアウトブレイク後の感染者治療を効率的に行うことが可能となる．対策資金が潤沢でない場合，それを有効に活用し，予防・治療のリソースを最適配置することで効率的に対処することが必要であるが，感染症シミュレーションはそれを可能にする．

また，感染症シミュレーションの結果は感染症の発生や伝播に関する情報の不確実性を低減することにつながるため，感染地域への渡航禁止や感染地域からの食料輸入停止などの対策を適切なタイミングで実施することの支援となる．

着目すべき問題点を改善する対策としてどのようなものが存在するか，さらに，これまでに考えられたことがないような画期的な対策が存在するかどうかは，論理的な思考のみによって導かれるものではない．そもそも解決策を思いつくということが，どのようなプロセスであるかは 4.3 節で論ずることにする．

4.2　システム設計法

第 1 章では，社会技術という概念の重要性を指摘した．科学技術の成果と社会制度をうまく組み合わせて社会問題を解決するというアプローチは，社会技術という概念の中で中心的な位置を占めている．工学的技術や社会的な技術を要素技術ととらえ，それらの要素技術をうまく組み合わせることによって，システム技術を開発することが社会問題を解決するためには有効である．問題解決策となるシステム技術を設計するためには，システム設計法を適用することが有効である [42]．ここでは，システム設計法を概観し，例示として感染症対策の設計に適用する．

システムは次のようなステップに従い設計する．まず，システムが果たすべき機能（目標）を明確にする．その機能を分解し，それらのサブシステムが果たすべき機能をリストアップする．必要に応じて，サブシステムが果たすべき機能をさらにそのサブシステムに分解するという作業をくり返す．次に，分解された機能を果たす要素を決定する．最後に，システム全体が機能するように要素，サブシステムの統合方法を決定する．

感染症対策を具体例として，世界的アウトブレイク対応システムを設計することを考えよう．感染症のアウトブレイクとは，一定期間内，特定の地域，特定の集団で予想されるより多くの感染症が発生すること，あるいは，公衆衛生上重要な感染症（新興感染症など本来あってはならない感染症）が発生することを指す．ちなみに，パンデミックとは，ある感染症（とくに伝染病）が世界的に流行することを表す．説明をわかりやすくするために，すでに存在する対策ではあるが，まだ存在していないものと仮定し，これから設計するという状況を想定する．

感染症の世界的流行を阻止するためには，1) 兆候を発見し，分析を行うこと，2) その結果に基づき最適な対策を迅速に実施することが重要である．さらに，国によって対応能力に差があるため，そして，一度ある国で発生すれば，他国に飛び火する可能性があるため，3) 各国の連携と協力が重要である．

1) 兆候の発見・分析は，1-1) 情報の提示，1-2) 情報収集・感染監視，1-3) 情報の可視化・時系列・空間解析，1-4) 分析・リスク評価，1-5) 感染状況の将来予測，の5つに分解される．2) 最適対策を迅速に実施するためには，2-1) 感染状況の把握・評価，2-2) 感染状況の将来予測，その結果に基づいて，2-3) 最適な対策を選択することが必要である．さらに，そのためには，2-3-1) 各対策の効果の予測，2-3-2) コストや影響の予測を行わなくてはならない．また，3) 各国の連携・協力を進めるためには，3-1) 政策レベルでの協調が必要であり，その政策は，3-2) 情報の伝達と共有，すなわち，3-2-1) 平時の情報共有，3-2-2) 感染症の発生やその疑いの通知，3-2-3) 対策措置に関する情報共有などを保証するものでなくてはならない．そのためには，各国間の3-3) コミュニケーションを促進する仕組みが必要である．このように，世界的アウトブレイク対応システムの機能は分解される（図4.2参照）．

細分化された機能を果たす要素技術を設計するのが次のステップである．たとえば，情報収集システムとして，メールによる報告システムが考えられる．各国のしかるべき機関が，定められた報告先，報告内容，報告頻度・条件に従って報告するというものである．あるいは，ウェブサイトに報告内容を掲載することを義務づけ，情報収集する機関がウェブサイト情報を自動収集するということも考えられる．

感染症対策のシステム設計

```
┌─────────────────────────────────────────────────────────┐
│                    世界的流行の阻止                      │
│  ┌──────────────┐  ┌──────────────┐  ┌──────────────┐  │
│  │ 兆候の発見・分析│  │最適対策の迅速実施│  │ 各国の連携・協力│  │
│  │ 情報提示      │  │感染状況の把握・評価│  │ 政策協調      │  │
│  │ 情報収集・感染監視│  │感染状況の将来予測・不確実性低減│  │ 情報伝達・共有  │  │
│  │ 情報の可視化・時系列・空間解析│  │最適対策の選択  │  │ 平時の情報共有  │  │
│  │ 分析・リスク評価│  │各対策の効果予測│  │感染症の発生,その疑いの通知│  │
│  │感染状況の将来予測・不確実性低減│  │各対策のコスト・影響予測│  │対策措置に関する情報共有│  │
│  │              │  │              │  │コミュニケーション│  │
│  └──────────────┘  └──────────────┘  └──────────────┘  │
└─────────────────────────────────────────────────────────┘
```

図 4.2 世界的アウトブレイク対応システムの機能分解

　情報を分析，評価する機関として，情報分析・リスク評価センターを設置することも考えられる．このセンターの役割は，感染症にかかわる情報の収集，分析，予測，評価，情報提供，対策支援とする．国際的な専門家のネットワークを有しており，分析や対策支援情報の提供に各国の専門家が協力する．さらに，各国の行政機関と連携するメカニズムや，情報収集，情報分析，感染伝播解析，対策効果予測，情報提示，コミュニケーションなどのツールが備わっている．また，センターの国際的な位置づけ，義務と権限については，WHO総会で決議された国際保健規則によって規定する．

　以上は，世界的アウトブレイク対応システムを仮想的に設計してみたものだが，実際にこのようなシステムが存在している．その事例を紹介しよう [43]．

　2003年後半に東南アジアで始まった高病原性鳥インフルエンザは，ヒトに感染した場合の致死率が56％と高く，2006年3月には死亡者数が100人を超えた．WHOの専門家は，高病原性鳥インフルエンザに起因する新型インフルエンザが発生するのは「時間の問題」であると指摘した．ヒトは突然変異型のウイルスに免疫をもたないので，死者は500万-1億5000万人にものぼると危惧された．

　欧州でも予防対策，監視体制，発生時の対策など，危機管理対策が強化され

た．具体的には，欧州疾病予防管理センター（ECDC：European Centre for Disease Prevention and Control）が設立され，感染監視活動や早期警告のための情報システムが構築された．早期警告対応システム（EWRS：Early Warning and Response System）は，1998年の欧州議会および理事会決議により設立された，「伝染病の監視と制御のためのネットワーク」の主要システムで，現在，欧州委員会健康消費者保護総局の管理のもと，ECDCを中心に運営されている．同システムは，欧州レベルでの対応が必要とされる感染症が発生した場合，あるいはその発生が疑われる場合に，欧州各国に迅速にそのことを通知するとともに，政策協調の基盤となる対策措置に関する情報を共有することを目的とする．システムへのアクセスは，EU加盟国内の感染症対策を担う政府指定の公共保険機関，欧州委員会およびECDCからなるEWRSメンバーに限定されている．

EWRSメンバーは，発症日，感染確認日，臨床像の特徴などを記載した感染報告フォームを利用し，その発生を迅速にEWRSに送信しなければならない．また，リスク管理あるいは対策措置に関する情報や見解などもメッセージとして同システムに送信し，メンバー間でそれらを共有する．メンバーからのメッセージは，つねにECDCが分析し，欧州レベルのリスク評価を行い，専門的な情報や対応策のアドバイスなどとともに，同システムを通して，欧州各国に情報を提供する．感染症発生時には，電話会議やビデオ会議なども開催されるが，EWRSは，域内全体で同時に，そして即時にコミュニケーションを行うことのできる情報伝達・共有手段として，重要な役割を担っている．

早期警告と対応のためのEWRSに対して，健康危機情報システム（HEDIS：Health Emergency and Disease Information System）は，感染症の健康への脅威の概況を即時に把握できるようにするシステムである．健康への脅威に関する情報のポータルサイトになっており，WHO，国際獣疫事務局，そして，感染症などの健康危機に関するインターネット情報を検索し分析する医療情報システム（MedISys：Medical Intelligence System）のウェブサイトの情報がリアルタイムで掲載されている（図4.3）．情報共有およびコミュニケーションのためのツールも豊富に用意されている他，ウェブ上でアンケート調査を実施できる．欧州委員会はこのアンケートを利用し，EUレベルでの政策協調を確認

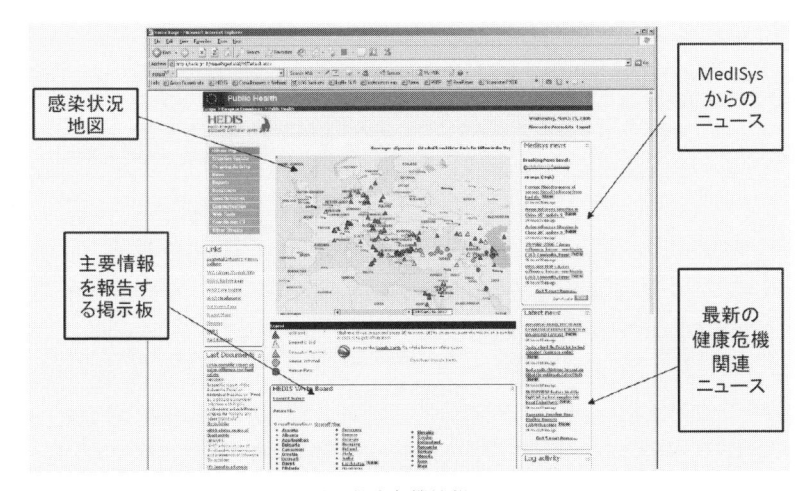

図 4.3 健康危機情報システム

したり，加盟国は他国の対応策など，関連情報を収集し共有することが可能である．加えて，感染症の発生状況を示す地図を作成したり，感染症伝播の GIS 解析を行うことができる．

　MedISys は，インターネット上の情報源を利用し，感染病やバイオテロ攻撃によるヒトの健康への脅威を迅速に検知し，評価することにより，危機発生の正式な確認を待たず事前警告を発するものである．EWRS や HEDIS と同様に，同システムへのアクセスは，EU 加盟国などの関連政府機関や欧州委員会に限定されている．MedISys の特徴は，20 分ごとに健康関連のウェブサイトやニュースサイトを点検し，健康への危機にかかわる記事，文書および最新のニュースを自動的に洗い出すことである．収集された情報は，時系列および空間解析され図化されるので，ユーザはすばやく脅威発生状況を把握することができる（図 4.4）．

　このようにして設計された個々の要素技術が統合されて，システム技術である世界的アウトブレイク対応システムができあがる．ある地域でアウトブレイクが生じてから，情報がどのように伝達され，分析された後，どのように支援情報が伝達され，対策が実施されるのかを図上でシミュレーションすることにより，システム技術が機能を発揮することを確認する．これは，次章で論ずる

4.2　システム設計法

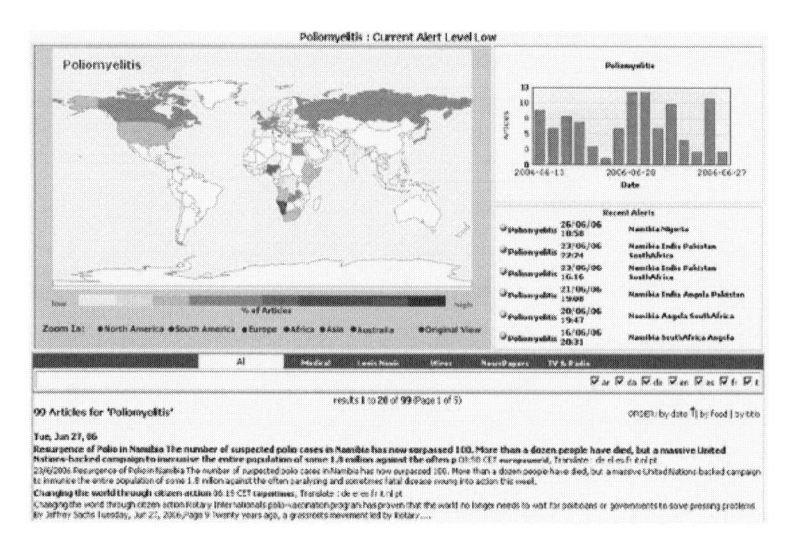

図 4.4　インターネット情報に基づいた健康への脅威の空間および時系列解析

問題解決策の影響分析とあわせて行うことも考えられる．

　ここで紹介したシステム設計法を適切に適用することにより，工学的技術と社会的技術がうまく組み合わさった社会技術が設計される．たとえば，インターネット上の情報源を利用し，感染病やバイオテロ攻撃による健康への脅威を迅速に検知し，評価するシステムには工学的技術が駆使されているが，その技術が有効に機能するためには，危機発生の正式な確認を待たずに発せられる事前警告を活用するための組織体制や法的枠組み，すなわち社会的技術が不可欠である．

4.3　解決策発想の思考プロセスと発想支援手法

　2.3節で述べた通り，問題解決策の立案にはアブダクションが活用される．問題解決策を発案する心理プロセスはアブダクションである．解決策の立案とは，与えられた結果を実現する手段を見つけ出すことであり，手段目的の逆写像を与えて目的に適用するということである（図4.5）．

　たとえば，感染症やバイオテロ攻撃の問題を考えてみよう．いま危機発生の

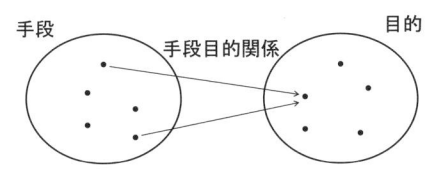

図 4.5 手段と目的の関係

　正式な確認を待たずに事前警告を発するという目的を達成するための解決策を立案することとする．解決策としては，インターネット上の情報源を利用し，感染症やバイオテロ攻撃による健康への脅威を迅速に検知し，評価するシステムが考えられる．そのような解決策が思いつくようにするためにはどうしたらよいのだろうか．

　まず必要なことは，手段に関する情報を活用可能な形で整理することであろう．すなわち，既存の問題解決策の分析を行い，その結果を分類・整理することが求められる．このとき，個別性・特殊性の高い特定の問題解決策に関する情報を，普遍性・一般性の高い情報に変換し，さまざまな分野の問題に対して利用できるようにすることが肝要である．第2章で述べた通り，アナロジーと分野を超えた知の活用が重要なポイントである．

　これから解決しようとする新しい問題に対して，既存の解決策，あるいはその組み合わせだけで問題が解決できるとは限らない．むしろ，新しい解決策を立案することが必要となることがほとんどであろう．新しいアイディアがどのように生まれるのか，あるいは，新しいアイディアを生み出すことをどのように支援できるのかについては第2章で論じたが，その議論に従って，既存の問題解決に関する知識を発想支援情報にすることが必要である．

　次節では，既存の問題解決策の分析方法を論じ，その次に問題解決策立案の支援方法について述べることとする．

コラム　TRIZ [44]

　TRIZ（トゥリーズ）は，ロシア語で「発明的問題解決の理論」という語の頭文字をつなげた略語で，過去の特許を中心とした世界中の多くの発明を研究し，そこから発明に利用できそうな発想の視点・観点を抽出して体系づけ，これからの発明に役立てようとする手法である．過去から現在に至る，他分野の技術発展を支えた創造的問題解決の考え方，法則性を抽出・体系化し，その結果を新たな問題解決に役立てるアプローチである．鉄のカーテンにより西側先進国の情報から隔絶されていたソビエト連邦において，西欧・日本の特許約40万件を分析することによって生み出された．1990年代初頭以降，アメリカにおいて200万件の特許分析が行われ，TRIZは進化発展し，日本を含む世界各国で用いられている．対象は技術開発に留まらず，マネジメント・創造性開発などの能力開発分野，IT分野へと拡張されている．本節の解決策の発想支援手法は，このTRIZの考え方が基となっている．

　特許分析をすることにより，以下の知見が導かれた．

1) 優れた発明は矛盾を克服している：一般的には，矛盾をトレードオフすることによって対処しているが，優れた問題解決は，トレードオフせずに見事にクリアしている．
2) 発明にはパターンがある：多くの問題の克服方法は，分野を問わず同じパターンが使われている．
3) 技術システムの進化にはパターンがある．
4) 解決案には5つのレベルがある：レベル1，個人的な知識を使って解決；レベル2，組織的な対応，先輩や上司に頼った取り組み；レベル3，文献や特許情報などの業界の知識；レベル4，分野を超えた知識の活用；レベル5，革新性のレベル．

　TRIZはこれらの知見を基にしている．TRIZにより発明を生み出す手順をみてみよう．

　ある特性を向上させようとすると，他の特性を阻害するという技術的矛盾が存在する状況を考える．この技術的矛盾は以下のように解決される．まず，技術的矛盾の状況を把握し，技術的矛盾を引き起こす技術特性を特定する．技術特性は，1.動く物体の重量，2.不動物体の重量，……のように，39項目に整理されている．2つのトレードオフの関係にある技術特性に対して，39×39

の技術的矛盾マトリクスの1つの要素が対応する.

技術的矛盾を解決する発明原理は，1.セグメンテーション（細分化），2.分離・抽出，……のように，40項目に整理されている．矛盾する技術特性に該当するマトリクスの要素には，その技術的矛盾を解決する発明原理の候補の番号が記載されている．その発明原理に基づいてアイディアが発想される．

具体的な例で説明しよう．CPU（中央演算装置）の排熱の問題では，CPUから発生する熱を排除するために，熱を排出する空気流路を確保しなければならず，31.悪い副作用：物体内におこった有害要因，という技術特性が改良したい特性であるが，筐体内の空間容積を圧迫するため，8.不動物体の体質，という技術特性が悪化・劣化する特性となる．図4.6のように，技術的矛盾マトリクスにより発明原理の候補が示される．発明原理，30.柔軟な殻と薄膜の利用：より薄膜で微細な殻のメカニズムや原理を使用して，CPUを熱から隔離するというアイディアを発想することができる.

改良する特性＼悪化劣化する特性		1	……	8	……
		動く物体の質量		不動物体の体質	
1	動く物体の質量				
…					
31	悪い副作用			30, 18 35, 4	
…					

図4.6 技術的矛盾マトリクスによる発明原理の把握

膨大な数の特許を調べ，技術的矛盾を引き起こす技術特性の組み合わせに対して有効な発明原理の候補を提案するというTRIZのアプローチと，本節の解決策発想支援手法とは同じ考え方に基づいている.

4.4 既存の問題解決策の分析

本節では既存の問題解決策の分析方法を土砂災害防止法を題材として紹介する．基本的には，第3章に紹介した問題分析の手法を用いて問題分析を行う．4.1節で説明した通り，因果分析結果に解決メカニズムを表示する．そのうえで，分析結果を一般性をもった問題解決知識とするための操作を加える．

土砂災害防止法 [45]

・背景

昭和57年から平成9年までの15年間において，がけ崩れの可能性のある危険箇所のうち，ダム整備済み箇所は約1万カ所増加したが，この間に新規開発などによる住宅立地によりがけ崩れの可能性のある新たな危険箇所が約1万4000カ所増加したとされる．すなわち，毎年ハード整備などの対策工事を実施しても，危険な箇所における新規住宅立地を抑制しない限り，根本的な土砂災害防止は実現しない．

・概要

土砂災害から国民の生命および身体を保護するため，土砂災害が発生する恐れがある土地の区域を明らかにし，当該地域における警戒避難態勢の整備を図るとともに，その中でも著しい土砂災害が発生する恐れがある土地の区域において，一定の開発行為を制限し，また，建築物の構造の規制に関する所要の措置を定めることなどの土砂災害防止のための対策の推進を図る．

・問題の全体像の把握（図4.7）

・問題点のリストアップ
[原問題]
　-土砂災害により人命・財産が損なわれる
　-対策にはコスト（資金，人材，体制，制度，技術……）がかかる

-土砂災害がおこるところに住宅が建っている
　-適切な避難が実施できない
　-住民に土砂災害がおこる可能性がある土地であることが知られていない
　-移転にはかなりの費用がかかる
［既存の対策の問題］
　-対策リソースが不十分
　-対策リソースが適切に使われていない
　-土砂災害対策工事が追いつかない
　-土砂災害に関する法律が複数あり，それらの法律がばらばらのため対策が不適切になっている
　-避難警戒態勢の整備が不十分である
　-立地抑制を行っていない
［着目すべき問題点］
　-土砂災害がおこる可能性のある場所に住宅が建っている

・因果分析結果と解決メカニズムの表示

　因果分析の結果と，土砂災害防止法がどのように問題を解決しようとしているのかを図4.8に表す．事象を四角の枠で，対策を楕円の枠で示す．点線の楕円は対策の問題点を表す．矢印は因果関係を表し，点線の矢印は負の因果関係を意味する．たとえば，開発制限・移転勧告の楕円は，土砂災害防止法に含まれる1つの解決策であるが，その解決策によって，危険地域に強度が不十分な宅地が存在しているという事象を減少させるという負の因果関係を，両者をつなぐ点線の矢印が表している．

　図4.8には，問題を解決するメカニズムが複数描き込まれている．1つの点線の矢印が，1つの解決メカニズム，すなわち問題の原因と解決の手段の組合せを表現している．問題の原因を解消することが解決の目的であるから，問題の原因と解決の手段の組み合わせである解決メカニズムは，手段目的関係の一種であることが理解される．

　一般的に，問題解決策には複数の解決メカニズムが組み合わされている．すべての解決メカニズムに注目し分析する必要は必ずしもなく，特徴的な解決メ

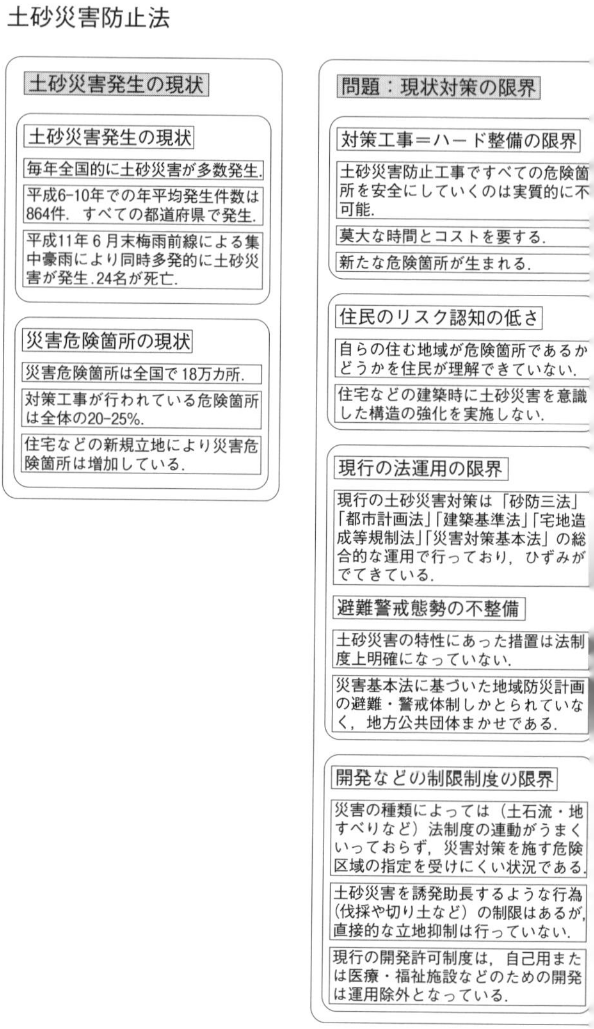

土砂災害防止法

土砂災害発生の現状

土砂災害発生の現状
- 毎年全国的に土砂災害が多数発生.
- 平成6-10年での年平均発生件数は864件.すべての都道府県で発生.
- 平成11年6月末梅雨前線による集中豪雨により同時多発的に土砂災害が発生.24名が死亡.

災害危険箇所の現状
- 災害危険箇所は全国で18万カ所.
- 対策工事が行われている危険箇所は全体の20-25%.
- 住宅などの新規立地により災害危険箇所は増加している.

問題:現状対策の限界

対策工事=ハード整備の限界
- 土砂災害防止工事ですべての危険箇所を安全にしていくのは実質的に不可能.
- 莫大な時間とコストを要する.
- 新たな危険箇所が生まれる.

住民のリスク認知の低さ
- 自らの住む地域が危険箇所であるかどうかを住民が理解できていない.
- 住宅などの建築時に土砂災害を意識した構造の強化を実施しない.

現行の法運用の限界
- 現行の土砂災害対策は「砂防三法」「都市計画法」「建築基準法」「宅地造成等規制法」「災害対策基本法」の総合的な運用で行っており,ひずみがでてきている.

避難警戒態勢の不整備
- 土砂災害の特性にあった措置は法制度上明確になっていない.
- 災害基本法に基づいた地域防災計画の避難・警戒体制しかとられていなく,地方公共団体まかせである.

開発などの制限制度の限界
- 災害の種類によっては(土石流・地すべりなど)法制度の連動がうまくいっておらず,災害対策を施す危険区域の指定を受けにくい状況である.
- 土砂災害を誘発助長するような行為(伐採や切り土など)の制限はあるが,直接的な立地抑制は行っていない.
- 現行の開発許可制度は,自己用または医療・福祉施設などのための開発は運用除外となっている.

図4.7 土砂災害防止法にかかわる情報

対策：法整備によるソフト対策の強化

土砂災害警戒区域の特定と設定

事前調査の徹底
対策を実施するにあたり，客観的な見地から行うために土砂災害の全国的な調査を実施する．

警戒区域の設定
土砂災害の発生する恐れのある地域を「土砂災害警戒区域」とする．
とくに住民へ著しい危害が発生する恐れのある地域を「土砂災害特別警戒地域」とする．

警戒・避難の徹底

警戒・避難計画の整備
市町村地域防災計画において警戒区域ごとに警戒避難の計画を整備する．

警戒・避難体制の整備・周知
ハザードマップを作成・配布し住民への周知徹底を行う．
災害時要支援者関連施設への災害関連情報の伝達の方法を策定し防災計画に記載する．
宅地建物取引においては，業者に対し警戒区域内である旨の重要事項の説明を義務付ける．

開発行為の制限・支援

災害時要支援者施設建築のための開発行為を許可制にする．
警戒区域内で土砂災害を防止に関する設備事業を行うものに融資を行う．

建築物の構造の規制

建築物の構造上の安全の基準を策定する．
新築・増改築時に，その基準を満たすものであるかの確認を行う申告書の提出を義務づける．

取引行為の制限

都道府県知事許可を得た後でなければ，宅地建物業者は宅地の広告，契約の締結を行えない．

特別警戒区域からの移転

移転の勧告
特別警戒区域内にある基準を満たさない住宅に対し，移転の勧告を行う．

移転の支援措置
移転を行うものに対し融資を行う．
移転を行うものに対しその費用を一部補助する．
移転を行うものに対し，不動産所得税の優遇を行う（課税標準5分の1控除）．

対策の改善

対策の問題点

調査対象が膨大であり，警戒区域の指定が迅速に行えず，対策の対象となる前に被害が発生する恐れがある．

改善策

精査の必要な「特別警戒区域」の指定よりも，ひとまず「警戒区域」の指定を優先させ，土砂災害の危険性の周知と警戒避難体制の整備を速やかに行うこととする．

改善策の問題点

暫定的な優先措置であり，「調査対象の多さによる遅れ」を解決できているわけではない．
土砂災害防止法の要である，「規制・制限」の実施が遅れてしまう．

[45] 答申などより著者作成）

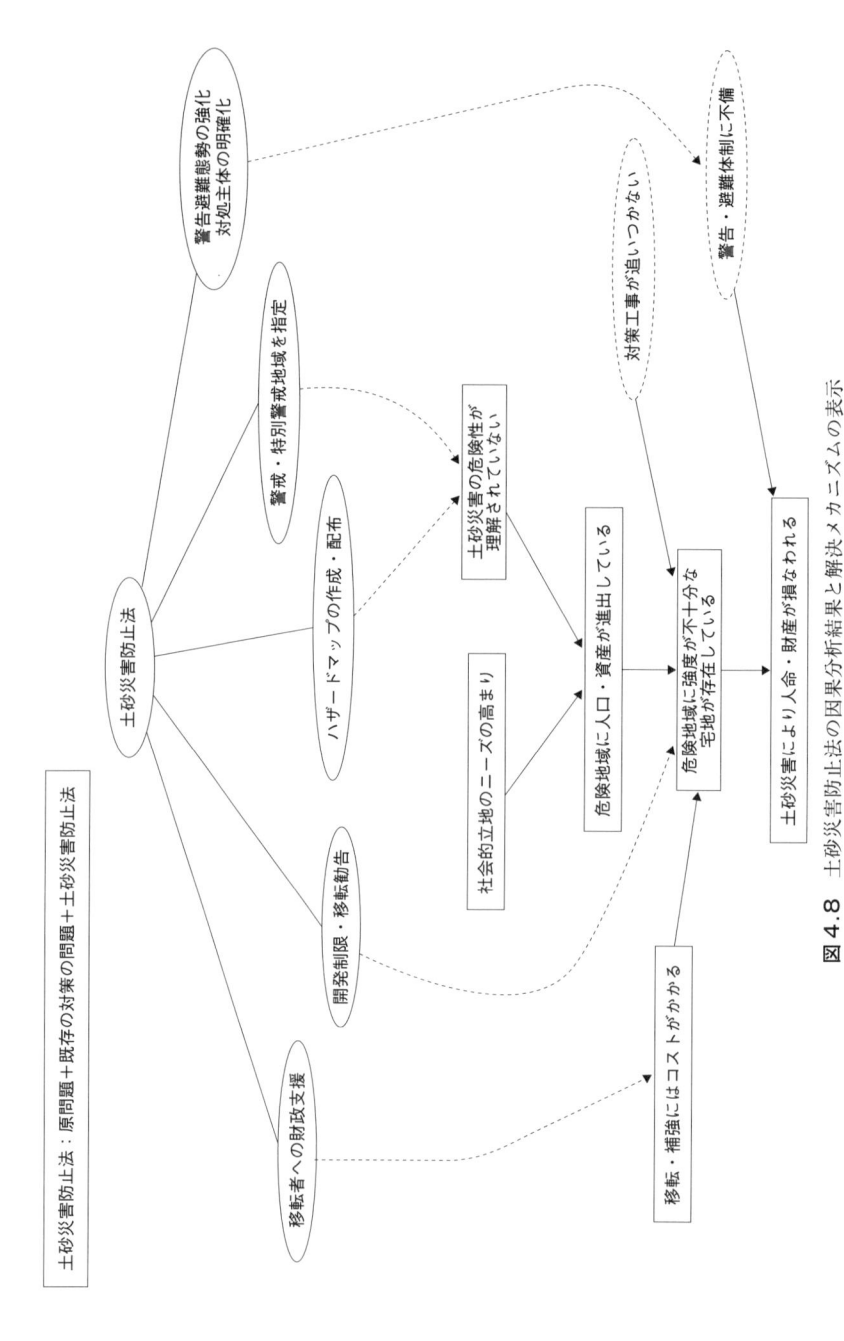

図 4.8 土砂災害防止法の因果分析結果と解決メカニズムの表示

カニズムや，他の問題解決に利用可能な，あるいは利用することが望ましい解決メカニズムに着目する．

　いま分析している問題解決策における解決メカニズムを他の問題の解決に活用できるようにするためには，一般性の高い用語を用いて記述することが必要である．2.4節で解説したように，他の問題の解決に活用できるようにするということは，アナロジーが働くようにするということを意味する．そのためには，ことわざレベルの中間的な抽象化である上位概念化を行うことが有効である．上位概念化の結果（上位概念）を含め，問題の原因と解決の手段を以下に示す．

・問題の原因1
　【利便性の追求】住宅などの立地ニーズが高まり，災害危険地域へも人口や資産が進出した
・解決の手段1
　【公的主体による安全性の確保／利便性の制限】都道府県知事が災害危険度の高い区域を指定し，当該区域における開発を制限する

・問題の原因2
　【リスク認知・リスク情報の不足】住民に土砂災害の危険性が理解されていない，危険性を理解していても危険性にかかわる情報がない
・解決の手段2
　【リスク情報の提供によるリスク認知の向上，危険行為の抑止】警戒・特別警戒地域を指定する，ハザードマップの配布により土砂災害の危険性を理解させる，危険地域の宅地化を防ぐ

　すみつきカッコ【　】で囲まれた部分が上位概念である．上位概念が意味する，この問題解決策における具体的な内容をその次に書き加えてある．
　抽出された解決メカニズムは，【公的主体による安全性の確保／利便性の制限】による【利便性の追求】の弊害の解消，【リスク情報の提供によるリスク認知の向上，危険行為の抑止】による【リスク認知・リスク情報の不足】の弊

4.4　既存の問題解決策の分析

害の解消である．

　何が適切な解決メカニズムかは，状況に依存する．上位概念を用い，一般性の高い表現で解決メカニズムを記述することは，問題解決知識の活用という観点からは不可欠であるが，一方で状況依存性に対する配慮も重要である．解決メカニズムが適用された状況についての情報を残すために，背景状況についても以下のように記録する．

・背景1
【ハザード拡大の速さにハード対策がキャッチアップできない】ハード整備は対策の実施に時間がかかるため，住宅などの立地ニーズの高まり，災害危険地域の人口進出という社会環境の変化スピードについていけなかった

・背景2
【私有財に対する対策のコストが大きく，所有者による対策に限界がある】住宅の災害耐力向上，居住地の変更はさまざまな面で高いコストを生じさせるため，一度立地された住宅に対しては対策を講じ難い

　以上の情報は次節で問題解決策発想支援に活用される．

4.5 解決策発想支援手法

　本節では，既存の解決策の分析結果を活用して，新しい解決策の発想を支援する手法について解説する．この手法は，新しいアイディアが既存の経験や知識を新しく組合せることによって生まれるという考えに基づいている．新しいアイディアは無から生まれるのではなく，既存の膨大な経験や知識から生み出されることの方が多い．1.4節のコラムで紹介した「分野を超えた知の活用」を実現するためには，既存の知識を他分野で活用可能な形に加工することが必要である．そのような知識活用の手法の一例がここで紹介する手法である．

(1) 解決策診断カルテ

まず，既存の解決策の分析を効率的に行うための解決策診断カルテを紹介する．

前節では，既存の解決策を分析することにより，既存の解決策が着目している問題の原因と，解決の手段が抽出されることを示した．抽出された問題の原因と解決の手段は，その問題と解決策にのみ当てはまるのではなく，まったく別の問題に対する解決策にも活用できるよう，上位概念化を行い，一般性をもった記述を行った．2.4節で述べた通り，上位概念化とはことわざレベルの中間的な抽象化であり，アナロジーを働かせるのに有効な抽象度を選んでいる．

土砂災害防止法の事例では，2つの解決メカニズムに着目した．その1つは，利便性の追求という問題の原因を，公的主体による安全性の確保／利便性の制限という手段で解決するメカニズムである．解決の手段は，さらに抽象度を上げ，規制・強制・懲罰とした方が一般性は高まる．もう1つは，リスク認知不足，リスク情報不足という問題の原因を，情報の提供という手段で解決する解決メカニズムである．

既存の解決策の分析を重ねていくと，抽出される解決メカニズムの数，すなわち，問題の原因と解決の手段の項目数は増えてゆく．しかし，別の解決策でありながら，同じ問題の原因，同じ解決の手段であることもあるため，やがて問題の原因と解決の手段の項目数は収束をみせる．そのような状況で，抽出された問題の原因と解決の手段に基づき解決策診断カルテを作成する．カルテには，解決策名，問題の概要，解決策の概要，問題の原因，解決の手段，備考を記入する．以下にカルテの記入例を示す．問題の原因，解決の手段については，該当する項目にチェック（四角の枠を黒塗り）し，説明を簡潔に記載する．

該当する項目がなく，新しい項目が必要な場合には，その他にチェックし，新しい項目名を括弧内に記載する．その新しい項目に一般性が認められる場合には，その項目を追加してカルテを更新する．このようにして，診断項目を充実させていく．

┌─ **解決策診断カルテ** ─────────────────────────┐

1. 解決策名
土砂災害防止法 1

2. 問題の概要
（省略，前出）

問題の解決を妨げていたボトルネック
・住宅などの立地ニーズが高まり，災害危険地域へも人口や資産が進出した．
・従来の土砂災害対策の中心であったハード整備は，対策の実施に時間がかかるため，住宅などの立地ニーズの高まり，災害危険地域の人口進出という社会環境の変化スピードについていけなかった．
・住宅，居住地の変更はさまざまな高いコストを生じさせるため，一度立地された住宅・居住地はなかなか変更されない．

3. 解決策の概要
（省略，前出）

4. 問題の原因
■ 利便性の追求
・住宅などの立地ニーズが高まり，災害危険地域へも人口や資産が進出した
□ 悪意
□ リスク認知不足
□ 情報不足
□ 知識・能力の不足
□ 急速な被害の拡大
□ システムの複雑性
□ 連携不足
□ 無責任
□ その他（　　　　　　　　）

5. 解決の手段
■ 規制・強制・懲罰

・都道府県知事が災害危険度の高い区域を指定し，当該区域における開発を制限する
☐ 情報の提供
☐ 教育
☐ 能力向上
☐ 経済的誘導
☐ 技術的対策
☐ 社会運動
☐ その他（　　　　　　　）

6. 備考

問題の種類：
☐ 不正行為
■ 不適切な行動
・災害危険地域に宅地が進出
☐ 対策が不適切
☐ その他（　　　　　　　）

解決の種類：
■ 好ましい行動の選択
・安全な地域に宅地を設けることを強制
☐ 適切な対策
☐ 選択的行動の支援
☐ 合理的判断の支援
☐ 不正行為の抑止
☐ その他（　　　　　　　）

対策の実施主体：行政（国土交通省，都道府県）

対策の影響を受ける主体：一般市民（所有者），管理者，不動産

対策の実施を妨げるもの，もしくは対策による負の効果：
・私財，プライベートに対する行政の介入

参考文献：
「総合的な土砂災害対策のための法制度の在り方について」[45]

　この解決策診断カルテを用いることによって問題解決策の分析は容易になる．この方法は医療診断とのアナロジーから考案された．問題の原因が病名に，解決の手段が治療法に対応している．どのような病気にどのような治療法が講じられているかを調べることにより，病気と治療法の対応関係を導くことを，既存の問題解決策に対して行おうとしているのである．

(2) 診断結果の処理

　解決策診断カルテによって既存の問題解決策を分析することによって，図4.9に示す表が作成される．1つの行は1つの解決メカニズムに対応している．該当する問題の原因と解決の手段の項目にチェック（黒塗りの四角と丸）が付されている．分析された解決策の数，解決メカニズムの数が増えれば，表の行数が増えてゆく．
　該当する診断項目（問題の原因と解決の手段の項目）に記された説明内容を，以下のように各診断項目ごとに整理する．

【問題の原因】
□利便性の追求
・住宅などの立地ニーズが高まり，災害危険地域へも人口や資産が進出した：土砂災害防止法
・公共交通機関を利用せず，便利な自動車を利用する人が増加したため，慢性的な交通渋滞がおこり，大気汚染が問題となる：ロードプライシング
・エコドライブを実行するよりは，自由に運転した方がスピードが出る，快適である：エコドライブ管理システム
・システムは複雑であり，どこで危害の原因が発生するかを特定するためにはコストがかかるため，最終製品の抜き取り検査しかできない：HACCP（Hazard Analysis Critical Control Point Evaluation，ハサップ）

解決策	1 利便性の追求	2 悪意	3 無責任	4 リスク認知不足	5 加害者意識不足	6 情報不足	7 知識・能力の不足	8 対策への理解不足	9 急速な被害の拡大	a システムの複雑性	b 連携不足	c 対策への理解不足	d その他	1 規制・強制・懲罰	2 経済的誘導	3 情報の提供	4 教育・能力向上	5 参加の促進	6 社会運動	7 技術的対策	8 システム改善	9 参加	a その他
1 土砂災害防止法 1	■			■		■								●									
2 土砂災害防止法 2	■			■		■										●							
3 感染症シミュレーション 1						■			■							●							
4 感染症シミュレーション 2						■										●							
5 ロードプライシング	■														●								
6 エコドライブ管理システム	■				■	■										●	●						
7 HACCP	■					■				■						●							
8 リコール制度	■			■		■								●	●	●							
9 食品トレーサビリティ		■				■				■						●							
10 森林認証制度	■	■			■	■										●							
11 コンテンツ安心マーク制度		■		■		■										●							
12 防災まちづくり支援システム				■		■										●							
13 ヒヤリ・ハット事例収集分析事業				■		■										●							
14 全米疾病電子監視システム				■		■					■					●							
15 生物多様性情報システム				■		■										●							
16 津波災害シミュレーターを用いた防災教育				■		■										●	●						
17 VICS						■										●							
18 震災リスクの証券化				■			■								●		●						
19 電子タグを利用したコンテナテロ防止対策							■													●			
20 裁判員制度												■										●	

図 4.9　解決策の診断結果

- コストがかかるため，自主的に回収・修理が行われず，欠陥車が走り続け事故をおこす：リコール制度
- 適切な森林管理にはコストがかかるため，利益を追求して違法伐採が行われている：森林認証制度

□悪意
- システムが複雑であり，悪意による不適切な行為の介在を阻止することが難しい，消費者の不安が喚起される：食品トレーサビリティ
- 森林伐採に対する規制を守らない違法伐採が行われている：森林認証制度
- 悪質サイトによる犯罪：コンテンツ安心マーク制度

□リスク認知不足
- 土砂災害の危険性が理解されていない：土砂災害防止法
- 欠陥のある車種だと知っていても，修理しない：リコール制度
- 悪質サイトで犯罪被害に遭うことを知らない：コンテンツ安心マーク制度
- 木造住宅密集市街地の地震・火災に対する危険性が認識されていない：防災まちづくり支援システム
- 医療事故が容易におこりうることを正しく知らない：ヒヤリ・ハット事例収集分析事業
- バイオテロに対する認知不足による危機管理体制の不備：全米疾病電子監視システム
- 生物多様性の喪失がどのような事態につながるかを知らない：生物多様性情報システム
- 被害に対する想像力が欠如しているために，適切な行動をとることができない：津波災害シミュレーターを用いた防災教育
- 巨大な地震時の被害を適正に想定することができない：震災リスクの証券化

□加害者意識不足
・エコドライブを心がけないことにより，地球環境に影響を与えていることが認識されていない：エコドライブ管理システム
・不適切な森林管理のもとにつくられた木材を利用することが地球環境を脅かしていることを意識していない：森林認証制度

…… （以降省略）

【解決の手段】
□規制・強制・懲罰
・都道府県知事が災害危険度の高い区域を指定し，当該区域における開発を制限する：土砂災害防止法
・自主的・指導による回収・修理：リコール制度

□経済的誘導
・交通渋滞の緩和を目的として課金することにより，公共交通機関の利用を促し，交通需要を減少させる：ロードプライシング
・無料で修理：リコール制度
・震災リスクに直通していない主体にリスクを分担させる：震災リスクの証券化

□情報の提供
・警戒・特別警戒地域の指定，ハザードマップの配布により，土砂災害の危険性を理解させる：土砂災害防止法
・感染の拡大を予測することにより，適切な対策を講ずる：感染症シミュレーション
・被害拡大の予測を行うことにより，情報の不確実性を低減し，経済的・社会的被害を伴う対策実施に関する意思決定を支援する：感染症シミュレーション
・急発進，急加速，急ブレーキ，アイドリングなどの運転情報を収集し，こ

の情報をドライバーへ提示，運行指導，研修・講習会を行い，省エネルギー運転を促進する：エコドライブ管理システム
・認証を受けた食品を選ぶことにより，消費者の安心が確保される：HACCP
・消費者の選択的購買行動に，安全対策を講じることでインセンティブが生まれる：HACCP
・危害の予測を行うことにより，どこをモニタリングすればいいかがわかる．効率的なモニタリングが可能となる：HACCP
・重要管理点を継続的にモニタリングすることにより，異常がすぐに発見でき，迅速な対策が可能となる：HACCP
・欠陥車の情報を提供：リコール制度
・システムのプロセスに関する情報を明示することにより悪意による不適切な行為の介在を排除する，消費者の選択的行動を可能にする，消費者の不安を解消する：食品トレーサビリティ
・適正に管理された森林から産出した木材に認証マークを付すことによって，消費者側が，その木材が森林保護に寄与しているかを判断することができ，認証マークのついた製品を購入することで，森林保護を支援することができるようになる：森林認証制度
・安心できるサイトであることがわかる情報を提供：コンテンツ安心マーク制度
・木造住宅密集市街地の地震・火災に対する危険性を実感できる情報を提供するとともに，合意形成に必要な費用対効果に関する情報を提示し，合意形成を支援する：防災まちづくり支援システム
・医療事故に関する情報，対策に必要な情報を提供：ヒヤリ・ハット事例収集分析事業
・全米の疾病情報をリアルタイムで蓄積，分析，危機管理：全米疾病電子監視システム
・生物多様性に関する情報を提供：生物多様性情報システム
・被害に関する情報を提供することにより，被害に対する想像力を育む：津波災害シミュレーターを用いた防災教育

- 事故や渋滞情報を提供する：VICS（Vehicle Information and Communication System，道路交通情報通信システム）

☐教育・能力向上
- 急発進，急加速，急ブレーキ，アイドリングなどの運転情報を収集し，その情報をドライバーへ提示，運行指導，研修・講習会を行い，省エネルギー運転を促進する：エコドライブ管理システム
- 被害に対する想像力を育むことにより，適切な対処行動を促す：津波災害シミュレーターを用いた防災教育
- 震災リスクの証券化により巨大な地震時の被害をカバーする：震災リスクの証券化

……（以降省略）

このように整理することにより，診断項目の意味が明確化される．診断項目の意味は，分析する解決策の数が増えるに従って変化してゆく場合も多い．項目自身も変化し，細分化されることもある．そのような場合には，分析が終わった解決策を再度分析し直す場合も生じる．また，項目の立て方に正解があるわけではないので，分析者の考え方に依存することは避けられない．診断項目の立て方は，分析結果を活用する目的に応じて決めるべきであろう．後述する通り，ここでの目的は解決策の発想を支援することであり，参考となる既存の解決策を発見し，解決策設計のヒントを得ることにある．膨大な問題解決策の中から参考となるものを絞り込むことが必要である一方，細分化しすぎると，本来は参考となる解決策が，参考となる解決策の候補から外れてしまう可能性もある．したがって，ある程度大括りにしておいた方が，目的に合致する．

(3) 問題解決マトリクス

図 4.9 から図 4.10 に示す問題解決マトリクスが作成される．縦軸に問題の原因を，横軸に解決の手段をとり，行列の要素には該当する解決メカニズムの数を記入してある．

原因／手段 20	規制・強制・懲罰	経済的誘導	情報の提供	教育・能力向上	参加の促進	社会運動	技術的対策	システム改善	参加	その他
利便性の追求	2	2	5	1	0	0	0	0	0	0
悪意	0	0	3	0	0	0	0	0	0	0
無責任	0	0	0	0	0	0	0	0	0	0
リスク認知不足	2	2	8	2	0	0	0	0	0	0
加害者意識不足	0	0	2	1	0	0	0	0	0	0
情報不足	2	1	15	2	0	0	0	0	0	0
知識・能力の不足	0	1	0	1	0	0	1	0	0	0
対策への理解不足	0	0	0	0	0	0	0	0	0	0
急速な被害の拡大	0	0	1	0	0	0	0	0	0	0
システムの複雑性	0	0	2	0	0	0	0	0	0	0
連携不足	0	0	1	0	0	0	0	0	0	0
対策への理解不足	0	0	0	0	0	0	0	0	1	0
その他	0	0	0	0	0	0	0	0	0	0

図 4.10 問題解決マトリクス

　たとえば，リスク認知不足によって生ずる問題を取り扱っている解決メカニズムは20事例中14事例であり，そのうちで情報の提供によって問題を解決しているのは8事例である．その8事例の問題の原因と解決の手段を表4.1にまとめた．8事例は，分野も対象も異なる解決策であるが，リスク認知不足を原因とする問題を情報の提供という手段によって解決するという共通性をもっていることがわかるであろう．

　次項では，問題解決マトリクスを用いて解決策を発想する方法を論ずるが，その前に，問題解決マトリクスに関する説明を追加しておこう．

　問題解決マトリクスの内容は，分析する既存の問題解決策の選択に依存する．ありとあらゆる問題解決策を分析することによって得られる問題解決マトリクスは，問題解決メカニズムの全体像を表すものになっているかもしれないが，そのような問題解決マトリクスを求めることは，ここでの目的ではない．実証的に問題の原因と解決の手段の関係性を法則化することを目指しているわけで

表 4.1 リスク認知不足×情報提供

解決策・解決メカニズム	問題の原因：リスク認知不足	解決の手段：情報の提供
土砂災害防止法 2	土砂災害の危険性が理解されていない	警戒・特別警戒地域の指定，ハザードマップの配布により土砂災害の危険性を理解させる
リコール制度	欠陥のある車種だと知っていても，修理しない	欠陥車の情報を提供
コンテンツ安心マーク制度	悪質サイトで犯罪被害に遭うことを知らない	安心できるサイトであることがわかる情報を提供
防災まちづくり支援システム	木造住宅密集市街地の地震・火災に対する危険性が認識されていない	危険性を実感できる情報を提供するとともに，合意形成に必要な費用対効果に関する情報を提示する
ヒヤリ・ハット事例収集分析事業	医療事故が容易におこりうることを正しく知らない	医療事故に関する情報，対策に必要な情報を提供
全米疾病電子監視システム	バイオテロに対する認知不足が危険管理体制の不備に	全米の疾病情報をリアルタイムで蓄積，分析，危機管理
生物多様性情報システム	生物多様性の喪失がどのような事態につながるかを知らない	生物多様性に関する情報を提供
津波災害シミュレーターを用いた防災教育	被害に対する想像力が欠如しているために，適切な対処行動をとることができない	被害に関する情報を提供することにより，被害に対する想像力を育む

はないのである．ここでの目的は，あくまでも解決策の発想を支援することである．そのために有効と考えられる問題解決策を選んで分析し，問題解決マトリクスを準備することが肝要である．図 4.10 はそのような方針で作成されたものであり，問題解決の方針として，社会技術という概念と親和性の高い問題解決策を選んである．世の中に存在する社会問題に対する解決策の多くは，法制度がベースとなっている．しかし，そのような解決策はあえて選ばず，人びとの態度変容を促し，望ましい行動を誘導するような方向性を志向して，分析対象の問題解決策を選んである．情報の提供という解決の手段の数が多いのは，そのような方針の自然な帰結である．

　分析する問題解決策の選択にあたって，その有効性の評価を明示的には行っていない．解決策が問題を解決できていなかったとしても，その解決策の解決メカニズムが参考にならないとは限らない．問題の解決にはさまざまな要素が

絡み合っており，1つの解決メカニズムだけで問題が解決できるわけではないからである．ある問題において有効であった解決メカニズムを別の問題に適用した場合に，その有効性が自動的に保証されるものではないのと同様に，ある問題を解決したとはいえない解決メカニズムを参考に立案した解決策が，別の問題をうまく解決する可能性は十分にある．問題解決メカニズムの有効性は文脈依存性が高いことをつねに認識しなければならない．ここで紹介する手法は，あくまでも参考となる問題解決メカニズム，既存の問題解決策を提示するためのものである．

(4) 問題解決マトリクスに基づく解決策の発想

2.3節で述べた通り，目的に対する手段を思いつく思考は，アブダクションである．ここでの目的は問題の解決であり，手段は問題解決策である．アブダクションの質は，事前にどのような記憶・知識を有しているか，その記憶・知識を活用しやすい状態になっているかに大きく依存する．

アブダクションにおいては，アナロジーが大きな役割を果たす．記憶・知識が活用しやすい状態というのは，アナロジーが機能しやすい状態ということである．前項の問題解決マトリクスは，既存の問題解決にかかわる知識をアナロジーを働かせることによって活用しやすくするための仕組みである．

解決しようとしている社会的課題に対して，第3章の問題分析の手法を適用し，着目すべき問題点を抽出することによって，対象とする問題の原因が特定される．その問題の原因に対して有効な解決の手段を探るために，図4.10の問題解決マトリクスを参照する．たとえば，リスク認知不足が問題の原因であったとすれば，規制・強制・懲罰，経済的誘導，情報の提供，教育・能力向上が解決の手段の候補となる．図4.10の問題解決マトリクスを作成するために分析した既存の問題解決策においては，情報の提供によって解決を試みているものがもっとも多いが，もっとも数の多い解決の手段だけでなく，数が少なくとも解決の方向性として望ましいと考える解決の手段はチェックすべきである．

情報の提供が解決の方向性として望ましいと考えるのであれば，情報の提供による解決メカニズムを参照する．こうして表4.1にたどり着く．異なる分野・対象に対する問題解決メカニズムを一覧すれば，リスク認知不足による問

題を情報提供によって解決するアプローチの共通性が理解できる．さらに，提供する情報をどのように準備するか，誰がどのように情報を伝えるか，提供された情報がどのように活用されるかがポイントとなることも読み取れる．

そのような，類似性や相違性の検討が解決手段に関する理解を深め，対象としている問題に対して新しく，かつ適切な解決策の発想を支援する気づきやヒントを提供する．そのような検討において機能する思考はアナロジーである．

たとえば，実際の事故には至らなかったが，ヒヤリとした，ハットした事象を対象とするヒヤリ・ハット事例収集分析事業における解決メカニズムを，いま考えている問題に置き換えるとどのようになるか，というように考える．根拠に基づかずに，「このような危険がある」と伝えてもリスク認知はなかなか高まらない．実際の被害の統計値を示すことは効果があるが，被害の数が少なければ，リスク認知を高める根拠にはならない．そこで，被害の潜在的な事象の統計値を示す，というのがヒヤリ・ハット事例収集分析事業の解決メカニズムである．実際の被害が少ないために気づいていない潜在的なリスクを発見するということもヒヤリ・ハット事例収集分析事業のもう1つの解決メカニズムである．

ヒヤリ・ハット事例収集分析事業における解決メカニズムを交通安全に適用することを考えてみよう．交通安全マップというのはすでに存在する解決策だ．リスクを可視化するハザードマップの1つである．たとえば，ブログやツイッターの情報に対して情報処理技術を適用して，ヒヤリとした，ハットした事例を抽出し，カーナビに組み込んでヒヤリ・ハット情報を運転者に伝えるというのはどうだろう．自動車のハンドルにヒヤリ・ハット・ボタンをつけ，ヒヤリとした，ハットしたときに，そのボタンを運転者に押してもらい，位置情報とともに収集するというのもあり得るかもしれない．カーナビから伝えられるヒヤリ・ハット情報をありがたいと思う運転者は，ヒヤリ・ハット・ボタンを押すインセンティブを感じるであろう．このとき情報提供を容易に行うことができることが肝心である．人は面倒くさがりであり，簡単でなければ協力してはもらえない……．

このように発想を広げ，深めることを支援することが，問題解決マトリクスの役割である．問題解決の知識は膨大であり，すべての問題解決策を参照する

4.5 解決策発想支援手法　109

コラム　カードゲーム

　社会問題の解決策の設計方法を教える講義や，解決策を設計する実際のグループワークなどで，ここで紹介するカードゲームは有効である．まず，そのような講義やグループワークの手順を説明しよう．

　まず，グループの数だけ問題解決策を準備し，1グループに1つの解決策を割り当てる．解決策診断カルテを用いた分析方法を具体的な事例に基づき説明する．そのうえで，全員に記入用の診断カルテを配布し，割り当てた問題解決策の分析を行わせる．個人作業の後，グループワークで分析結果の確認をさせることで，グループ共通の分析結果を準備するとともに分析に関する理解を深めさせる．

　表が白紙で，裏が青と赤のカードを準備し，全員に赤カード1枚と青カード2枚を配る．赤カードには問題の原因の説明と解決策名を図4.11のように記入させ，青カードには解決の手段とその説明，解決策名を記入させる（2枚とも同じ内容）．

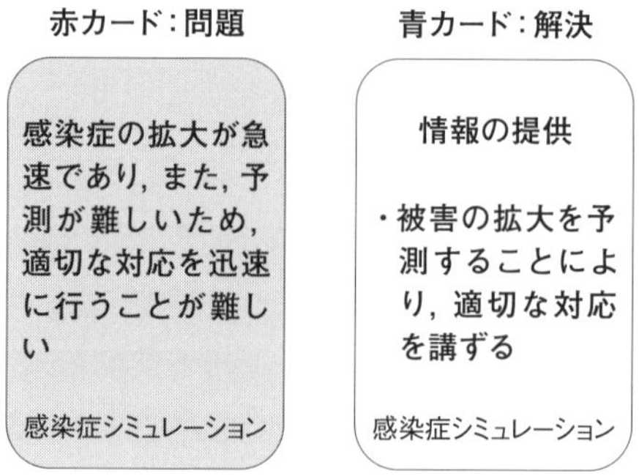

赤カード：問題

感染症の拡大が急速であり，また，予測が難しいため，適切な対応を迅速に行うことが難しい

感染症シミュレーション

青カード：解決

情報の提供

・被害の拡大を予測することにより，適切な対応を講ずる

感染症シミュレーション

図4.11　問題解決カード

　自分の作成したカードをもってメンバーを移動させグループを組み直し，新しいグループには前の各グループからメンバーが1人ずつ入っているようにする．5人のグループであれば，5つの異なる問題解決策に関する赤カード1枚と青カード2枚があることになる．

　赤カードを裏にして積み上げる．青カードを集め，シャッフルしてグループのメンバーに2枚ずつ配る．赤カードを1枚めくり，各メンバーは，手持ちの

青カードを使って解決策を提案する．もともとの解決メカニズムは使用禁止とする．たとえば，感染症シミュレーションが解決しようとしている問題の赤カードに対して，感染症シミュレーションの青カードは使えない．解決策が思いつかない場合はパスとする．提案された解決策からもっとも優れているものを多数決で選ぶ．青カードは毎回収集し，シャッフルして配ることにすれば，全員が多くの解決メカニズムを学習することができる．

　赤カードがなくなったらゲーム終了．選ばれた解決策の中でもっとも優れた解決策を多数決で選ぶ．こうして選ばれた最優秀解決策を各グループから1つずつ発表させ，投票によって全体での最優秀解決策を選ぶ．

　このようなカードゲームにより，アナロジーを活用して新しい解決策を発想するトレーニングを積むことができる．既存の解決策における問題解決に関する知識を効率的に習得することにもつながる．カードゲーム自身は楽しいものであり，創造的思考にポジティブなイメージをもたせることができる．自分には創造性などないと思っていた人も，このゲームを通じて，新しい解決策を発想することは容易であると考えるようになる．このカードゲームは，問題解決策を発案するアイディア出しの作業の前に，その準備活動として行うことが有効である．アイディア出しにふさわしいマインドセットを形成し，アブダクションに適した思考の状態をつくり出すことができる．

　このカードゲームは，異なる問題の原因と手段をむりやり結びつけてみる作業であり，強制発想の一形態である．この強制発想によって，普通では思いつくことがない組合せを考え，画期的な解決策の発想につながる可能性が考えられる．しかし，無理な組合せばかりを考えることになる可能性も高い．本節で説明した解決策発想支援手法は，上位概念化された問題の原因と解決の手段の組合せを考えることによって，アナロジーが機能しやすい解決メカニズムに絞り込むことにより，効率性と新規性のバランスを確保しようとするものである．

ことはできない．情報が多すぎれば，発想の支援にはならない．発想を支援するために最適な情報の量と質があるはずである．また，特定の領域に関する情報に偏っていれば，発想を広げることはできない．表4.1は，発想を支援するために最適な情報の量と質という観点から準備されている．そのような情報を提供する仕組みが問題解決マトリクスなのである．

第 5 章　問題解決策の影響分析・評価

　2.6 節で説明したように，解決策が立案された次に行うのは，解決策の影響分析と影響分析結果の評価である．立案された解決策によってどのような変化が生まれるのか，そしてその変化は問題の解決につながっているのか，新たな問題が発生していないか，といった検討を行うのがその目的である．社会問題は複雑であるため，局所的な問題解決が全体的な問題解決に結びついていないことも多い．解決策の影響は多岐に及ぶため，意図せざる結果として副次的な悪影響を生じさせる可能性も考えられる．

　また，解決策の影響を受けるステークホルダーは多岐にわたる．異なるステークホルダーは異なる利害や行動原理を有しており，あるステークホルダーにとっては望ましい社会変化が，別のステークホルダーにとっては好ましからざるものである可能性も考えられる．問題の分析で行ったステークホルダーの分析結果をふまえて，多元的な評価を行うことが必要である．

　このような観点に基づき，立案された解決策の候補に必要な修正を加え，より良い解決策とするために検討することが，問題解決策の影響分析・評価である．ここでは影響分析・評価手法の一例を示す．採用すべき方法は，対象となる解決策によって異なるのが自然であるが，押さえておくべきポイントは，ここで紹介する事例からも学べるはずである．

5.1　問題解決策の影響分析 [48]

　問題解決策の影響分析手法を説明するために，具体的な事例として，診療ナビゲーションシステムを取り上げる．診療ナビゲーションシステムは，診療情

報を共有化し，データを解析することにより診療の科学的根拠を明示化することを目指したシステムであり，さまざまな医療制度と組み合わせて初めてその機能を発揮することができる．医療の分野における典型的な社会技術の例である．

(1) 診療ナビゲーションシステム

東京大学医学部付属病院の永井良三教授（現自治医科大学学長）を中心に開発されている診療ナビゲーションシステムは，診療情報の共有化，全国共通の診療ガイドラインの提示，診療の科学的根拠の明示，ゲノム情報を包含する診断方法の提示などを目指しており，1) 臨床情報を収集・蓄積する医療機関間ネットワーク，情報入力ソフトウェアと症例データベース（臨床情報データベースと検査情報データベースなどからなる），2) 症例データを解析して，診療の科学的根拠となる知見をデータマイニングし蓄積するデータ解析ソフトウェアと診断支援知識データベース（ゲノム情報データベースも含む）からなる．

1) では，患者の年齢・性別から病歴・体質・生活習慣・ゲノム情報に至るまでの基本的情報に加え，診療のフェーズごとに診療情報，経過が記録されていく．この記録が医療ミスの迅速な発見，ひいてはミス抑止につながることになる．2) では，1) で収集された臨床情報やゲノム情報を因子分析などで統計的に解析し，有意な知見を抽出するデータマイニングに利用される．得られた知見は診療の科学的根拠として診断支援知識データベースに蓄積されていき，ネットワークを通じてリアルタイムで医療の現場に配信される．

このシステムの重要性は，データマイニングの即時化・簡易化・効率化と，得られる科学的根拠の先進性にある．これまで医薬品の臨床治験などの大規模な臨床データ収集には，複雑な手続きをふみ，非常に大きなコストを払う必要があった．しかしながら，本システムを利用することで，臨床データの収集はほぼ即時的に可能となるばかりでなく，モニタリングや追跡調査なども容易となるので，かなりのコストが削減できると考えられる．また，本システムのデータ解析では，因子分析の因子として，患者の体質や生活習慣からゲノム情報までさまざまなデータを採用することができる．その結果，患者個人の特質に応じた，より細かな科学的根拠が抽出可能となるのである．こうした科学的根

拠はテーラーメイド医療をはじめとしたポストゲノム医療に大きく貢献するデータとなる．

以下では，この診療ナビゲーションシステムを社会技術，すなわち社会問題の解決策と考え，診療ナビゲーションシステムが導入されたときにおこる社会変化の分析を行う．

(2) シナリオ・ネットワークの作成

まず，生じうる影響をシナリオとして記述する．シナリオ作成者の推論や直観などに基づいて描写された粗いシナリオに，インタビュー調査などの影響分析プロセスを経る中で加筆・修正を加え，より妥当性の高い分析結果とする方法を取る．最初につくるシナリオはインタビュー調査においてより多くの情報を引き出すことに重点をおき，あまり細かく長いシナリオとならぬように配慮する．

医療分野の現状認識，関連する文献調査などに基づいて作成されたシナリオの一部を以下に示す．

〈診療ナビゲーションシステムシナリオ〉

診療ナビゲーションシステムを利用することで，医師は患者の特性に適合する診療の科学的根拠を明示することが可能になり，インフォームド・コンセントが容易に達成される．……

しかし，十分に科学的根拠をともなわない診療を希望する患者や，意識不明で本人の意思を確認できない患者などに対してどのように対応すべきかといった問題は解決されずに残るであろう．
……（一部抜粋・要約）

次に，影響の因果関係に着目してシナリオを構造化・視覚化した因果関係図を作成する．インタビュー調査をはじめとして，直観的に理解しやすい形でシナリオを表現することが重要となる場面は多い．影響の因果関係が複雑な場合，

その全体像は文章よりも図形表現の方が理解しやすい．

シナリオに則して，「EBM (Evidence-based Medicine, 根拠に基づいた医療）とテーラーメイド医療」（図5.1）と「機能連携」（図5.2）に分けて因果関係図を作成した．図5.1では，診療ナビゲーションシステムが提供する診断支援知識データベースの利用からインフォームド・コンセントの達成や診療ガイドライン作成，医療費の分析，セルフメディケーション促進に至る因果関係が示されている．図5.2では，診療ナビゲーションシステムを利用することによって診療情報の共有化が実現されることから，医療機関の機能連携の促進，患者集中の緩和，医療機関間の競争，保険機関による医療機関・医師の選別に至る因果関係が示されている．

(3) インタビュー調査

シナリオに対する見方や支持の度合いが人によってどのくらい違うかを抽出するためにインタビュー調査を行う．因果関係図に示した各因果関係についてその妥当性を問い，影響の推定（シナリオ）を補強・修正する意見を抽出する．とくに，因果関係図そのものの不備や因果関係の抜け落ちが指摘された場合は，シナリオの内容全体の見直しや因果関係図を検討することになる．

本事例では，質問対象となる因果関係は専門的内容が多く，さらに統計データのように数値的データが存在しないものが多いため，インタビュー調査の対象には医療分野における専門的知識や長年の経験で培った暗黙知を多くもつ専門家を選んだ．

次に，インタビュイーの発言を因果関係ごとに抽出・分類していく．この際，インタビュイーが各因果関係に対してどの程度妥当であると考えて言及しているかを「支持指数」とし，言及1つ1つについて分析者の判定基準に基づいて主観的に点数化する．この支持指数の分布や平均値を個々の因果関係について算出した．その結果を因果関係図上に表示することにより，ある因果関係がどの程度支持されているかを視覚化した．（図5.3, 5.4参照）多くの人が妥当（確かに起こる）と考えているものほど太い実線となり，逆なら太い点線になる．

その結果，診療の科学的根拠の明示というもっとも根本的な部分について，克服すべき課題が存在しているという指摘があった．しかしながら，その他の

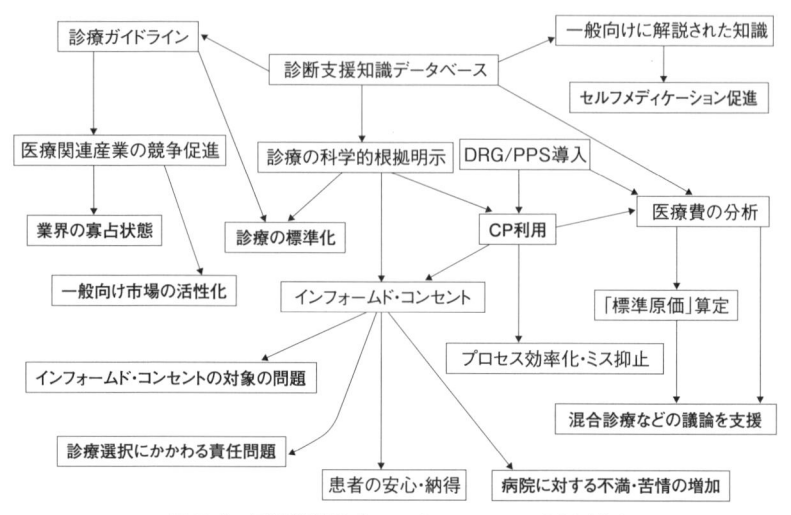

図 5.1　因果関係図「EBM とテーラーメイド医療」

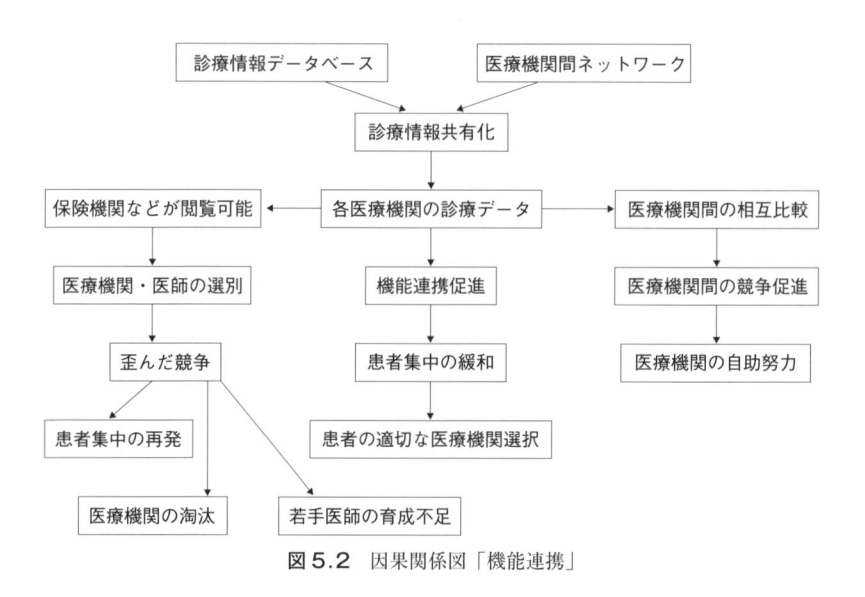

図 5.2　因果関係図「機能連携」

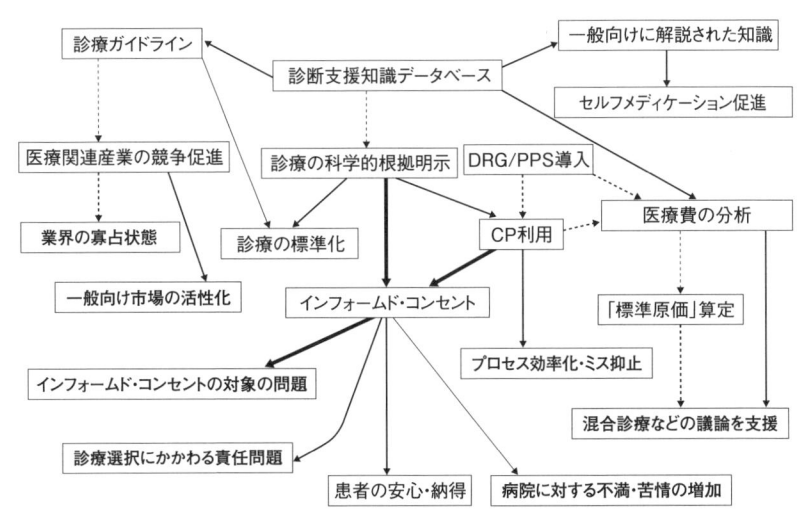

図 5.3　分析結果　①「EBM とテーラーメイド医療」

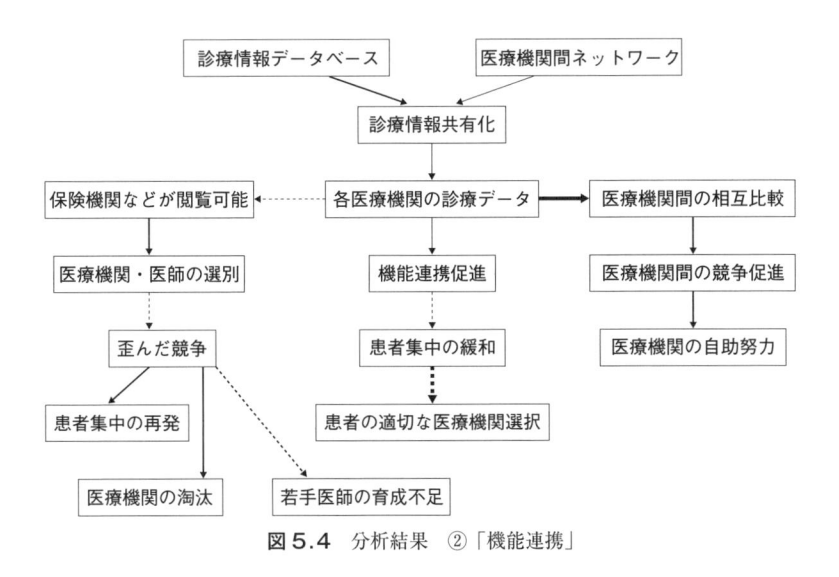

図 5.4　分析結果　②「機能連携」

5.1　問題解決策の影響分析

おおまかな流れについてはおおむね支持を受けており，科学的根拠を明示できれば，診療ナビゲーションシステムが目指す目的の多くを達成できるといえる．

　注意すべき点としては，「インフォームド・コンセントの対象の問題」という悪影響について，その可能性を指摘する意見が多く得られた点である．確かに，リアルタイム診療ナビゲーションシステムの導入によって，提供される科学的根拠を利用して容易にインフォームド・コンセントを図ることができるようになり，患者に対して病状の説明があるのが一般的になると考えられる．しかしその反面，告知が望ましくない患者の場合，医師の説明がなければ患者が自分の病状に気づいてしまうという結果を招くことが十分にありうる．この問題を解決せずして，安易にインフォームド・コンセントを推し進めることはできない．したがって，リアルタイム診療ナビゲーションシステムの導入に当たっては，インフォームド・コンセントのあり方を十分に検討する必要があるといえる．

　因果関係の抜け落ちとして指摘された点は，患者が診療行為に参加することが，患者の納得や安心感につながるという点である．インフォームド・コンセントとは医師が患者に説明を行うだけのものではなく，説明を受けた患者が医師に対して希望を伝えたり，疑問をぶつけたりして，互いが納得のうえで診療を進めるための双方向的なコミュニケーションを行うことを意味するものである．それゆえ，シナリオ・因果関係図にも「患者の参加」という観点を含めて修正を加える必要がある．

　重要な目的の1つである患者集中の緩和や適切な医療機関選択がおこるという推定が，あまり支持されていない．診療ナビゲーションシステム単体ではこれらの目的を達成することは困難であり，制度面などからプラスアルファの対策を同時に行う必要があるという指摘を多く受けた．逆に，診療情報の共有化によって，医療機関は競争と自助努力に向かうという影響については十分な支持を受けている．

（4）　シナリオ・因果ネットワークの修正

　インタビュー調査の結果，妥当性が疑問視されている因果関係や，因果関係図を再構成する必要性，因果関係の抜け落ちを指摘された部分について，必要

図 5.5 修正版因果関係図（一部）

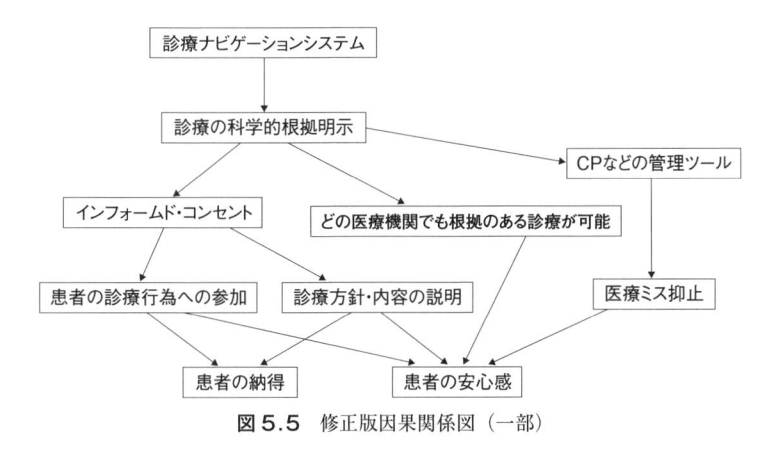

に応じてシナリオおよび因果関係図を修正する．

インタビュー結果を基にした因果ネットワークの修正例を図5.5に示す．これは「EBMとテーラーメイド医療」の一部を修正したものである．調査の結果，妥当性が疑問視されている部分でも，診療ナビゲーションシステムの重要な目的や構成要素については改変せず，逆にとくに言及のあった内容で重要であると考えられる影響については追加・修正を加えた．

以下に修正したシナリオを影響分析結果（EBMとテーラーメイド医療）として示す．

〈診療ナビゲーションシステムシナリオ（修正）〉

診療ナビゲーションシステム（以下，本システム）が提供する診断支援知識データベースを利用することで，医師は患者の特性に適合する診療の科学的根拠を明示することが可能になり，また患者は十分な説明を受けたうえで医師に希望を伝えたり，不明な点をたずねたりできるようになる．このように患者が診療行為に参加するようになることで，医師と患者の双方向的コミュニケーションが図られ，インフォームド・コンセントが容易に達成される．

このプロセスにおいて，本システムが実際に利用される際のインターフェイスとなりうるのがクリティカルパス（クリニカルパス，医療の内容を評価・改善

5.1 問題解決策の影響分析

して，質の高い医療を患者さんに提供することを目的として，入院から退院までの計画を立てたもの，以下CPとする）である．CPの利点は，効率的診療プロセスの構築や患者とのインフォームド・コンセントのためのツールとして利用できる点である．DRG/PPS（Diagnosis Related Group, 診断別関連群/Prospective Payment System, 包括支払い方式）の導入が施行段階にあるいま，こうした利点をもつCPの利用を考える医療機関が増えているといわれる．本システムの診療支援知識データベースは，CP作成・実践に必要な情報を提供し，CPがもつ利点を十分に生かすための支援ツールとなる．この両者の連携はEBM普及を支援することにつながるだろう．

同時に，CPと診療情報データベースとの連携は医療ミス抑止にも効果を発揮すると考えられる．診療内容がプロセスごとに記録されているので，チェックシステムとしての役割をも果たすためである．

しかし，インフォームド・コンセントが一般的に行われるようになると，告知が望ましくない患者の場合，医師の説明がないなどの理由から患者が自分の病状に気づいてしまうという結果を招くことが十分にありうる．この問題を解決せずして，安易にインフォームド・コンセントを推し進めることはできない．リアルタイム診療ナビゲーションシステムの導入に当たっては，医師が患者に伝えるべき情報は何か，患者の状態によってはどのように，誰に説明を行うべきか，といったインフォームド・コンセントのあり方を十分に検討する必要があるといえる．

この点については，情報を隠蔽せず公開するという姿勢を示すことによって，逆にたとえば，プライバシーにかかわる情報などについても保持すべき部分であるということをはっきりいえるようになるという意見がある．情報はすべて公開すればいいというものではないので，保持すべき情報は保持しつつも，隠蔽しない姿勢を示すことで，社会のレセプター（受容体；受け手）としてのレベルを上げることが問題を解決する手段となりうる．

また，本システムを通じて収集される診療情報を利用することは，患者の特性に即したデータ・マイニングにつながるだけでなく，疾患や医療機関別に医療費を分析することにもつながりうる．すなわち，ある疾患をもった患者に対してどのような診療が多く行われており，包括払いによる場合の費用とどの程

度差があるのか，といったデータをリアルタイムで入手し，統計処理することが可能になるのである．

こうした情報は，医療機関を利益重視の経営に走らせる危険性も確かにあるが，逆に患者に医療費や社会的コストを認識させる効果もあるだろう．必ずしも費用のかかる手術をする方がいいとは限らないのだから，インフォームド・コンセントに際して科学的根拠と同時に医療費の分析も示すことで，診療の選択がスムーズに進むようになる可能性もある．

本システムは，リアルタイムに集積した臨床情報を利用して診療の科学的根拠を抽出できるため，患者の特質による差異をも反映したデータを提供することができ，こうしたデータは診療ガイドラインを作成するためにも利用されうる．本システムと診療ガイドラインの双方を利用することで，医療機関間の診療内容・レベルの差を縮小し，どの医療機関でも根拠の伴う診療が受診できるようになる．

さらに，本システムを通じて集積されたデータを利用すれば，一般人向けに解説された医療関連情報に科学的根拠をつけて公開することが可能になるだろう．近年の健康ブームの高まりをみても，国民にこうした情報を求める大きなニーズがあることは確かである．インターネットを通じて，研究機関などが科学的根拠を付加した健康関連情報を公開すれば，自ら健康管理を行おうとする意識の向上を誘発できるのではないか．たとえば，生活習慣病関連の医療情報を公開し，日ごろ受けた健康診断の結果と照らし合わせて自己診断できるようにする方法などが考えられる．こうしたセルフメディケーションは各自の医療費を抑えることにつながるであろうし，医療機関で受診するに当たっての知識を事前に入手することにもつながるだろう．

5.2 解決策の評価 [50, 51]

前節では，診療ナビゲーションシステムを解決策の具体例として取り上げ，解決策が導入されたときに生じる社会的変化を推定する方法を紹介した．その結果として導かれる社会的変化，すなわち解決策が与える影響に対して評価を

行うことが本節の目的である．問題にはさまざまなステークホルダーがかかわっており，解決策が影響を及ぼす範囲は広い．異なるステークホルダーは異なる価値基準をもっているため，解決策が与える影響を検討するためには，複数の価値基準に照らして評価を行うことが必要である．この意味で，そのような評価を多元的評価と呼ぶことにする．

　診療ナビゲーションシステムの場合でいえば，患者，医師，病院経営者はその影響を受けるが，たとえば患者の診療行為への参加に対して，彼らが異なる評価を下すことが予想される．以下では，診療ナビゲーションシステムが与える影響に対する評価を行った事例を紹介する．

（1）　評価の論点の設定とインタビュー対象者の選定

　効率性，公平性といった価値基準というとかなり抽象的になってしまうため，もう少し具体性を有する観点として評価の論点を設定する．問題分析のプロセスにおいて行われたステークホルダー分析の結果，問題にかかわるステークホルダーと各ステークホルダーが重要と考える観点が明らかになっている．それらを参照し，さらに解決策の影響分析の結果，および，影響分析のために行ったインタビュー調査で得られた言説に基づいて，評価の論点を以下のように設定した．

- ・医学研究
- ・正確な診療
- ・医療の標準化
- ・医療者と患者のコミュニケーション
- ・医療の質評価
- ・医療政策
- ・病院経営
- ・医療の機能分化

　さらに，これらの評価の論点に対応して因果関係と評価の論点とを対応づけ，因果関係図を図5.6のようにつくり直した．

　次に，多元的な評価を行うためにインタビュー対象者の選定を行った．影響を受けるステークホルダーを考慮することが重要であるが，同時に医療の専門

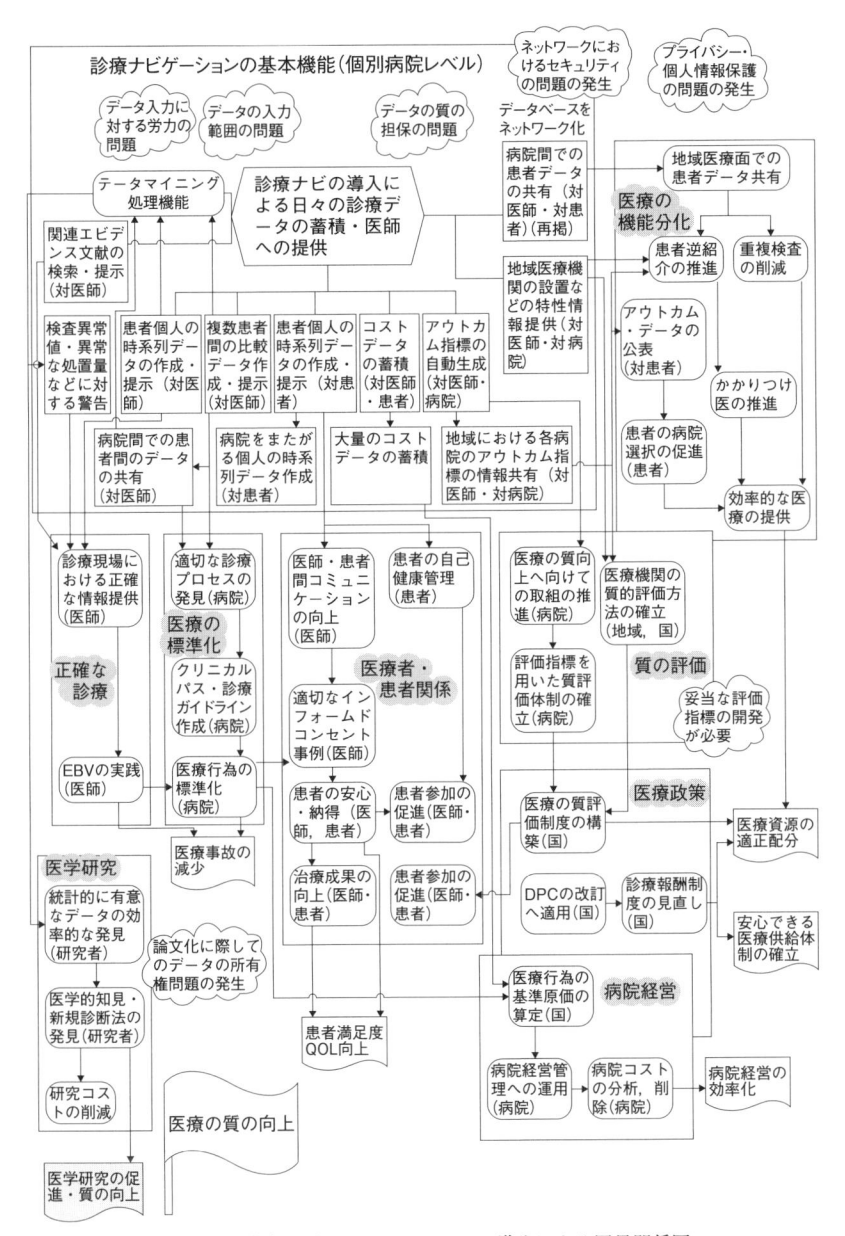

図 5.6 診療ナビゲーションシステム導入による因果関係図

表5.1 インタビュー対象者

専門分野	立場
病院情報	システムエンジニア
外科 A	臨床医
外科 B	臨床医
内科	臨床医
放射線科	臨床医
患者と医療者のコミュニケーション	NPO代表
保健医療政策	研究者
医療安全	研究者
医療社会学	研究者
医療の質	研究者

性にも配慮する必要がある．患者は当然もっとも重要なステークホルダーであるが，必ずしも医療について知識をもっているわけではないので，たとえば図5.6を示して，評価の論点に関して意見を求めることは難しい．むしろ，患者の実情を理解し，患者の意見を代弁できる人物を捜す必要がある．表5.1に今回選定したインタビュー対象者を示す．

(2) インタビュー調査

インタビュー対象者に，図5.6の因果関係図を提示し，各因果関係（図5.6における矢印）の実現可能性について質問を行った（たとえば，「データマイニング処理機能が整備されれば，統計的に有意なデータを効率的に発見することにつながるか？」など）．これにより，診療ナビゲーションシステムが実装されることによって，社会状況にどのような変化が生じるかについて，おおよその把握をしてもらった．

次に，以下のような質問を行った．

いま，医療の質の向上にかかわる論点として，因果関係図にグレーの領域で示した8点を想定するとします．あなたは，診療ナビゲーションシステムの導入によって，どの論点の改善・促進を期待しますか？　あなたの

お立場から，期待の高い順にあげてください．

　発言内容を数値化し，クラスター分析したところ，インタビュー対象者はおおむね，臨床医グループ（内科，放射線科），医療研究者グループ（病院情報，医療安全，医療社会学，外科B），医療サービス研究者グループ（保健医療政策，患者と医療者コミュニケーション，医療の質，外科A）の3タイプに分類された．3グループの回答結果を表5.2，5.3に示す．

　たとえば，医療研究者グループは，診療ナビゲーションシステム導入による患者参加の促進に対する評価が高い（表5.2）が，実現可能性は中立的な判断

表5.2 診療ナビゲーションシステム導入による社会状況変化に対する評価

	医学研究	正確な診療	医療の標準化	患者参加	質の評価	医療政策	病院経営	機能分化
臨床医	△	0, −	0	0, +	0, −	−	−	+
医療研究	0, −	+	+	0, +	0, −	−	△	−
医療サービス	0, −	△	0, −	0, −	△	△	+	△

（凡例）＋：ポジティブな評価，0：中立的な評価，−：ネガティブな評価，△：評価が分かれた論点

表5.3 診療ナビゲーションシステム導入による社会状況変化の実現可能性に関する判断

	医学研究	正確な診療	医療の標準化	患者参加	質の評価	医療政策	病院経営	機能分化
臨床医	−	0, +	△	+			0, +	
医療研究	0, −	△	△	0	0, −	△	+	△
医療サービス	+	△	0, −	0, −	0, −	+	+	△

（凡例）＋：ポジティブな判断，0：中立的な判断，−：ネガティブな判断，△：判断が分かれた論点

（表5.3）をしている．これによって「医療における患者参加の促進のために，診療ナビゲーションシステムは有効だと評価するが，その実装によって実際に患者参加の促進を実現するためには，いくつかの問題点の解決が必要」という，医療研究者グループの見解の傾向を読みとることができる．

(3) 評価結果の分析と解決策の修正の方向性

表5.2に示された通り，"正確な診療"，"医療の標準化"，"患者参加"，"病院経営"，"医療の機能分化"の5点において，（グループ間の）評価の対立が生じている．ヒアリング時の発言録より，その対立の根拠を抽出することができる．

たとえば，"正確な診療"に対するネガティブな評価においては，「エビデンスの質に疑問」「医師はどこまでシステムの警告に従うべきか（プロフェッショナル・フリーダムの問題）」，また医療事故の問題まで含めて考えた場合には，「医療事故の本質はヒューマンエラーであり，情報の蓄積とは無関係」「ナースの関与の問題が残されている」といった判断の根拠が抽出された．

また，"医療の機能分化"に対する評価においては，臨床医を中心としたポジティブな評価から「多機関，多科目間で一貫した診療が実施可能となり，助かる」という判断基準が抽出された一方で，ネガティブな評価からは，「見知らぬ医者同士がお互いの過去の診療を見ることができるようになることにより，何かしらのトラブル発生が懸念される」「重複検査が減るのは患者にとっては良いが，医者は過去のデータを参照し，理解する時間が必要．また，その時間の分の診療報酬が減ってしまうのでは」という判断の根拠が抽出された．

さらに，実際に診療ナビゲーションシステムのユーザとなるのは臨床医グループである点に着目し，"患者参加"と"医療の機能分化"にかかわる機能をとくに充実させれば，診療ナビゲーションシステムは，臨床医に受け入れられやすいシステムになると考えられる．ただし，この場合には，"患者参加"にネガティブな評価を下している医療サービス研究者グループの個別意見と，"医療の機能分化"にネガティブな評価を下している医療研究者グループの個別意見を十分に斟酌し，すべてのステークホルダーにとって，なるべく利害対立の発生しない形の設計をすることが重要である．

一方で，どのステークホルダーにもネガティブな評価がなされている，診療ナビゲーションシステムによる"医学研究（情報の蓄積・分析・共有）"，"質の評価"，"医療政策"といった側面の促進・改善は，市場原理のみを通じた解決は困難であり，また違った観点から新規技術を開発するか，もしくは診療ナビゲーションシステムに何らかの制度を組み合わせて社会に実装することが必要であると考えられる．

　以上のような多元的評価の分析結果を活用することにより，制度や技術の設計者は，多くのステークホルダーにとってより望ましい形で，その設計・実装を図ることができるようになると考えられる．

第6章 ソーシャルエンタープライズ（社会的企業）の設計

本章ではソーシャルエンタープライズ（以下，社会的企業）を取り上げる．社会的企業とは，社会的課題の解決を目的として収益事業に取り組む事業体のことであり，社会技術の一形態である．ビジネスを通じて社会的課題を解決するという点が特徴であり，税金に基づいて政府が行う問題解決とは一線を画している．新しい問題解決策を生み出すという社会技術の理念からは，基となる解空間を拡げるという意味で魅力的な対象である．単に「新しい」を設計するというだけでなく，新しい社会技術を生み出すという観点で社会的企業から学びとるべきことは何かをここでは考えたい．

社会的企業の設計方法は，4.5節の解決策発想支援手法と基本的には同じである．ここでは，既存の社会的企業を分析し，社会的企業が解決しようとしている解決メカニズムを抽出する．そして，抽出された解決メカニズムを新しい社会的企業の発想に活用する．

6.1 社会的企業と社会技術

(1) 社会的企業とは

グラミン銀行とその創設者であるムハマド・ユヌスが2006年にノーベル平和賞を受賞し，社会的企業に対する認知度も高まった．社会的企業は，1980年代以降，レーガン政権下やサッチャー政権下で新自由主義に基づき社会保障費が大幅に削減され，公的な助成金・補助金を失ったNPOが事業体のコア・ミッションを収益事業とする事業モデルを模索したことに端を発する．

ボランティア活動やチャリティ活動を行う事業体とは，社会的課題の解決を

目的とする点では類似しているが，社会的企業は無償による奉仕や寄付に基づくのではなく，収益事業に基づいている点で異なっている．たとえば，Madam Sachiko はカンボジア産の原料を用いて，現地の人がていねいに焼き上げる土産用クッキーを販売することによって，カンボジアにおける貧困をなくそうとしている．社会的企業は，無償による奉仕や寄付に頼るのに比べ，事業規模を大きくすることが可能である．また，公的な補助金・助成金に基づく場合に比べ，事業を自主的に推進することができ，すみやかな事業展開が可能である．

一般の営利企業が利潤最大化を行動原理とするのに対して，社会的企業は社会的課題の解決を最優先する．営利企業に対する出資者は配当を求めるが，社会的企業に対する出資者の出資目的は貧困削減などの社会的課題の解決にある．社会的企業が実施する収益事業は通常のビジネスが成立しないものもあるが，趣旨に賛同・共感したステークホルダーが協力することによってビジネスとして成立することが多い．

一般の営利企業においても，ヤクルトの「世界の人びとの健康を守る」という代田イズムのように，その企業理念に社会的課題の解決を謳っていることも多く，社会的課題の解決を目的とするという観点からは，営利企業と社会的企業の間に明確な線引きをすることが難しい．利潤の追求（事業性）と社会的課題の解決（社会性）のバランスが両者を分ける指標であるが，社会的課題の解決を行うために収益が必要となるため，境界はきわめてあいまいである．そのことは，社会的課題を金儲けの道具に使っているという社会的企業に対する批判の背景にもつながっている．実際に，社会的企業とは名ばかりで，貧困層を食い物にする貧困ビジネスも存在する．

ここでは，通常のビジネスが成立しない状況において，趣旨に賛同・共感するステークホルダーの協力などによって一般の営利企業にはない仕組みを活用している社会的企業の特徴に着目する．

少子高齢化などの社会環境の変化に伴い，解決すべき社会的課題が増加・多様化している．また，財政状況の悪化に伴い，政府や自治体などの公的機関による社会的課題解決の限界も顕在化している．政府の手が届き難い社会的課題の解決も含め，社会的企業の果たしうる役割は大きい．とくに，社会的企業は

新しい社会運営の仕組みであり，その進展は社会変革の契機となることが期待される．

(2) 日本における社会的企業の現状と課題

　日本においても優れた社会的企業が立ち上げられ，実績をあげている．
　ソーシャルビジネス55選（経済産業省，平成21年2月）には，街づくり・観光・農業体験などの分野で地域活性化のための人づくり・仕組みづくりに取り組むもの25件，子育て支援・高齢者対策などの地域住民の抱える課題に取り組むもの18件，環境・健康・就労などの分野で社会の仕組みづくりに貢献するもの7件，企業家育成，創業・経営の支援に取り組むもの5件が取り上げられている．
　しかし，優れた事業活動が展開されているとはいうものの，社会的企業の活動は現状ではまだ萌芽段階にある．社会的企業に関する認知度は低く，事業規模は約2400億円，事業者数は約8000に留まっている．英国の市場規模，約270億ポンド（約3兆2500億円），事業者数約5万5000に比べると，まだまだその規模は小さい．しかしながら，社会的企業の潜在的な機能や，社会的課題の解決に積極的に参画するという人びとの意識の変化を鑑みれば，社会的企業の発展の可能性は高いと考えられる．
　『ソーシャルビジネス研究会報告書』（経済産業省，平成20年4月）[56] では，1）民間の非営利セクターの活動を積極的に認知・評価するような土壌が，民間サイドにも行政サイドにも醸成されていないこと，2）社会的企業に十分な資金や人材が供給される流れが確立していないこと，3）経営ノウハウが蓄積されていないこと，4）社会的企業を積極的に社会的課題解決の事業主体ととらえ，支援していこうとする体制が行政サイドに整備されていないことを問題点にあげ，①社会的企業の取組みを民間・地域全体で支える志と行動，②リスクを適切に分担するような仕組みの構築，③市民1人1人が当事者意識をもって積極的にその解決に取り組めるような，行政サイドによる事業環境の整備，関連支援策の充実を今後の課題にあげている．

(3) 既存の社会的企業分析の意義

1) 設計の適切性向上

そのような支援策の重要性はいうまでもないが，ここでは既存の社会的企業を分析することの重要性を論じたい．経営ノウハウを蓄積することも重要であるが，社会的課題を解決したいという志をもつ人びとが，問題解決策である社会的企業を適切に設計する能力を身につけることも大切である．社会的企業に関する認知度を上げるためには，目覚ましい成果をあげるグッドプラクティスの出現がもっとも有効である．志をもった人びとの苦難を減らし，より成功の確率を高めることの意義は大きい．

2) 事業性の向上

また，既存の社会的企業を分析することは別の意義をもっている．社会的企業は社会性と事業性のバランスの中に存在するものであるが，より事業性にウェイトをおくことも1つの方向性ではなかろうか．その場合には，事業性を高めることにより，事業の成立性，持続可能性を向上させ，一方では社会性を維持しつつ，倫理的な批判を避けるような難しい事業設計が求められる．そのような事業設計の質を高めるためには，既存の社会的企業を分析し，分析結果を事業設計に活かせるように知識化することが必要である．

3) 既存企業の社会性向上

社会的課題を解決するという観点からは，営利企業が社会性を高めるという別方向からのアプローチも歓迎すべきであろう．ユーザー側の意識は変化を続けており，高齢者・障害者の介護，地球温暖化問題などの社会的課題に対する関心が高まっている．その動きは東日本大震災で決定づけられた．今後のビジネス展開において社会性は不可欠な要素となってゆくのではなかろうか．とくに企業活動をグローバルに展開する場合，途上国において社会的課題の解決という側面は必要条件となろう．

4) エーザイのインド市場進出戦略

一例をあげておこう．2011年1月，エーザイのインド子会社 Eisai Pharmaceuticals India Pvt. Ltd. が Apollo Hospitals, HelpAge India との間で，インドにおける医薬品アクセスの改善を志向した官民パートナーシップ契約に調印した．Apollo Hospitals は，インド最大の医療ネットワークであり，患者の診断，治療，処方，投薬を行うほか，医療関係者の教育訓練や啓発資料の配布などを行っている．HelpAge India は，インド最大の高齢者支援団体である．

この契約は，インドにおいて，アルツハイマー病とうつ病に関する，疾患教育，検診，診断，処方，治療に関するアドヒアランス（治療薬を決められた通りに服用すること）を改善するプログラムを開発し，患者の病気に対する理解を深め，受診・受療機会を拡大することにより，医療の質の向上を図ることを目的としている．

エーザイは，医薬品アクセス問題の背景には，医薬品価格の問題とともに，病気に対する認識不足や低い診断率によって，疾患そのものが見過ごされているという状況があると考えており，この問題の解決の手段として官民連携に期待している．

また，エーザイはこの事業を新たな市場確保の手段としても位置づけており，新興国・途上国の人びとの医薬品アクセスや健康レベルを向上させることで，こうした国々の市場としての基盤構築に貢献することも当事業の目的としている．

このような事業展開を立案するうえで，既存の社会的企業の分析結果を活用することは有益であると考えられる．

(4) 社会的企業と社会技術

ビジネスを通じて社会的課題の解決を目指す社会的企業には，行政による問題解決にはない問題解決メカニズムが存在する．その問題解決メカニズムは，法制度などの既存の問題解決策が不得意とする問題特性を対象とするものである．社会的課題の解決を目指す社会技術がその対象を拡げ，問題解決手法の一般性を高めようとするために，社会的企業の問題解決メカニズムを取り込むことは有意義であると考えられる．問題解決策を立案する場合に，解の探索領域を拡げることにつながるからである．

行政による問題解決では，公的な施策による強制力を行使できる強みがある

が，一方では，公平性に対する配慮や対象全体に対する包括的な解決が必要なために，画一的な対応となり，個別のニーズに柔軟に対応することが難しい傾向があることは否めない．対象者は受動的になりがちであり，人びとの積極的な関与を促すことが難しい．

それに対して，社会的企業はビジネスを通じた活動であるため，人びとは製品やサービスを有料で購入するという自主的な行為がベースとなる．何らかの価値の提供に対する対価の支払いによって活動が支えられているため，社会的課題の解決に参加するという自主性を尊重することが可能である．ターゲットを絞った解決も可能であり，個別のニーズにていねいに対応することもできる．趣旨に賛同・共感する人びととの協力を活用することにより，通常では回らないビジネスを回すことが可能となるということも多い．

このように，社会的企業は，社会性の高い自己実現を支援するメカニズムであり，利他性の高い人びとを増やし，公共性を重んじる社会の実現につながる新しい社会改革の方法を与えるものと期待される．

6.2　問題解決メカニズムの分析 [57]

ここで，既存の社会的企業として 38 事例を取り上げ，分析を行った．分析には次の社会的企業診断カルテを用いた．

この社会的企業診断カルテは，4.5 節 (1) の解決策診断カルテに対応するものだが，4.5 節で対象とした問題解決策とここで対象とする社会的企業との違いが診断項目の違いとして現れている．社会的企業は，ビジネスを通じて社会的課題を解決することを目指すが，通常の企業のようにビジネスが回る事業ではなく，趣旨に賛同・共感する者による協力などが不可欠である．そのため，解決の原動力という項目が設けられている．

このカルテを用いて診断する方法を，具体的な事例に則してみていこう．

─ **社会的企業診断カルテ** ─────────────

■問題の原因
　□利潤の追求／弱者のニーズ無視
　□利便性の追求
　□社会問題に対する無関心／無力感
　□情報不足／リスク認知不足
　□悪意
　□関係主体間の連携不足知の専門分化
　□知識・能力の不足
　□行政対応の不備
　□地域活力の喪失

■解決の原動力
　□知識・着眼の卓越性
　□人間関係
　□趣旨に賛同・共感
　　　心理的働きかけ
　　　　□さりげない啓蒙
　　　　□社会的価値の見える化
　　　　□コミュニティ形成
　　　　□表彰効果
　　　　□経歴価値の提供
　　　　□能力発揮の機会提供

■解決の手段
　□情報の提供
　□関係主体の連携強化
　□雇用・収入の提供
　□能力向上
　□商品（サービス）提供

商品提供の手段
　　　　□商品のブランド化
　　　　□弱者のニーズ把握
　　　　□潜在資源の活用
　　　　□商品価値
　　　　□技術開発
　　　　□システム・イノベーション

　　　商品流通の手段
　　　　□社会的価値に基づく流通システム

(1) アラビンド眼科病院

　現在，世界には約4500万人の失明者および1億3500万人の視覚障害者がいる．アジア，アフリカの場合，失明の原因の80％は，老化と栄養失調による白内障である．多くの視覚障害者は，白内障が失明に至る病だということを認識しておらず，また治療が可能であるということも知らない．白内障は簡単な手術で治せる病気である．白濁した水晶体を，透明な眼内レンズに取替えるだけでいい．しかし，その手術には熟練した技術が要求される．専門病院で手術を受ける場合，その費用もけっして安くない．白内障の手術には，1枚150ドルから300ドルという高価な眼内レンズを購入しなくてはならない．したがって，いくつもの特許をもつ企業にとって，インド市場は患者数こそ多いが，金銭的には注目に値するものではなかった．

　アラビンド眼科病院は，白内障治療の費用を極端に抑えるシステムを構築した．5カ所に病院をもち，毎年150万人の患者を受け入れている．年間20万件行われる手術のうち，47％は患者負担ゼロのケース，18％は原価割れの状態．わずか35％の患者が正規料金を払い，それだけで残りの患者の分を賄っている．つねに独立採算を保ち，自己資金によって成長を続けてきた．失明によって失業した労働者の85％が手術後に再就職している．アラビンド眼科病院は，WHOから失明対策のモデル病院に指定された．ネパール，インドの他の地域，ケニア，グアテマラ，エルサルバドル，エジプトなどに，同じシステムによる

病院が約 140 設立された．

　アラビンド眼科病院の事例では，「問題の原因」としては，製薬会社が自社の利益を優先して，貧困層へ適正な価格でレンズを提供しないことから「利潤の追求／弱者のニーズ無視」と，また，患者側が白内障が失明に至る病だということや治療が可能であるということを知らないことから「情報不足／リスク認知不足」「行政対応の不備」が該当する．

　「解決の原動力」としては，眼科医，定年退職した科学者，休業中の研究者などが開発に協力し，経済的に余裕のある患者が実費を上回る額の負担に協力することから「趣旨に賛同・共感」が該当する．そのための心理的働きかけとしては，「社会的価値の見える化」，アラビンド眼科病院で働いたという経歴が他の病院でも高く評価されることから「経歴価値の提供」，引退した科学者や専門家への「能力発揮の機会提供」が該当する．

　「解決の手段」としては，出張診療による「情報の提供」，医療補助スタッフの「能力向上」，安価な白内障の手術という「商品・サービスの提供」が該当する．商品・サービスの提供のために，安価なレンズの「技術開発」，情報技術を活用した効率的な運営，手術の迅速化の仕組みとして「システム・イノベーション」，多段階の料金という「社会的価値に基づく流通システム」が該当する．

(2) 分析結果の整理・活用

　このようにして，38 事例を分析した結果は，社会的企業の知識システムとしてウェブサイト［47］に整理されている．「問題の原因」を縦軸にとり，「解決の原動力」「解決の手段」を横軸にとると，図 6.1 のように問題解決のメカニズムはマトリクスで表現することができる．たとえば，38 事例の中で「利潤の追求／弱者のニーズ無視」によって引き起こされている問題を「趣旨に賛同・共感」によって解決している社会的企業は 17 事例ある．

　「フローレンス」は，保育事業者が収入の割にはリスク（病状悪化，他児童への感染など）の高い病児児童の受け入れを拒否するという問題に取り組んでいる．病児保育がワーキングマザーにとって大きな問題となるということに共感するサービス利用者やボランティアが子どもレスキュー隊として参加し，解決

問題解決マトリクス

原因／手段

原因＼手段	知識・着眼の卓越性	人間関係	趣旨に賛同・共感	さりげない啓蒙	社会的価値の見える化	コミュニティ形成	表彰効果	経歴価値の提供	能力発揮の機会提供	情報の提供	関係主体間の連携強化	雇用・収入の提供	能力向上	商品・サービスの提供	商品のブランド化	認者のニーズ把握	潜在資源の活用	商品価値	技術開発	システム・イノベーション	社会的価値に基づく流通システム	その他
全38事例	2	3	17	3	13	3	5	1	3	8	4	5	7	22	5	9	7	14	1	3	8	0
利潤の追求／弱者のニーズ無視	1	0	6	2	3	1	2	0	1	3	1	0	0	7	2	2	4	3	0	3	0	0
利便性の追求	1	1	13	2	12	3	4	0	3	8	0	2	1	13	4	4	8	8	0	2	0	0
社会問題に対する無関心／無力感	1	0	9	1	8	2	3	1	2	8	1	4	3	11	4	2	5	5	1	3	2	0
情報不足／リスク認知不足	0	1	2	0	1	0	0	0	1	1	0	0	0	4	1	2	2	5	0	0	0	0
悪意	0	0	4	0	3	1	0	0	0	1	1	1	1	1	2	0	0	1	1	1	2	0
関係主体間の連携不足	4	1	11	3	5	2	2	0	2	2	1	6	2	4	5	4	4	8	1	0	1	0
知識・能力の不足	2	2	12	2	9	2	4	1	4	8	5	1	3	12	4	3	5	7	0	1	4	0
行政対応の不備	1	0	3	1	2	0	1	0	0	3	0	0	0	13	1	4	3	3	0	1	0	0
地域活力の喪失	0	0	2	0	0	1	0	0	2	0	0	0	0	0	0	0	0	0	0	0	0	0
古い慣習・社会制度	0	0	0	0	0	0	0	0	0	0	0	0	0	0	0	0	0	0	0	0	0	0
その他	0	0	0	0	0	0	0	0	0	0	0	0	0	0	0	0	0	0	0	0	0	0

図 6.1 問題解決マトリクス

に一役を買っている．また，マッサージ業界では，効率性と低価格性から無免許健常者が採用され，障害者マッサージ師の働く職場が不足している．この問題に対して，「手がたり」は，CSR（Corporate Social Responsibility，企業の社会的責任）として障害者マッサージ師を求めている企業にサービスを提供している．

　このように整理された分析結果を活用すれば，より効率的に新しい社会的企業を設計することができる．まず，解決しようとしている社会的課題を分析し，問題の原因を特定する．前述のマトリクスを参照すれば，特定された問題の原因に対応する社会的課題を既存の社会的企業がどのように問題解決を行っているかを読みとることができる．たとえば，「社会問題に対する無関心／無力感」に起因する社会的課題を解決するために商品・サービスを提供している社会的企業は38事例中13事例あるが，そのうち「潜在資源の活用」を利用しているのは8事例である．たとえば「子育てタクシー」は，子育て中の母親が陥る「密室育児」の問題を，荷物の多い乳幼児の外出のサポートや保護者の代わりに子どもの送迎をするなど，ドアtoドアの輸送能力をもつタクシーという潜在資源を活用して解決を図っている．

　このように，既存の社会企業の事例から，参考になり得るものに辿り着き，その問題解決メカニズムの要点を容易に理解することが可能となる．

6.3　社会的企業の設計事例

　第8章で紹介する通り，著者は東京大学 i.school を2009年9月より運営し，イノベーションを生み出す力を養うワークショップをこれまでに17回開催している．前節で紹介した内容をベースとして，新しい社会的企業を発案するワークショップを開催した．

　そのワークショップでは，1）社会的企業に関する情報を収集し，診断カルテを用いて分析を行い，結果を整理して図6.1のような解決マトリクスを作成する，2）社会的課題のリスト・情報を参考にチームごとに解決を目指す社会的課題を特定する，3）社会的企業の分析結果をベースに新しい社会的企業を発想する，4）発想した社会的企業の事業計画を精緻化する，というプロセス

を辿った.

　そのときの1つのチームは，自分たちのアイディアを実現するために，NPO 法人 Motivation Maker [58] を立ち上げた．未来のおとなにモチベーションを与えることを目的としている．まず，おとなを対象としたワークショップを開催し，参加者にワークショップを設計する方法を教える．そのとき，自分がモチベーションを得た体験を子どもに与えるワークショップを設計する，というテーマを取り上げる．すると自分が考え出したワークショップを実現したくなるので，今度はおとなに，子どもに対するワークショップをボランティア活動として実施してもらう，というのがアイディアの中心である．

　ワークショップから生まれた NPO 法人 Motivation Maker を 6.2 節で紹介した診断カルテを用いて診断した結果を次頁で紹介しよう．

　分析結果をみると，既存の社会的企業の分析結果が活かされていることがわかる．

　人びとの意識は変化している．自分の人生を社会のために活かしたいと考える人の数も増えている．社会的企業はこのような人びとに自己実現の機会を提供する．そのような動きを支援する方法はいくつもある．社会的企業設計の方法論に関する教育プログラムの提供はその1つであろう．社会的起業の成功率を高めるだけでなく，社会的課題の解決を目指す人を増やす効果も大きい．

　企業の活動もグローバル化を迫られている．社会性に対する配慮なくしてグローバルビジネスは存在を許されないであろう．社会的企業の問題解決メカニズムには，企業が社会性を考慮したグローバル展開を図るうえで，参考となる知識が含まれている．

NPO法人 Motivation Maker 診断結果

■問題の原因
　■利潤の追求／弱者のニーズ無視
　　とくに都市部では私立校の受験を煽ることにより成立する教育ビジネスのため，収入水準の高い家庭の子どもが高い教育を受け特定の学校に集まる傾向を助長している．
　□利便性の追求
　■社会問題に対する無関心／無力感
　　収入格差と教育格差，およびその世代間伝播がまだ広く認識されていない
　□情報不足／リスク認知不足
　□悪意
　□関係主体間の連携不足知の専門分化
　□知識・能力の不足
　□行政対応の不備
　□地域活力の喪失

■解決の原動力
　■知識・着眼の卓越性
　　教育格差とモチベーションの繋がりを構造的に課題設定
　■人間関係
　　グループマネジメント制度に基づく，主体性をもった集まり
　■趣旨に賛同・共感
　　　心理的働きかけ
　　　　□さりげない啓蒙
　　　　□社会的価値の見える化
　　　　□コミュニティ形成
　　　　□表彰効果
　　　　□経歴価値の提供
　　　　■能力発揮の機会提供
　　　　　社会人および学生の専門分野の発揮

■解決の手段
　□情報の提供
　□関係主体の連携強化
　□雇用・収入の提供
　□能力向上
■商品（サービス）提供
　　商品提供の手段
　　　□商品のブランド化
　　　■弱者のニーズ把握
　　　　勉強を教えるだけではなく，自律的な学習姿勢を醸成するための，モチベーション教育を提供
　　　■潜在資源の活用
　　　　教育分野の専門家ではない社会人・学生の活用
　　　■商品価値
　　　　子どものモチベーションが実際に高まり，おとなが達成感，充実感を感じるワークショップ
　　　□技術開発
　　　□システム・イノベーション

　　商品流通の手段
　　　■社会的価値に基づく流通システム
　　　　「子どもにモチベーション，おとなにイノベーション」というサイクル

第 7 章　政治過程分析と社会技術

　政治過程分析と社会技術の関係を考えてみよう．問題解決策である社会技術を設計する場合，2.6 節で説明した通り，まず社会問題の分析を行う．社会問題が時間変化にあまり依存しない静的あるいは準静的な場合には，第 3 章で紹介した方法で分析すればよい．しかし，問題が，時間とともに変化する事象として生じるとき，さらに，複数のステークホルダーの間で影響を及ぼし合うことによってその事象が推移するような場合，その分析の方法としては本章で説明する政治過程分析が有効である．

　政治過程分析を行うことにより，問題にかかわるステークホルダーの詳細な利害得失や行動原理が明らかとなる．また，動的な政治過程を支配している因果関係が導出され，本質的な問題点が明らかとなる．

　さらに，解決策の影響分析においても政治過程分析を適用することができる．問題分析の際に行った政治過程分析の結果に基づくことで，新しい解決策が導入された場合におこる動的な社会事象を推定することができるようになるのである．

　以下では，放射性廃棄物処分地決定にかかわる紛争に関する具体的事例を通して政治過程分析の有用性をみていく．

　最初に取り上げる事例は高知県東洋町における高レベル放射性廃棄物（HLW：High Level Waste）処分地決定にかかわる紛争である [59]．日本では，原子力発電所で使用した燃料を再処理することになっているが，この処理によってウランやプルトニウムを回収した後には，高レベル放射性廃棄物が残る．高レベル放射性廃棄物の処分は，地下深くに隔離する地層処分をすることになっているが，処分地の選定には住民の合意が必要であり，世界の各国で難航し

てきた．

　2006年から2007年にかけて高知県東洋町で発生した高レベル放射性廃棄物処分地候補の文献調査への応募をめぐる紛争においては，住民間で激しい対立がおきて冷静な議論ができず，町内に禍根を残した．今後の処分地選定においても懸念される対立の緩和に資する教訓を得るため，東洋町での紛争の政治過程分析・対立要因の抽出・解決策の導出・解決策のシナリオ分析を行った．その結果，公募に基づく当時のHLW処分地選定制度に起因し，住民の対立感情や住民間の禍根といった問題の解決を困難にしている要因の1つとして，「町が自ら応募し，交付金を受け取るという構図」の存在により，金目当ての応募であるという反対派の批判に町が反論できないという要因を抽出した．

　それでは，この事例について詳しくみていこう．

7.1　政治過程分析とは

　ここで，政治過程とは，ある社会的事象において，登場するアクターの間で影響を及ぼし合いながら時間とともに事態が推移する過程を指す．『広辞苑（第6版）』で「政治」を引くと，1）まつりごと，2）(politics; government) 人間集団における秩序の形成と解体をめぐって，人が他者に対して，また他者と共に行う営み．権力・政策・支配・自治にかかわる現象．主として国家の統治作用を指すが，それ以外の社会集団および集団間にもこの概念は適用できる，とある．ここでは2）の広い意味で，政治という言葉を用いている．

　政治過程という用語は，さまざまな使われ方をしてきた．政治過程と政策過程との関係性も用いる人によって理解が異なる場合がある．ここでは，さまざまなアクターによる自己目的の達成のための活動を基礎とする，交渉や取引などからなる政治過程の中で，とくに政策の形成や実施をめぐって展開される過程を政策過程と理解する．コラムで紹介する通り，政策過程分析に関する研究成果には膨大な蓄積が存在する．政策過程分析で培われた手法は，政策過程以外のさまざまな政治過程の分析にも活用できる．

　本章では，政治過程を分析する方法として，ミクロレベルからの政策過程分析を採用する．政治過程における重要なアクションとその因果関係を明らかに

し，そのアクションが行われることとなった意思決定における重要な要因を分析することで，対象とする政治過程における本質的な要因と，解決策の考案・分析に資する情報を得ることを志向した．採用した記述枠組みは，政策過程内の個々の行動はなぜ行われたのかを分析するにあたり，磯崎[60]が「最も包括性の高い」モデルとしてあげる「動機モデル」と同様，「行動の理由」（動機モデルでいう動因としての動機，すなわち目的・報酬・主観的期待効用・意識下の動機・行動傾向など）には経済的便益の相対的認知や便益の規模に対する認知，他のアクターから自らの便益がどのように認知されているかに関する認知（推測）も含めて，行動の理由となる要因をできるだけ広く分析することを目的として構築した．

　まず事例の記述・分析を行った．新聞各紙，各種文献・資料およびインタビューによる情報に基づき，本事例の政治過程を詳細に記述した．インタビューは推進側として前町長，前町長後援会長（商工会会長），町企画商工課長，反対派として町議，有力住民（商工会副会長，元町議会議長）など，回数にして9回，11名に行うことができた．1回当たりのインタビュー時間は1時間-2時間半であった．また，現地インタビューに基づく政治過程記述の後，処分事業実施主体（NUMO）に対しても同じく1時間程度のインタビューを実施した．

　次に，解決困難な対立要因を抽出するため，1) 対立要因の抽出，2) 解決策の導出，3) 解決策のシナリオ分析，という手順をとった．

　まず，政治過程における各アクターの行動およびその理由から過程の推移を決定づけた要因を洗い出し，因果関係図を描き，上位の要因となったものを「対立要因」として抽出した1)．また，その対立要因が，アクターの心理にどのような影響を与え，対立につながる心理状態や行動をどのように引き起こしたかを記述した．記述の枠組みは，[61-63]などの個人の意思決定過程に関する知見を参考に，図7.1のように構築した．

　次に，対立要因をふまえ，処分事業実施主体（NUMO）が行える方策を，公募制度の範囲に限定して考案した2)．そして，解決策を対立要因に対して仮想的に導入した場合，アクターの心理にどのような影響を与え，対立につながる行動を変化させうるか，すなわち対立が緩和ないし解決されうるかを推測した．この推測をここではシナリオ分析と称した3)．

コラム　政策過程分析

　政策研究の対象としては政策内容と政策過程の2つがあり，研究方法としては実証的研究と規範的研究がある．政策過程分析は政策過程の実証的研究を指し，政策の開始から終結までの各段階に分割したうえで，政策形成がそれぞれの段階をふんで進んでゆくという過程モデルに基本的に依拠している．この政策過程の段階モデルは，1950年代にラズウェルによって定式化され，その後多くの研究者によって展開・洗練されてきたが，おおむね 1) イシューの認識・集約，2) 課題（アジェンダ）設定，3) 政策生成・形成，4) 政策採択・決定（予算化・法案化），5) 政策執行，6) 政策評価，7) 終結，を共通する段階として整理することができる．

　政策過程論の出発点ともいえる研究アプローチとしてイシューアプローチがあげられる．イシューアプローチとは，ケーススタディのうち，特定のイシューの登場，展開，決着を，政策要求をめぐる対立と妥協の過程という観点から整理し，何らかの構造を発見しようとする試みである [64]．イシューアプローチの目的は，政策形成の過程を記述するだけでなく，理論モデルの構築，修正，検証にある．イシューアプローチはマクロとミクロの分析の中間にあり，実証研究からマクロレベルにある理論モデルを構築する試みといえる．

　磯崎 [60] は，政策過程論の代表的なモデルとして，1) 過程モデル，2) キューバ危機をケースとしたアリソンの合理的行為者モデル・組織過程モデル・政府内（官僚的）政治の3モデルからなる対外政策決定論，3) アウトプット分析，4) ローウィによる政策類型論，5) アジェンダ形成論，6) 実施研究，7) 体制・構造論，8) 政策スタイル論，9) 新制度論などに整理している．これらは政策過程の形成，決定，実施についての理論モデルを包括的に提示したものといえるが，宮川は政策決定の段階に焦点を絞り，代表的な9つの理論モデル（①グループ理論，②エリート理論，③制度論モデル，④プロセス論モデル，⑤合理性モデル，⑥増分主義モデル，⑦ゴミ箱論モデル，⑧公共選択論モデル，⑨ゲーム理論モデル）を紹介している [65]．

　政策過程分析で用いられる分析枠組みは，研究の対象となる政策自身の変化と，それと呼応して発展する理論とに応ずる形で進歩を遂げてきた．1950年代のいわゆる行動論革命以降，米国政治学においては，伝統的な規範的ないし制度論的政治学に対して，心理学などの行動科学や統計学の理論や

方法を用いる行動論的政治学が経験的アプローチを推し進めた．

　利益団体の議員，議会，政府の決定に対する影響力や，これらのアクターの間の相互作用など，インフォーマルな権力配分や，政治的アクターの行動の分析を行う新しい分析アプローチが提示された．そのような政策過程分析の手法として主流となったのが，多元主義であった．多元主義はアメリカ民主主義を裏打ちするものであり，1950-60年代のアメリカ黄金時代の産物である．

　多元主義に基づく政治過程分析によって，政策によって参加者が異なり，パワーエリートがあらゆる政策の決定に関与しているわけではないことが示された．さらに，政策を類型化することによって，政策に関与する参加者や政策過程を体系的に説明することが目指された．ロウィの政策類型論では，政策は分配政策，規制政策，再分配政策に分類され，政策の内容から政策過程の特徴が予測できるとされた．

　1973年の石油危機を境として，欧米各国は不況とインフレと失業が同時におこるスタグフレーションに苦しむことになった．この社会的情勢の変化が，多元主義への懐疑と政治過程論の革新を引き起こした．スウェーデンや日本など好調を維持した国の存在が注目され，国家の政策へのインパクトを重視する国家論が生まれ，国家社会関係を分析する枠組みである政策ネットワーク論，諸制度に注目して政治や政策を説明する新制度論に発展した．

　米国の各種産業で1970年代後半から行われた規制緩和の原動力となった改革理念が注目され，従来の「利益の政治」に対抗するものとして，「理念の政治」の概念が提示された．1990年代からはアイディアの概念が再定義される形で注目され，単なる「理念」だけでなく，「知識」の概念と組み合わさる形で技術的手段まで含むものとされ，政策決定者が「学習」を行い政策を形成する「政策学習」の概念として注目された．

　日本では，政策過程分析は1980年代以降に台頭し，レヴァイアサン・グループと称される大嶽秀夫，猪口孝，村松岐夫らを中心に，現代日本政治に関する本格的な実証分析が行われた．多元主義を分析枠組みとして採用していたが，1990年代以降新制度論の分析枠組みを基にした政策過程の分析なども試みられるようになった．日本における政策過程分析の展開については文献[66]を参照されたい．

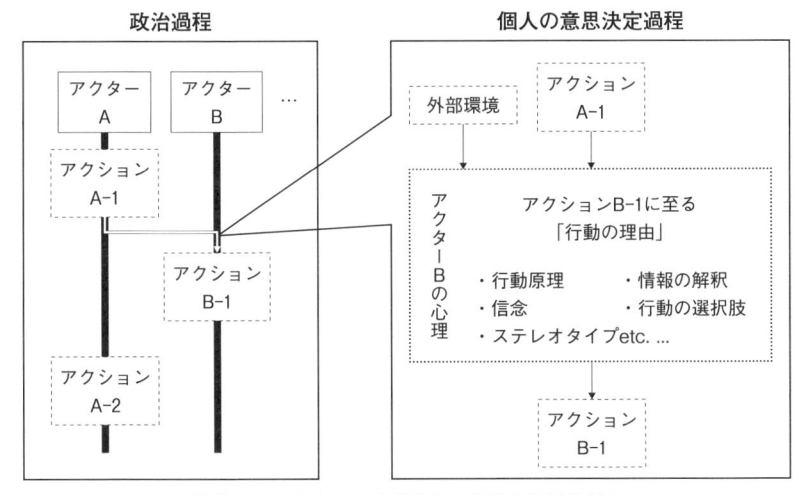

図 7.1 アクターの意思決定・行動の記述枠組み

この手順をふむことで，公募制度のもとで「仮に解決策が効果を発揮したとしても残る対立要因」を明らかにすることができる．この残った要因は，公募制度による HLW 処分地決定プロセスに起因する「解決困難な対立要因」の 1 つといえる．

7.2 放射性廃棄物処分地決定にかかわる紛争 1

まず東洋町における事例の政治過程を概観し，対立要因の抽出，解決策の導出・シナリオ分析，本質的問題点の抽出の順に説明する [59]．

(1) 政治過程の記述

2006 年 3 月，当時の東洋町長・田嶋裕起氏は，知人の紹介で NPO 法人「世界エネルギー開発機構」という団体と出会う．この団体は，日本各地に HLW 処分事業を紹介している団体だという．町長はこの団体から，HLW 処分事業についての概要や交付金の額，応募の方法などを知らされた．文献調査に応募するだけで交付金が出るが，調査後に次のステップに進まなくてもよく，応募は処分場の誘致を意味しないことも伝えられた．町の財政運営に頭を悩ませて

いた町長は，ゼロリスクで交付金を受け取れるいい方法だと考えて応募を即決，NPO の人物に応募書を託した．

　応募書はすぐに NUMO に届けられたが，応募が第三者を介しているため，NUMO は町長に確認の電話を入れた．その後，町長，町役場の企画商工課長，NUMO が話し合い，応募は町民の理解を得てからにすることとなった．

　町長はいったん応募についての検討をやめていたが，当時他の自治体でも応募検討の動きがあったこともあり，やはり貴重な財源になると思い直した．そして 7 月，町長は町議会議員に「HLW 処分事業について勉強する」ことを提案，議員も「勉強だけで誘致を論じないなら」と同意した．8 月には資源エネルギー庁が交付金の大幅増額を発表，町長にはさらに魅力的に映った．NUMO と資源エネルギー庁を招いた非公開の勉強会も行われ，町長と役場職員，町議が参加した．9 月初頭には町長から議員に対し，今後も勉強を継続すること，および文献調査の応募を検討していることを公表・新聞発表することが提案され，了承された．

　これにより，住民も HLW 処分地の文献調査への応募が検討されていることを知ることとなった．少しずつ賛否の意見が議会などにも届くようになり，町長は住民を含めた勉強会を開催することに決めた．勉強会はまず各種団体の代表者を対象に開催され，ついで 10 月には町の代表的な地区である野根・甲浦両地区で住民を対象に開催された．ここでは，NUMO や資源エネルギー庁から処分事業や交付金についての説明がなされ，町長も同席した．勉強会を経て，徐々に処分事業への不安をもつ住民，交付金に期待して推進の立場をとる住民などが出てきた．

　そのころ，同じ高知県の津野町でも HLW 処分地決定のための文献調査へ応募するかどうかを検討する動きがあったが，町内外からの反対により，「応募しない」という結論を出していた．ここで，津野町で活動していた反対派が，東洋町の反対意思をもつ住民と関わりをもつようになった．

　そして 11 月，サーファーを中心とする「生見海岸を愛する全国有志一同」および，東洋町民や，隣町である徳島県海陽町民らを中心とする「東洋町を考える会」という 2 つの反対派団体が結成された．その後，両会と町外の反対派の協力により，反対の立場で全国的に活動している講師を招いた勉強会が開催

された．この勉強会では，講師からHLWの危険性や応募すると引き返せないという見通しが示されたほか，津野町の反対派からの情報提供などもあり，住民を驚かせた．この会を境に，反対派の住民は今後団結して反対運動を行うことを決意した．

　12月，町長は町内の応募への理解は深まってきたと考えていた．そこで，反対派がとくに懸念を示していた「応募すると処分場の立地が決まってしまうのではないか」という点についてNUMOおよび資源エネルギー庁に質問状を出し，「町長の意思に反して事業は進められない」という回答を取り付けたうえで，応募を前提に議論をすすめることを町議に提案した．ここで町議たちの賛否は分かれ，反対意見をもった町議は反対派住民に協力するようになった．

　反対派住民は，文献調査への応募をしないことを求める請願署名活動を行っていた．署名はよく集まり，12月末時点で13歳以上の町民の6割に達していた．また，この時期以降，室戸市議会，徳島県議会など周辺自治体も反対意思を明らかにするようになった．東洋町に隣接する徳島県海陽町では，住民らによる反対立場での勉強会も行われた．海陽町を含む海部郡3町は，町長らが連携して反対意見を東洋町長に申し入れた．

　2007年1月初頭，立場を明確にしていなかったある町議A氏が，賛否を問わず議論することを目的に集会を行った．しかし，集まったのは全員が反対派で，署名の数を根拠にA町議に反対意思を明確にするよう詰め寄った．これ以来A町議は反対派の急先鋒となるとともに，議員の過半数が反対派となった．

　1月15日，町内2179名，町外2805名分の署名が，5名の紹介議員の署名とともに町長に提出されたが，この日，事態は急展開する．独自の団体をつくって陳情提出や機関誌発行などの反対運動を展開していた，室戸市民オンブズマン・沢山保太郎氏が，2006年3月にいったん町長が書いた応募書のコピーを手に入れ，A町議らとともに町長に迫ったのである．町長は「軽率のそしりは免れない」と謝罪したが，これによって「町長はすでに独断で応募していた」との認識が一般的なものとなり，町長の立場は非常に厳しいものとなった．推進派の住民団体も署名を提出したが，反対派の署名に比して圧倒的に少ない，町内200名分であった．

　そして25日，さらに事態は動く．町長はこの日，文献調査への応募を発表

したのである．当時の橋本大二郎高知県知事は「国・NUMOは応募を受理すべきでない」と釘をさしていたが，NUMOは翌26日に応募を受理．反対派は国や町長の権力の強さを認識し，さらに反対の意思を強めることとなった．

　反対派は，「核廃棄物持ち込み禁止条例」の制定を目指し，直接請求のための署名活動を開始した．2月には有力町民を中心として改めて反対派団体「東洋町の自然を愛する会」を結成，町内外の反対派が集まる決起集会が開かれ，町役場でプラカードや旗を掲げながらシュプレヒコールをあげた．反対派が過半数の議会も，応募反対の決議や町長の辞職勧告決議を行った．高知県・徳島県の両知事や周辺自治体も激しく反対意思を表明した．沢山氏とA町議らが公文書毀棄罪で町長を刑事告発する動きもあった．一方，町長をはじめとする推進派は，推進派団体「東洋町の明日を考える会」を結成した．

　3月が近づくと，町長リコールへの動きが表面化し始める．反対派では，リコールした場合の町長候補選びが難航していた．このころ，反対派に対する脅しが横行していたからである．紆余曲折を経て，沢山保太郎氏を候補とすることとなった．反対する者も多かったが，「町長は替えられるが核は一生だ」という認識で沢山氏を支持した．その際，A町議が沢山氏への要請および擁立のための反対派内の説得に奔走した．「東洋町の自然を愛する会（女性部）」という団体も結成され，勉強会やビラ配りなどを行った．この団体も当初は沢山氏擁立に難色を示していたが，最終的には同意した．当初から沢山氏を支持していた町民グループは「リコールの会」を結成，反対派内の対立を残しつつも，反対運動の中枢となった．推進派・反対派はそれぞれ独自に勉強会や討論会を開催，対立は決定的に深まっていた．

　議会では，多数の署名により直接請求された「核廃棄物持ち込み禁止条例」がいったん可決されたものの，町長が条例を再議にかけ，否決に持ち込んだ．その翌日，資源エネルギー庁は文献調査を認可した．

　4月，町内は両派の対立や憶測，脅しなどにより非常に混乱していた．町内の状況をふまえ，町長は民意を問うとしてリコール成立を待たず自ら辞職，出直し町長選となった．選挙の前には，橋本知事のたっての希望により，知事と田嶋氏が面会した．知事の東洋町到着時には反対派が旗などをもって歓迎した．そして町長選がスタート，推進派は田嶋氏，反対派は沢山氏を候補に立て，一

騎打ちとなった．結果は沢山氏が有権者の約7割にあたる1821票を得て圧勝，翌日には沢山新町長が文献調査への応募を取り下げた．

以上が東洋町における HLW 処分地決定にかかわる紛争の政治過程の概要である．この過程を図7.2にフロー図として表現した．

(2) 対立要因の抽出

まず，記述した政治過程におけるアクターの行動とその理由のうち，インタビューでの言説や文献などから「激しい対立」と因果関係をもつと推定できる要因を洗い出した．さらに要因間の因果関係を整理して上位の要因となったものを「対立要因」として抽出した（図7.3）．この因果関係は，文献やインタビューによって裏づけられたものである．

整理の結果，「応募書提出露見」「状況を無視した応募・受理」「町主催勉強会」「交付金を用いたまちづくりの訴え」「町外反対派からの働きかけ」「レトリカルな反対主張」「一部推進派による脅し」「地域特有の事情」の8つが対立要因としてあがった．

その対立要因がアクターの心理に影響を与え，対立につながる心理状態やアクションを引き起こす様子を，前述の図7.1に示した枠組みで記述した．たとえば「レトリカルな反対主張」について記述したものが図7.4である．全国的に反核運動を行っている町外の反対派が，町内反対派とともに勉強会を開き，その中で「HLW1本で原爆約30発分の放射能があり，それが4万本も埋められる」「町を国に売り渡してはいけない」と，若干レトリカルといえるような表現を用いながら講演がされていた．参加した町民はその主張に同意，対決姿勢で事業に反対するようになり，反対署名活動を開始．それ以来町側と反対派の話し合いは不可能となった．そのため，この点は「対立要因」といえる．ただし，その「対決姿勢」での反対は，基本的に町を思う素朴な感情に根ざしていることに留意が必要である．議員や推進派の有力者など，各方面から信頼を得ている有力住民を含めてこの講演での主張が浸透していたことなどからも，この反対主張に同意した住民はけっして特別な人びとではないといえる．

これらの記述は，すべてインタビューや文献，ブログなどをもとにしている．また，「応募書提出露見」および「状況を無視した応募・受理」について記

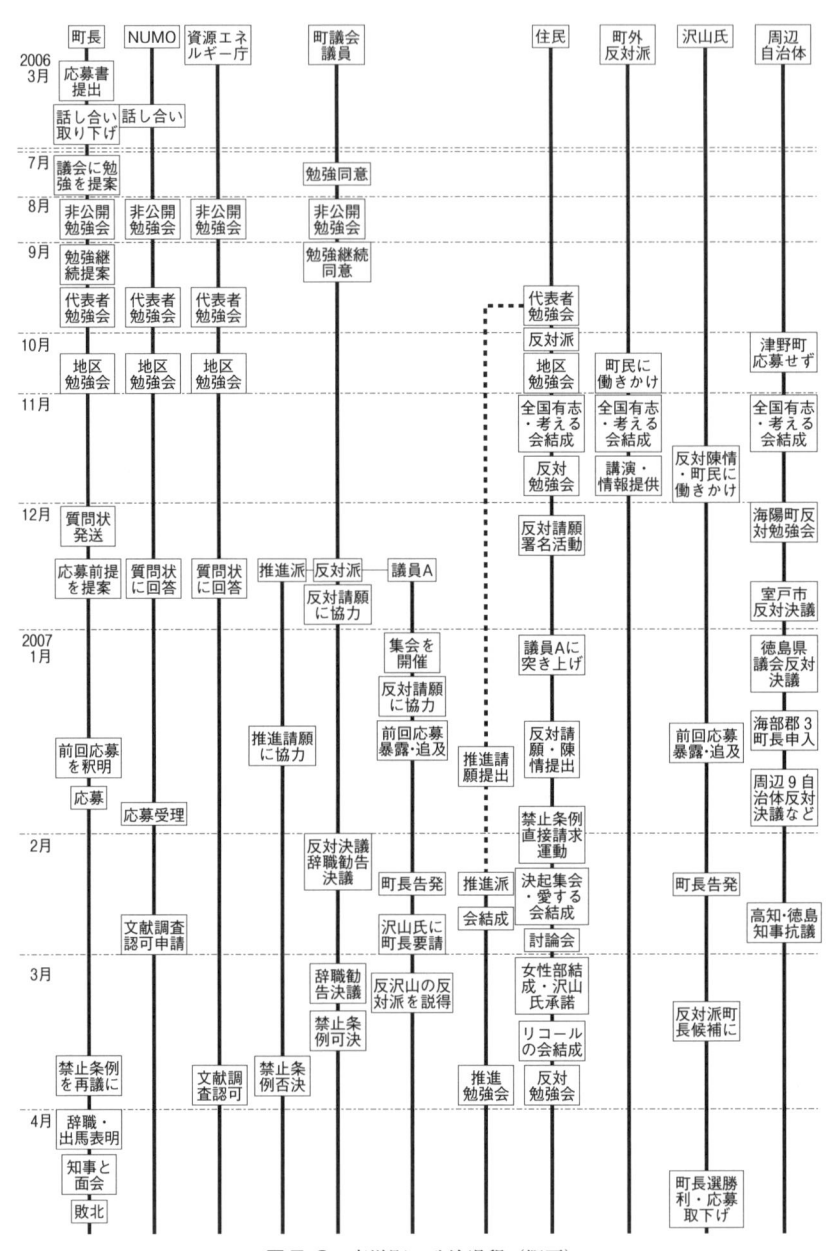

図 7.2　東洋町の政治過程（概要）

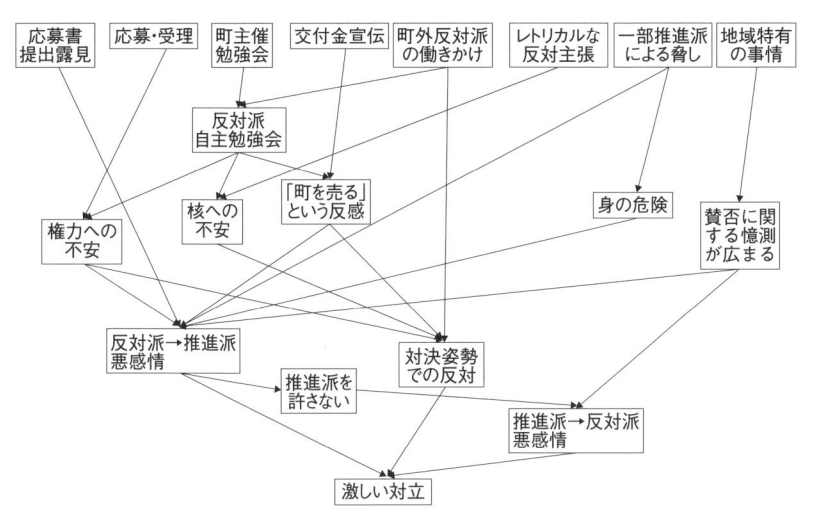

図 7.3 政治過程において「激しい対立」につながった要因の因果関係

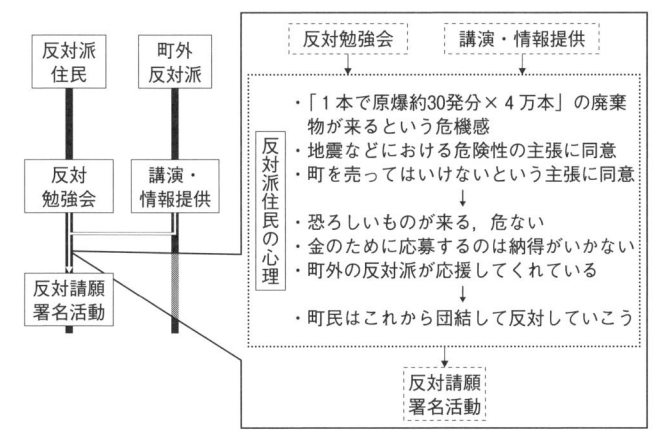

図 7.4 対立要因の例（レトリカルな反対主張）

述したものが図 7.5 である．2006 年 3 月の応募書提出について自ら言及せず，2007 年 1 月に沢山氏によって暴露されたことで，町長は信頼を大幅に失い，町内は混乱した．その混乱や多くの反対がある状況の中，町長が文献調査に応募したことで，反対派は町長の権力の強さを意識し，不安を覚えた．さらにその応募が受理されたことで，反対派は立地プロセスが地元の反対を押し切って

7.2 放射性廃棄物処分地決定にかかわる紛争 1

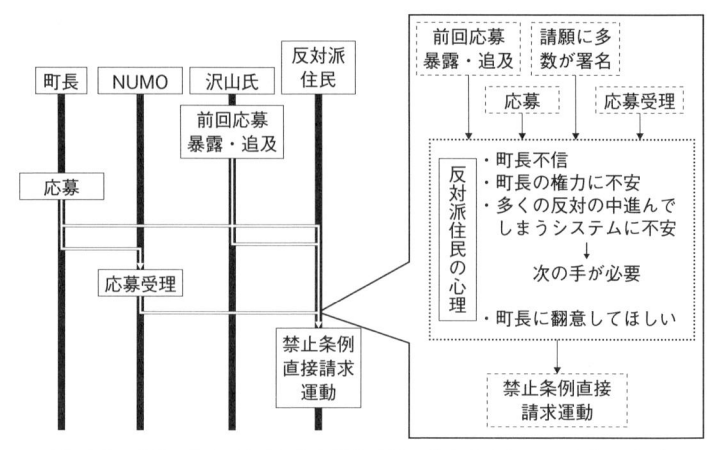

図 7.5 対立要因の例（応募書提出露見，状況を無視した応募・受理）

進んでいくという不安を覚えた．よって，反対派は「核廃棄物持ち込み禁止条例」の直接請求という，より拒否色の強い反対手段をとるとともに，リコールの検討に入った．ただし，この段階ではまだ町長の翻意に期待していたため，条例の直接請求にとどめていた．以上のように，「応募書提出露見」および「状況を無視した応募・受理」は対立をより深める原因となったと考えられるので，「対立要因」であるといえる．

　その他の対立要因についても同様に記述を行った．

(3) 解決策の導出・シナリオ分析

　続いて，解決策の導出およびシナリオ分析を行った．

　ここでの解決策の導出は，その解決策によって実際に課題を解決することよりも，解決策についてシナリオ分析を行うことで，（公募）制度に起因する解決困難な対立要因を探ることに主眼がある．そのため，ここでは，対立要因「応募提出露見」および「応募・受理」に対して「理解が得られてから応募する」，対立要因「一部推進派による脅し」に対して「一部推進派による脅しを防止する」といった，当然といえる解決策については検討しない．また，対立要因「地域特有の事情」に対して「地域対立に配慮する」という解決策については，HLW立地プロセス外の条件の影響が大きいため，ここでは検討しない．

残る4つの対立要因に対し，以下の4つの解決策を考案した．
1) 町外から反対派が来てこのような主張をする，と事前に根回しする．
対立要因「町外反対派の働きかけ」「レトリカルな反対主張」に対応する．
2) 技術的問題に第三者からの意見を加える．
対立要因「町主催勉強会」「町外反対派の働きかけ」「レトリカルな反対主張」に対応する．
3) 交付金ではなく，国にとっての原子力の必要性と国の重要政策を担う矜持を前面に押し出して理解深耕をはかる．
対立要因「町主催勉強会」「町外反対派の働きかけ」「交付金宣伝」に対応する．
4) レトリカルな反対主張に積極的に反論する．
対立要因「レトリカルな反対主張」に対応する．

これらの解決策がアクターの心理に影響を与え，心理状態やアクションを変化させる可能性をシナリオとして記述する．

シナリオの記述では，制度に起因する解決困難な対立要因を探ることを主眼とし，解決策が効果を発揮すると仮定する．すなわち，解決策の効果についてあえて楽観的に想定する．楽観的な想定にもかかわらず，対立を解消できないと考えられる対立要因を「制度に起因する解決困難な対立要因」とする．

たとえば，対立要因「レトリカルな反対主張」に対して，解決策「事前の根回し」，すなわち町外反対派のレトリカルな主張が行われる前に根回しが行われ，それが効果を発揮した場合，東洋町の状況が変化しうるかを以下のようなシナリオとして推測した．

X町およびNUMOでは，X町がHLW処分のための文献調査に応募するかどうかを検討するため，勉強会を進めることとなった．町長・役場の主要職員・町議会議員の中では，賛否は分かれるものの，勉強会を進めること自体について異論はなかった．

ここで，この検討について公表すると，町外から反対派がやってきて，町内の反対意識をもつ町民と結びつき，反対運動が激化して話し合いが進められなくなってしまうことや，反対意見をもつ住民に対して過激な推進派から脅しなどの行為が行われてしまうことが予想される．そこでNUMOは，推進・反対

どちらの結論が導かれるとしても，それが冷静な議論によって行われるようにするために，公表前に，X町各地区の信頼を得ている有力者に対し，以下2点を根回しすることとする．

・賛否の結論を冷静に出すための勉強会を進めていくこと
・今後，町外から過激な推進派・反対派がやってきて運動を激化させようとする可能性があるが，町内が混乱するため，冷静に対処してほしいこと

すなわち，町民が推進・反対運動をしないよう押さえ込むのではなく，あくまで「過激分子」の働きかけに注意するように，という根回しである．

各有力者にも賛否両論があったが，時間をかけて根回しし，勉強するという点では同意を得る．その後，各有力者を経て，住民に根回しの内容が浸透したのち，検討を行っていることを公表するとともに，住民説明会などの勉強活動を開始する．勉強会においては，現在の地層処分技術の現状や，交付金制度，事業による経済効果，事業の意義などが説明される．

住民説明会を経て，住民は賛否両論となる．一部の有力な反対派住民に対して脅しがかけられるが，事前にその可能性を予見していたため，警察・町などとともに冷静に対処できる．

また，反対意見をもつ住民に対し，町外反対派がアプローチするようになる．町外反対派によって，核の恐ろしさ・安全性への疑いなどが煽情的に伝えられるが，事前にその可能性を予見し，正確な情報が伝えられていたため，その主張を一方的に信じることはない．

しかし，町内・町外反対派による「なぜこの町が応募しなければならないのか，金のために応募するのか」という批判については，事実経済効果を見込んでいる推進側からは反論ができない．経済効果を見込んでいることを直接に主張することは，反対感情の原因を取り除くような「反論」ではなく，反対感情の存在を是認する「開き直り」となってしまうのである．そのため，結局町内の反対派は推進を含めて議論することに納得がいかず，団結して反対運動を開始することとなる．

以上のように，たとえ事前に根回しを行ったとしても，事業者側・推進側が「金のための応募」という批判に反論できないことが対立の解消を妨げ，対立は解決されないと推測した．

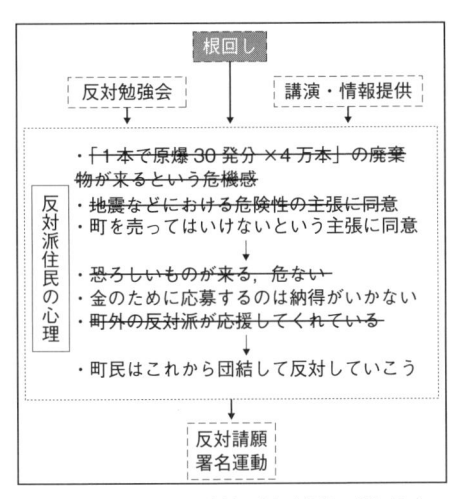

```
        ┌─────────┐
        │ 根回し  │
        └────┬────┘
      ┌──────┴──────┐
      ↓             ↓
┌──────────┐  ┌──────────────┐
│反対勉強会│  │講演・情報提供│
└────┬─────┘  └──────┬───────┘
     └───────┬───────┘
             ↓
┌─────┬─────────────────────────────────────┐
│反対 │・「1本で原爆30発分×4万本」の廃棄   │
│派住 │  物が来るという危機感               │
│民の │・地震などにおける危険性の主張に同意 │
│心理 │・町を売ってはいけないという主張に同意│
│     │・恐ろしいものが来る，危ない         │
│     │・金のために応募するのは納得がいかない│
│     │・町外の反対派が応援してくれている   │
│     │・町民はこれから団結して反対していこう│
└─────┴─────────────────┬───────────────────┘
                         ↓
                  ┌──────────┐
                  │反対請願  │
                  │署名運動  │
                  └──────────┘
```

図 7.6 シナリオ分析の例（事前の根回し）

以上のシナリオを図化したものが図7.6である．

また，対立要因「交付金宣伝」に対して解決策「国の政策を担う誇りを押し出した理解深耕」，すなわち金に関する批判に対して，交付金ではなく国の重要政策のために事業を行うという矜持を押し出して理解深耕をはかった場合について，以下のようなシナリオとして推測した．

東洋町では，推進派が交付金などを売りにして応募を訴えたため，「金のために応募している」「交付金漬けになる」との批判に反論できなかった．そのため反対派は推進派に歩み寄る理由がなく，対立が激化したと考えられる．当時の橋本知事も「(国は) 札束で (地方の) 頬を叩くな」と積極的に批判していたほか，交付金の額が東洋町での検討が本格化する直前に大幅増額されるという，「国は金で東洋町を狙いうちしているではないか」という憶測を呼ぶ状況もあった．また，交付金が落ち始めると推進派が増える．反対派からみると「買収」されるのではないかという危機感もあった．

そこでNUMOは，交付金ではなく「国の原子力政策を担うという誇り」を前面に出して応募への理解を求めることとする．この立場では，当時の橋本知事の立場と相容れないものではなく，当然ながら交付金の増額なども行われない．

住民説明会などでは，交付金とそれを活用した事業については「あくまで処分事業を行った結果であり，交付金そのものが目的ではない」との立場から形式的な説明にとどめ，処分事業の意義について中心的に説明する．住民は賛否両論となったが，反対派となった住民も，総論としての処分事業の意義については納得を得られる．

しかし，「なぜこの町が自ら応募するのか」という点については，国の重要政策であるというだけでは納得できない．それにもかかわらず自ら応募するのは，自分たちのような貧しい田舎が交付金メリットを享受するためではないか，という推測が容易に成り立つ．ここから，やはり施設が危険であるから都会を避けている，という推測にも到達する．そのため，町外反対派らの「金のために町を売るのか」という煽情的な訴えに共感するとともに，この先「買収」によって推進派が増えるのではないかという危機感を覚え，結局対立が激化する．

以上のように，たとえ推進派が交付金メリットを強調しないようにしたとしても，自ら応募して交付金を受け取るという構図自体は変化しないため，批判は残ると考えた．

以上のシナリオを図化したものが図7.7である．

他の解決策についても同様の分析を行ったところ，技術的な問題に第三者の意見を加える，レトリカルな主張に積極的に反論を加える，の両策については，効果を発揮するという仮定のもとでは対立要因は残らないと考えられた．

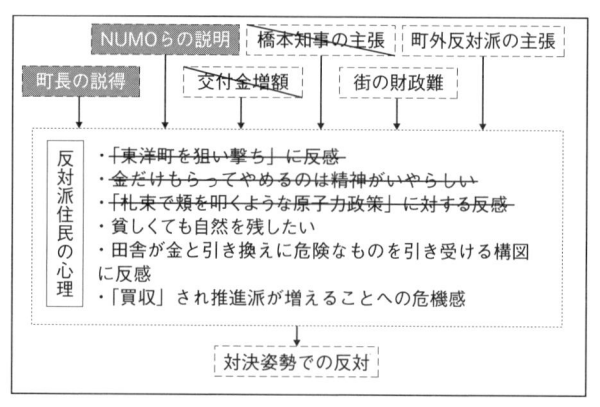

図7.7 シナリオ分析の例（国の政策を担う誇りを押し出した理解深耕）

(4) 本質的問題点

以上より，公募制度には「自ら応募し，交付金を受け取るという構図」の存在により，金目当ての応募であるという批判に反論できないという，制度そのものに起因する解決の難しい対立要因が存在する可能性が否定できないという結論を得た．仮に上記の解決策が完全に機能したとすると，推進・反対双方の意見がそれなりの根拠があると受け止められ，住民がレトリカルな反対主張に一方的に流されることもなくなるであろう．しかしながら，「応募すると交付金が下りる」という構図がある限り，「反感」の根が残り，感情的な対立を招く恐れがある．

すなわち，公募方式のみによるHLW処分地決定プロセスには解決困難な対立要因がつきまとうことが示唆できたといえる．

第3章で説明した通り，問題の分析における目標は，本質的な問題点の抽出である．ここで紹介した事例においては，現行の枠組みのもとでどのような解決策を講じたとしても解決することができない対立要因が本質的な問題点である．第3章では，価値分析，ステークホルダー分析，因果分析を紹介したが，問題分析の方法は一通りではない．むしろ，問題の性質に応じてふさわしい問題分析手法を選択することが必要である．ある制度的枠組みのもとで，複数のアクターが影響を及ぼし合うことによって事態が推移するような社会的事象に対しては，ここで示したように政治過程分析を行い，さまざまな解決策を講じ，その結果を推定することによって，本質的な問題点を抽出する方法が選択肢の1つになる．

7.3 放射性廃棄物処分地決定にかかわる紛争2

前節では放射性廃棄物処分地決定にかかわる紛争の事例として高知県東洋町の事例を取り上げた．同様の政治過程分析をスイス，フランスの事例に適用した結果から，どのような教訓が導かれるかを論じたい．

スウェーデンではHLWの処分地を決定することができたが，そこに至るにはさまざまな苦難を経験している．1970年代後半から実施されたボーリング調査は，スリーマイルス島事故に端を発した反対運動の高まりにより，1985

年に打ち切りを余儀なくされた．1992年に全自治体に立候補を依頼し，2地点でフィージビリティ調査（予備調査）を行ったが，どちらの地点においても住民投票の結果，反対多数でスウェーデン核燃料・廃棄物管理会社（SKB社）は撤退せざるをえなかった．ところが，撤退したことにより，SKBが自治体の決定を尊重することが明らかとなり，信頼が構築された．その結果，他の自治体が地点選定プロセスに参加しやすくなった一方，地質条件だけでなく，受け入れの合意を含む社会的条件が満たされなければならないことが明らかとなった．ルールに書いてあっても，人びとがそのルールを信じるわけではないということの実例である．

　HLWの処分問題は，人類の抱えた問題の中でももっとも難しい問題の1つである．受益圏と受苦圏の距離はきわめて大きい．原子力発電であれば，電力を生み出すというプラスが立地地点にある．また，原子力に強く反対する人びとが最終処分にフォーカスを当ててくる．簡単には解決できない問題であると考える方が自然である．うまく行き始めたかのようにみえる海外の事例であっても，そこに至るまでにはさまざまな苦難を経験しているわけであるし，将来にわたってスムーズに事業が進展すると限ったわけではなかろう．将来の事業の安定性を現時点で保証することが，現時点における事業の進展を難しくするという側面もある．

　問題を解決するために活用できる事例は少ない．海外と日本とではさまざまな条件や環境が異なるため，海外でうまくいった例を日本に適用しようとしてもうまくいかないという主張はその通りであるが，そのような限界を十分認識したうえで，海外の事例から学ぶべき教訓を抽出することは重要である．学ぶべき教訓とは何なのか，それを明確にすることがいま求められている．本節では，放射性廃棄物処分地決定にかかわる紛争事例に対する政治過程分析の結果をふまえて，過去の事例から学ぶべき教訓について論じてみたい．

（1）　不安の解消と信頼

　まず，個別事例に触れる前に，処分地決定にかかわる紛争において着目すべきポイントについて述べておきたい．それは不安の解消と信頼である．図7.8（図1.14再掲）は喚起された不安がどのように解消されるかをモデル化した不

安喚起モデルである[18]．モデル構築には鳥インフルエンザを対象にしたが，モデル自身はどのような不安に対しても適用できるものと考えられる．

図7.8に示す通り，情報が入力されると認知的評定が行われ，不安が喚起される．不安を解消しようという動機づけがなされ，かつ情報収集や理解する能力がある場合には，信頼できる情報を探し，情報の内容と質を吟味して事態の統制可能性が判断される．自分には危害が及ばないこと，あるいは，どのように対処すれば危害が避けられるかが理解されれば不安が解消される．このように自ら不安を解消することができる人は非常に限られているであろう．

不安を解消しようという動機づけがなされても，情報収集や理解する能力がない場合には，信頼できる人や組織を探し，その指示に従ったり，対処を任せることにより安心する．

信頼できる人や組織をみつけることができない場合や，そもそも不安を解消しようという動機づけがなされない場合には，直面する問題について考えるのをやめ，状況の意味をとらえなおすことになる．絶対安全でなければ安心しない，とにかく反対というのは，この情動的ルートに対応する．理由もなく危害が及ぶはずもないという思い込みや無理やり安心するというのもこのルートに

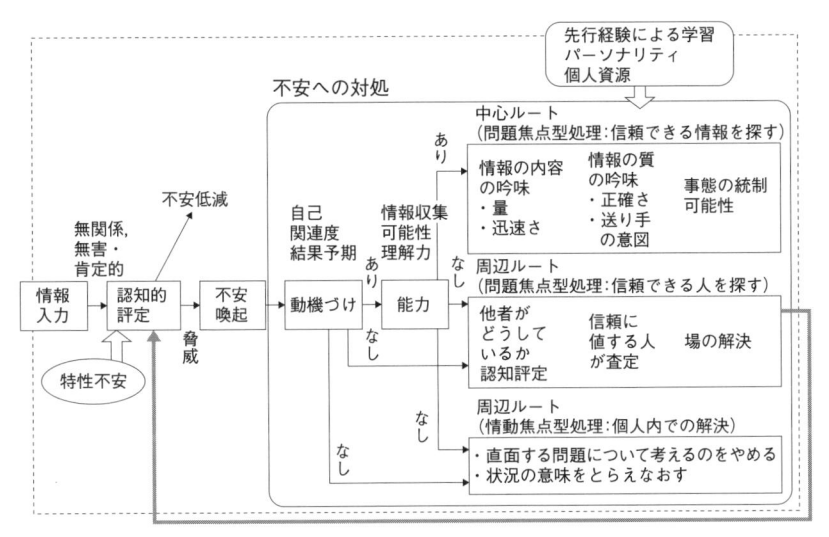

図 7.8 不安喚起モデル[18]

対応する．

　不安は時として非合理的とも思える社会的行動を引き起こす．狂牛病への社会的反応もその一例であろう．全頭検査が科学的に妥当な安全対策でないとしても，不安を解消するための安心対策として必要であったという主張には一理ある．人びとの情動に支配された社会的行動は，時として大きな社会的なコストにつながる．何十年にもわたる多くの人びとの努力が水泡と帰してしまうこともある．本来かける必要のないコストをかけて対策を講じることが必要となることもある．社会が，理性的な判断に基づき，合理的な社会的行動をとることができれば，不要なコストをかけずにすむこともある．どうしたらそのように合理的な社会的行動を選択することができるようになるのであろうか．

　その問いに答えられるようになるためには，過去の事例に学ぶ他あるまい．そのような問題意識をもって，著者はこれまで放射性廃棄物処分地決定にかかわる紛争に注目し，いくつかの事例を調べてきた．

（2）　紛争事例からの教訓
a)　スイスの事例 [69]

　スイスのヴェレンベルグにおける低・中レベル放射性廃棄物（LILW：Low Intermediate Level Waste）処分場立地事業では1995年に州民投票が行われたが，賛成48％，反対52％で否決された．推進側は意思決定の手続きや処分場設計に改善を加え，精力的な活動を行ったが，2002年の州民投票でも処分場建設にかかわる調査の許可申請は賛成42％，反対58％で否決された．

　著者らは，立地をめぐる政治過程の記述を行い，重要と考えられるイシューを抽出し，抽出したイシューを元に住民にインタビュー調査を行い，住民の賛成・反対態度の形成過程を分析した．当該地域は紛争の影響が残り，人間関係も崩れたままであるため，インタビュー対象者の確保は容易ではなかったが，賛成・反対，性別，職業，居住地などができるだけ異なる住民を選び，17名に対してインタビューを実施することができた．

　もともと原子力に反対・賛成であったグループは，事業の実施を把握するとすぐにそれぞれ反対・賛成活動を始めた．原子力に対する態度がそれほど強くなかった回答者は以下のグループに分かれた．

事業のことを初めて聞いたときに恐怖を感じたグループはすぐに反対運動に参加した．処分実施主体である放射性廃棄物管理協同組合（NAGRA）の技術的安全性に関する説明に対して最初から疑いをもち，反対組織である MNA (Committee for the Canton Nidwalden People saying together on Nuclear Facility) の感情的で非科学的なキャンペーンに対しても不信をもつことなく，恐怖を増加させていった．

事業に関心を抱いたグループは賛成・反対議論に注目し，その後安全性に疑問をもった人は反対の態度を形成した．処分の必要性は認めていたが，NAGRA への不信，安全性への不信を強めていった．その中には，必ずしも MNA を支持していない人がいる．反対派と距離をとっていたとしても，推進側に対して不信をもつと反対の態度が形成されることが示唆される．一方，安全性を確信し，NAGRA への信頼を高めていった人は，事業に賛成するようになり，MNA に対しては距離をおいていた．

この事例からは以下の示唆が得られた．1) もともとの原子力に対する態度が処分事業に対する態度を支配しており，原子力に対する国民的理解を高めておくことは非常に重要である．2) 形成された態度を変容させることはきわめて難しい．初期の態度形成過程がもっとも重要である．3) 態度形成においては，情動的な要素が支配的であり，事業や事業主体に対する信頼が大きな役割を果たす．

b) フランスの事例 [70]

フランスにおいては 1980 年代に国民の反対運動により HLW 処分事業が中断されたが，1998 年にはビュール地下研究施設立地に至っている．著者らは，文献調査およびインタビュー調査を基に，フランスにおける HLW 処分にかかわる紛争の政治過程を明らかにし，どのようにして 1980 年代の反対運動により中断された事業が再開され，粘土層地点で地下研究施設の立地に至り，花崗岩地点では立地に至らなかったのかを把握した．

インタビュー調査から，事業の結果や過程を左右したと考えられる因子（影響因子）を導出した．導出した影響因子には，大きく分けて信頼に関する因子，事業手続きに関する因子，各アクター・地域の特性に関する因子，国の活動に

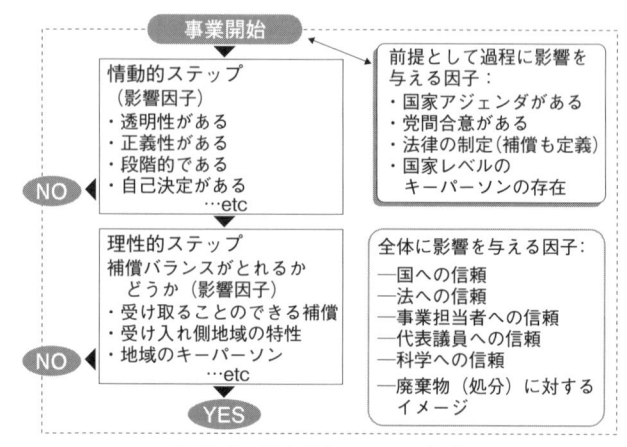

図7.9 態度形成のモデル [70]

関する因子，補償に関する因子があった．

次に，その影響因子が関連制度や実施された活動によってどのように実際の地域住民の態度形成に影響を与えたかを表すモデルを作成した（図7.9）．態度形成を情動的ステップと理性的ステップとの2つに分けてとらえた．情動的ステップとは，人びとがまず事業に関する議論をしてもよいと思えるか否かにかかわる情動的な情報処理がなされるステップである．ここで事業に対する肯定的な心情が形成されて初めて，次の段階である理性的ステップに入る．この理性的ステップにおいては，主に補償に関する思考を行い，事業に対する態度を形成する．

この態度形成モデルを用いて，対象とする政治過程の結果を説明することを試みた．フランスのHLW処分事業が中断を経て再開し，粘土層地点で地下研究施設立地に至ることができたのは，第1に，政府が1980年代の反対運動による事業中断を危機的状況としてとらえ，1991年にさまざまな関係者が受容する廃棄物管理研究法制定に至ったからである．また，その法に則り全国各地で実施された協議活動により，事業が進んだことも要因である．法制定はHLW処分が国家的課題であることを人びとに認識させ，事業の正義性に関する意識を高めたといえる．また，同法で制定されていた民主的な手続きに基づき事業が実施され，複数サイトの選定が約束されていたことは，人びとに事業

に対する公平・公正感をもたせ，研究所がそのまま処分場になってしまうのではといった不安を緩和していたといえる．また，住民の意思を反映した代表議員による投票で事業の是非が決められ，住民に自己決定の意識があったことも合意に至る過程に影響を与えていた．以上のように態度形成モデルにおける情動的ステップにかかわる影響因子の作用によって，人びとにとって事業の進行がまず心情的に許せるものとなった．そのうえで，受け取ることのできる補償を考慮する理性的ステップに入り，補償が妥当であると判断し，最終的な立地合意に至ったと説明できる．

一方で花崗岩地点では，実施側が地質学的観点から対象地域を絞り込んだ後，それら特定の地域と協議を始めるという事業手順をとったが，公式発表前に緑の党の党員によって情報がリークされたため，住民は事業に対する透明性や公平・公正性，正義性を認めず，意見が取り入れられることなく研究所が立地されるのではとの疑念が生じ，事業に対する信頼が失われる事態を招いた．態度形成の情動的ステップにおいて事業に対する否定的な態度が形成され，便益に関する議論には至らなかった．

(3) 他の紛争事例への態度形成モデルの適用

フランスの事例分析で用いた態度形成モデルは他の紛争事例の解釈，説明にも適用できると考えられる．

神経科学者のダマシオは『生存する脳』[71]の中でソマティック・マーカー仮説を論じている．ソマティック・マーカー仮説とは，情報が入力されたとき，その情報に結びついた情動から感情が生み出される．ネガティブな感情の場合には，その情報は捨て去られ，その後の推論の対象にはならない．好ましい感情を生み出す情報のみが推論の対象となり，意思決定などの思考が行われる，というものである．ここで取り上げた態度形成モデルとソマティック・マーカー仮説は整合的であると考えられる．また，(1)で説明した不安喚起モデルとも整合的である．

(2)で紹介したスイスの事例も，住民の多くが理性的ステップにおける態度形成に至らず，情動的ステップにおいて反対の態度を形成していたと解釈される．情動的ステップにおける影響を与えたのは，ヴェレンベルグの選定には政

治的要素など不透明な要因が関係しており，不公正であったという認識があったこと，NAGRA が政治的行動を行っているという認識があったこと，MNA による主張が住民の自由や民主主義性などといった正義性を求めるものであったこと，および，原子力に対するイメージ（認識）である．

7.2 節の高知県東洋町の事例もこの態度形成モデルで説明できる．東洋町住民は，情動的ステップにおいて反対の態度を形成し，理性的ステップに至ることはなかった．町外の反対派が用いた「HLW 1 本で原爆約 30 発分の放射能があり，それが 4 万本も埋められる」「町を国に売り渡してはいけない」というレトリカルな表現や，秘密裏に提出された応募書のコピーが露見したことによって町長が信頼を大幅に失い，さらに，混乱や多くの反対がある中，町長が文献調査に応募したことで，町民が町長の権力の強さに不安を覚え，さらにその応募が受理されたことで，立地プロセスが地元の反対を押し切って進んでいくという不安を覚えたことなどが大きく作用した．

韓国では，2004 年までの 19 年間で 9 回にわたって LILW 処分施設と HLW 中間貯蔵施設の立地選定が行われたが，住民による激しい反対運動がくり返され，立地決定には至らなかった ［72］．とくに 2004 年に誘致公募に応募した扶安（プアン）郡では，反対派と推進派の対立が 8 カ月にわたって続き，反対派による非公式な自主的住民投票で反対が 90% 以上となり，扶安への立地を諦めざるを得なくなった．その後，HLW を切り離し LILW 処分施設のみを対象とした誘致公募，住民投票の制度化，選定に関する特別法の制定が行われ，公募に 4 地域が名乗りをあげた．4 地域同時の住民投票が行われ，89.5% という最高の賛成率を達成した慶州（キョンジュ）市に LILW 処分施設の立地が最終決定された．

扶安における強硬な反対運動は情動的ステップにおける反対態度形成と理解される．誘致地域支援に関する特別法制定が，住民によるプロセス・制度に対する信頼を高めた．1) 経済的支援の明文化，2) HLW である使用済核燃料（韓国では再処理を行わない）の処分の切り離し，3) 住民投票の義務づけなどは情動的ステップにおける公正性・正義性などに対する認知，プロセスに対する信頼を高めることにつながり，情動的ステップを乗り越え，理性的ステップにおける態度形成に至ったという解釈も成り立つ．しかし，住民投票における

地域間の競争，誘致合戦の様相は，理性的ステップに入ったというよりは，情動的ステップにおける賛成態度の形成といえるかもしれない．情動的に賛成の合意が形成された場合，それが長期的にどのような結果につながるかについては，十分な検討が必要であろう．

(4) 信頼構築の社会技術

これまで放射性廃棄物の処分地決定にかかわる紛争事例の分析結果を紹介してきた．処分事業において，人びとの態度は支配的である．長期的な事業であるから，長期にわたる人びとの態度を考慮しなくてはならない．人びとの態度形成の過程を知り，それに基づいて事業を進めてゆくことが課題となる．

人びとの態度形成には情動的なステップと理性的なステップがあり，情動的なステップで否定的な態度が形成されてしまうと，理性的なステップに入ることができない．「わかってはいるけれど，いやなものはいやだ」という状態の人に，いくら理を尽くして説明しても効を奏すことは期待できない．態度形成において支配的な要因を把握し，施策を講ずることが重要である．情動的なステップにおいては，抱かなくてもよい恐れや不安を抱くことのないようにすること，事業や事業を進める側に対する信頼を構築することが重要である．理性的ステップに入り，冷静な議論を行えるようになって形成された態度に基づかない限り，長期的には安定した態度とはならないであろう．

HLW 処分という難しい問題を解決するためには，社会技術という概念が重要である．単に制度をつくっても問題は解決できない．不安を払拭し，信頼が構築されるような技術を組み込むことが必要である．どのような社会技術を構築すれば，HLW 処分の問題を解決することができるのか，それが課題である．

第8章　イノベーション教育
　　　　：東京大学 i.school

　著者は2009年9月より，東京大学において i.school（エグゼクティブ・ディレクター堀井秀之，ディレクター田村大，アシスタント・ディレクター横田幸信）[73, 74]という教育プログラムを実施しており，イノベーションを生み出す力を養うためのイノベーション教育を実践している．新しいアイディアを発想する思考は2.3節で説明したアブダクションであり，新しい問題解決策を生み出す思考と新しいサービスやビジネスモデルを生み出す思考は同じものである．i.school の活動を通じて確立されるワークショップのプロセスは，革新的かつ効果的な社会問題の解決策を発案するためにも有効である．本章では，i.school の活動内容と，イノベーションを生み出すためのワークショップのプロセスを紹介する．

8.1　i.school の背景

　日本では1990年ごろから景気が後退し，バブル経済の崩壊後長くデフレを脱することができず，これを「失われた10年」と呼んでいたが，2008年のリーマンショックをきっかけに，2011年2月14日に発表された2010年の国内総生産（GDP）で，物価変動を差し引いた名目ベースで，中国は日本を抜き，世界2位の座についた．そして2011年3月11日の東日本大震災や円高などの影響で，日本は31年ぶりの貿易赤字を記録し，3度目の奇跡の必要性が誰の目にも明らかとなった．

　富国強兵を唱えた明治維新，貿易立国を目指した戦後の高度成長．3度目の奇跡のために日本は何を目指すのか．世界第2の経済大国というのははるか昔

の話だ．米国や中国のような大国と真っ向から勝負することは難しい．日本にふさわしい方向性，国家戦略を立てなくてはならない．ここで，イノベーションがキーワードであることは論をまたない．それは世界中の誰もが語り尽くしていることである．日本がどのようなイノベーションを追求するのか，どのような優位性を築くことができるのかが課題であろう．

イノベーションを『広辞苑（第6版）』で引くと，「①刷新．革新．新機軸．②生産技術の革新・新機軸だけでなく，新商品の導入，新市場・新資源の開拓，新しい経営組織の形成などを含む概念」とある．ただ，わざわざ「日本では技術革新という狭い意味に用いることもある」という解説が加わっている．ここに問題の本質があるように思われる．

イノベーションの概念を導入したシュンペーターは，新しい発明なしにもイノベーションが生じると強調した．しかし，日本が技術開発を得意とするがゆえに，イノベーションを技術革新という狭い意味でしか用いていないケースが多い．激しい技術開発競争のなかで，技術目標の達成に専念するあまり，いつしか手段は目的となった．価値の創造が目的であるのに，価値創造の手段である技術開発が目的となってしまったのだ．

それでは，イノベーションの本来の意味に立ち返るためには，どんな方向を目指すべきなのだろうか．それには，技術中心主義を改め，生活者に照準を定めることが重要だろう．生活者が潜在的に何を求めているかを感知し，「ああ，私はこういうものを求めていたのだ」と思わせるようなモノやサービスを提供できるようにすることが課題になるのだ．

これに対処するうえで，「人間中心イノベーション」という考え方が重要となる．人間中心イノベーションとは，人びとの生活や価値観を深く洞察し，新製品やサービス，ビジネスモデル，社会システムなどを生み出してゆくことで，人びとのライフスタイルや価値観の変化を誘導するものだ．

日本人の感性に基づく優れたモノやコトを次々に生み出していくこと，すなわち「日本らしさの追求」こそが，日本の追い求めるべき戦略である．この点で，日本人に独創性がないというのは大きな誤解であり，世界が称賛する「クールジャパン」に象徴されるように，日本人は人間中心イノベーションを生み出す能力に長けている．

人間中心イノベーションを生み出すためには，注目する状況に没入し，そこに登場する人になりきることが重要である．石井淳蔵・流通科学大学学長が著した『ビジネス・インサイト』[75]は新しいビジネスモデルが生まれる創造的瞬間に働く知をビジネスインサイトと呼び，ビジネスインサイトには対象に棲(す)み込む（内在化する）という機制が不可欠であると説く．
　たとえば，中内功が京阪沿線の千林駅前（大阪）に開店したダイエーの1号店は，それまで何の商売をしてもうまくいかない狭い場所にあった．中内は薬の安売りを目指したが，やはりうまくいかず，顧客の意見から駄菓子をおいた．当時（1960年頃），駄菓子は量り売りで，顧客は味見して購入を決めていた．顧客は午後の遅い時間に集中するため，客は待たされることになり効率が悪い．彼は，暇な時間に駄菓子を半透明のビニール袋に詰め，それらをあらかじめ積み上げておいて売るという「プリパッケージ」と「セルフサービス」を思いつく．さらに「もし味に不満があれば，袋とレシートをもってきてください．そっくり全額返します」と張り出した．このやり方が大阪の消費者の心をとらえ，大成功を収めた．こうしたビジネスインサイトは，対象に棲み込むという機制を通じて発揮されると石井は断ずる．
　対象に棲み込むのは，日本人の得意分野だ．安西徹雄・上智大学名誉教授の『英語の発想』[76]は英語と日本語の翻訳作業の分析を通して，日本語と英語の根本的な発想・認識パターンの違いを鮮明に浮かび上がらせた．英語は状況をとらえるのに，〈モノ〉の動作主性に着目し，因果律的に解析し概念化していく傾向が強い．一方日本語は，状況をまるごと〈コト〉としてとらえ，その〈コト〉と人間とのかかわり方を，人間の視点に密着してとらえる．日本語の表現は決定的に主観的であり，聞き手はたえず話し手の気持ちに共感し，その場面を追体験しながら聞くことによって，はじめて文の内容を感じ取るのである．日本語のコミュニケーションは，このように共感型であり，状況埋没型である．この日本語の発想の特徴は，日本人が容易に対象に棲み込み，人間中心イノベーションを生み出すことを得意とすることの根拠となるのではなかろうか．
　対象に棲み込むことが得意な日本人は，もっと多くのイノベーションを生み出してもいいはずだ．しかし残念なことに，日本にはイノベーションの芽を摘

み取るメカニズムも存在している．「そんなことはすでに試してみた」「そんなことはやったことがない」「ここではそんなふうにはしない」などは，アイディアを殺すセリフである．習慣・既成概念，自信喪失，臆病などが独創力をはばむことも知られている．イノベーションをはぐくむ環境を整えることも重要だろう．

イノベーションが生み出される環境を整えること，イノベーションを生み出すトレーニングを積むことの重要性に世界は気づき始めている．米国のデザインコンサルタント会社のIDEOは，機能的で遊び心に満ちた製品を開発し続け，世界中の注目を集めている．イノベーションは人間観察から生まれる，ホットなチームをつくる，究極のブレーンストーミング術，迅速なプロトタイプ制作，「温室」のようなオフィス，楽しい経験を提供する．これらがIDEOの成功の秘訣である．

米国Stanford大学のd.school，Illinois工科大学のInstitute of Design，英国Royal College of Art（RCA）のInnovation Design Engineering，フィンランドAalto大学のInstitute of Design，韓国KAISTのIndustrial Design学科など，世界中でイノベーション教育のプログラムが展開されている．米『ビジネスウイーク』誌の2005年8月1日号で，「明日のビジネススクールは，デザインスクールかもしれない」と題する特別リポートが掲載され，上記のような各大学での取り組みが紹介された．このトレンドに大きな変化はなく，むしろ勢いを増しつつあるようにみえる．

「日本らしさの追求」を進めて，世界中から称賛される日本発の優れたモノやコトを生み出すには，日本社会にイノベーションの生まれる環境を整える必要がある．2009年9月に東京大学知の構造化センター（センター長堀井秀之）の実施する教育プログラム，i.schoolを立ち上げたのもそうした狙いからだ．社会問題をイノベーションの機会とすべく，新しいリーダーシップの育成やクリエイティブ思考のための知の構造化を進める．ここで培われたイノベーションを生み出す能力がそれぞれの分野で活かされ，やがて，新しいアイディア，新しい製品，新しいビジネスモデル，新しい社会システムを次々と生み出し，日本社会を変革することを期待したい．

IDEOゼネラルマネジャーのトム・ケリーの著書，『発想する会社！』[77]

によれば，誰もが独創的な部分をもち，それを刺激するような社風をつくりだせば，その部分を開花させられるという．誰でも独創性を発揮したときに楽しさや幸福を感じる．イノベーションを生み出す環境を整えた社会は，構成員の誰もが楽しく，幸福な社会だ．日本は，世界中から称賛されるイノベーティブなモノやコトを生み出し続ける国を目指すべきである．

8.2 i.school の概要

（1） i.school とは

i.school の教育プログラムは，20-30 名の参加者を対象としたワークショップから構成される．年間に 6 回程度のワークショップを開催するが，夏休みなどに行う集中的なワークショップと，学期期間中に毎週 1 回の頻度で 10 週程度の期間に開催するワークショップがある．

ワークショップごとにテーマや手法は異なるが，4-5 グループに分かれてのグループワークが基本となることは共通する．i.school の特徴は，テーマにプロダクトデザインを含めず，サービスデザイン，社会的企業のデザインなど，さまざまな対象をバランス良く取り上げるところにある．

1 チームは 6 名程度．参加希望者は東京大学のすべての部局から応募することができる．大学院生を中心としているが，熱烈に希望すれば学部生でも参加できることがある．参加者はエントリーシートや面接によって選考する．単位も出さないし，学位も授与しない．参加者の目的は自己を向上させることだけだ．だから意欲的な学生が集まっている．チーム編成においては，専門や性別が多様になるよう配慮している．多様性は創造性の源泉だからだ．

i.school のパートナー企業から派遣される社会人も各チーム 1-2 名参加する（ファシリテーター）．学生にはどうしても現実社会の知識が不足しているため，社会人の存在は現実性や社会性を保つためにも重要である．また，社会人にとっても学生の新鮮な発想がよい刺激となっている．

i.school の目標は 2 つある．それは，1) 創造性を求められる課題を与えられたとき，最適なワークショッププロセスを設計できるようになること，さらに，2) 新しくてインパクトを生み出すモノやコトを創る成功体験を積み重ねるこ

とである.

　アウトプットである新しい製品やサービス,ビジネスモデルなども重要であるが,それよりも 1) の方が大切である.与えられた課題に応じて,どのようなチームをつくればよいのか,どのような順番でどのような作業を行えばよいのかなどを考えられるようになれば,イノベーションが生まれる確率は高まるはずである.もちろん,しょせんは確率を高めることしかできないが,確率を高める方法を身につけることは重要である.

　コラム「アイディアを引き出すマインドセット」に書いた通り,新しいアイディアを生み出すことが楽しいと感じる体験を積み重ねることにより,新しいアイディアを生み出すという行為にポジティブな情動を結びつけることができる.それがイノベーションを生み出せる人材を育てる1つの要素だ.目標 2) を掲げた理由である.

　イノベーションを生み出せる人材に必要な要素は,実はもう1つある.それは,よりよい社会にしたいとか,身の回りのモノはこのようになっていなくてはならない,というような「思い」である.イノベーションを引き起こす原動力ともいえる.スティーブ・ジョブスが生み出したイノベーションの原動力は,彼が強い影響を受けた禅とカリグラフィを根にもつ「思い」であることが知られている.そのような「思い」を学生にどのように植えつけることができるのであろうか.「思い」を教えることは難しい.i.school では,社会的課題を解決することをテーマにしたワークショップが多い.ワークショップで社会的課題を調べ,解決策を模索するプロセスを経ることによって,イノベーションを引き起こす「思い」が育まれることを期待している.

　i.school では次の5つの理念を掲げている.

1) 新しいリーダーシップの育成

　新しいリーダーとは,ビジネスや社会の全体を見渡す広い視野をもちながら,目標達成を実現することができるリーダーのことである.つまり,イノベーティブなアイディアをもち,あらゆる層のステークホルダーと協業しながら変革を実現することが新しいリーダーには求められる.

2) 人間中心のイノベーション

　人類の創造したテクノロジー,システム,文化はすべて,自由,平等,そし

コラム　アイディアを引き出すマインドセット

　アブダクションに影響を与えるものは何だろうか．ある目的を果たす手段を思いつく思考に影響を与えるものとしては，目的に関する知識，手段に関する知識，環境，身体状態，心理状態などがあげられよう．マインドセット，世界観という言葉で表現されるものも重要な役割を果たしそうである．

　新しいアイディアを生み出す力を誰もがもっているにもかかわらず，その力が十分に発揮されない場合があるのはなぜだろうか．そのヒントはアントニオ・R・ダマシオのソマティック・マーカー仮説［71］にある．ダマシオは現代神経科学の分野で国際的に活躍する第一人者．ソマティックとは身体的という意味で，人間の心的活動は脳だけで行われているわけではなく，身体が大きな役割を果たしているというのがダマシオの主張である．たとえば，ある意思決定をする場合，その意思決定に関連してさまざまなイメージが無意識のうちに想起される．それぞれのイメージに対応して身体状態の変化，すなわち情動が引き起こされる．好ましくない情動を引き起こすイメージに関連した選択肢は無意識のうちに捨て去られ，好ましい情動と関連した選択肢が意識にのぼり，意思決定の対象として思考されることになる．

　イメージと情動との結びつきは，長い経験の中でできあがるものである．どのような社会に生まれ育ったのか，どのような人びとと暮らしてきたのか，どのような経験をしてきたのかに大きく依存するのだろう．おそらく，日本社会で育った人には，新しいことに対して負の情動が結びついている可能性が高いのかもしれない．新しいアイディアを提案して否定された経験や，新しいアイディアを実行して失敗し，そのときに受けた評価などが，新しいことに対するネガティブな情動を創り出しているのかもしれない．せっかく，新しいアイディアを生み出す力をもっていながら，そして，新しいアイディアを生み出しかけていたとしても，無意識のうちにそのアイディアの種を葬り去っているのではないだろうか．意識にのぼっているのであれば，勇気を奮って新しいアイディアを提案することもできるかもしれない．しかし，無意識のうちに新しいアイディアの芽を摘んでいるとすれば，そのアイディアを引き出すことは容易ではない．

　どうしたら新しいアイディアを生み出す力を養うことができるのだろうか．まず，新しいアイディアを生み出して，周りからも評価され，自分自身も達成

> 感を味わうという成功体験を経験することが大切だ．そのような成功体験を味わえるような環境を整えることが重要だろうし，どのような環境を整え，どのようにワークショップを進めれば，そのような成功体験を味わうことができるかを知ることも大切だ．成功体験を味わい，どうすればその成功体験を再現することができるのかを知ることによって，新しいアイディアを生み出すことへの自信が芽生えてくるであろう．そうすれば，新しいことに関連したイメージによって好ましい情動が引き起こされ，新しいアイディアが意識の世界に浮かび上がってくることだろう．

て何より幸福の追求のために発展してきた．持続可能な幸福を実現するためには，生活や価値観の洞察による人間理解に根ざした創造こそが求められる．

3) クリエイティブ思考のための知の構造化

　東京大学知の構造化センターの提供するツールを活用することにより，重要な事実の発見，またそれら相互の関係性理解に役立てることができる．膨大な情報から関連性をもった情報を抽出し，構造化・可視化することによってアイディアの創出を支援することが可能となる．また，これらのツールは異なる分野間の共通言語として円滑なコミュニケーションを支援する．

4) 社会問題をイノベーションの機会へ

　差別，貧困，民族紛争，環境破壊など社会に深く根ざす負の側面に加えて，地球温暖化，出生率の低下，高齢化，水不足，食糧不足など，現代社会が考慮すべき課題は数多く存在する．従来の問題解決のアプローチではなく，社会的課題をイノベーションの機会としてとらえ直し，イノベーションの結果として課題が解決されることを目指す．

5) リアルな体験の提供

　企業や行政とのコラボレーションの機会を提供し，現実社会と接する実体験を提供する．リアルな体験は地に足がついたアイディアの創出につながり，その実現を突き動かす原動力となる「思い」をはぐくむ．

　それでは，ワークショップの内容を紹介してゆこう．

(2) イノベーションのプロセス

イノベーションが生み出されるプロセスは次の3つのステップに分かれる．

1) 理解（Understanding）

このステップでは，対象となっている事象に関する調査，観察，分析を行い，課題の本質にせまる．人間中心イノベーションにおいては，このステップがもっとも重要である．課題の根本原因や，人びとが気づいていない根源的な価値を明らかにするためには，人間理解を深めることが不可欠である．

2) 創出（Creating）

このステップでは，課題を解決したり，革新的な価値を創出するためのモノやコトのアイディアを生み出す．このステップにおいてもっとも重要な思考はアブダクションである．個人が思いついたアイディアをグループワークによってより優れたものに発展させたり，複数のアイディアを統合することによってまったく新しいアイディアにすることも含まれる．

3) 実現（Realizing）

生み出されたアイディアを，たとえば実現可能性の高い事業計画書にまとめあげ，さらに実際に事業を実施し社会の変革を起こすのがこのステップである．イノベーション教育としてどこまで行うのかは，その教育理念にかかわることであろうが，ワークショップでは事業計画書の作成までを行い，ワークショップ終了後に参加したメンバーが実際に事業化するというのは1つの現実的な形態であろう．

それぞれのワークショップでは，この3つのプロセスを念頭に，ある1つのプロセスにフォーカスをあて，そこに重点をおいてワークショップのプロセスを設計する場合もあろうし，3つのステップを一通り経験させ，全体の流れを理解させるという場合もある．

次に，これまでに実施されたワークショップを紹介しよう．

(3) ワークショップの実施実績

2009年9月より2011年12月までに，計17回のワークショップを実施してきた．そのリストを表8.1に示す．

テーマは多様であるが，人びとの暮らしと密接にかかわるテーマが選ばれて

表8.1 ワークショップの実施実績

	テーマ	ファシリテーター	期間
09WS1	働く母親と子どものより良いコミュニケーションに向けて	IDEO, d.school	終日5日間集中
09WS2	インドの未来を洞察する	博報堂	週1回3時間×4回
09WS3	社会的企業（ソーシャルエンタープライズ）をつくる	堀井*，炭谷**	週1回土曜終日2回＋午後3回
09WS4	エコ・エクスペリエンスのデザイン	日立デザイン本部	週1回数時間3回＋土曜終日1回
10WS1	国内観光のこれから	博報堂	合宿3日間
10WS2	新聞の未来をつくる	田村*	週1回3時間×10回
10WS3	隣国の食文化を理解する・つなげる	田村*，KAIST	終日8日間集中（合宿含む）
10WS4	現代っ子の「学び」環境のイノベーション	Ziba Design	終日5日間集中
10WS5	マニュファクチャリングの未来	RCA	終日5日間集中
10WS6	サステナビリティのデザイン	日立，堀井*，炭谷**	週1回3時間×11回＋土曜終日2回
11WS1	日本の農業の未来	博報堂	合宿4日間
11WS2	未来のゲーム	田村*	週1回3時間×10回＋日曜終日1回
11WS3	高年齢の外出を支援する	田村*，横井*，KAIST	終日7日間集中
11WS4	未来の店舗をつくる	Aalto大学	終日5日間集中
11WS5	ケータイの未来	濱口（Ziba Design）	終日3日間集中
11WS6	仕事の未来	RCA	終日5日間集中
11WS7	デマンドサイドマネジメントのサービスイノベーション	堀井*，炭谷**	週1回3時間×10回＋土曜終日1回

＊i.school，＊＊ラーンネットグローバルスクール

いることがわかる．期間もさまざまである．学期期間中は週1回3時間を10週程度行うことが基本となっている．イノベーションのプロセスのどの部分にフォーカスを与えているかというのもワークショップごとに異なっている．多様なワークショップを経験することによってワークショッププロセスの設計の方法論を体得してもらうことを目指している．

　人間中心イノベーションを生み出す力を養うことに成功している世界中のワークショップを東京大学で実施するところも，i.schoolの魅力となっている．

参加者にとって有益なだけでなく，i.school としてもそのワークショップを分析し，ワークショッププロセスの設計理念や盛り込まれたプロセス要素の目的や効果を学びとっている．

（4） 新しい目的と手段の発案

ワークショップのテーマは多岐にわたるが，新しい目的と手段の発案が目標となっていることは共通している．たとえば，09WS1 では，働く母親が家庭で子どもとのコミュニケーションを深めるという目的を達成する手段として，何らかのサービスや製品を発案することが課題となっている．表 8.2 にいくつかのワークショップにおける目的と手段を示しておこう．

表 8.2　目的と手段

	目的	手段
09WS1	働く母親と子どものコミュニケーションを支援する	製品・サービス
09WS3	社会的課題を解決する	社会的企業
10WS1	未来の国内観光のニーズを満たす	国内観光ビジネス
10WS5	サステナビリティと必要機能を満たす	製品

イノベーションを生み出すための中心的な課題は，目的と手段の発案にある．そのための思考は，2.3 節で論じた通りアブダクションであり，図 2.3, 4.5 に示した手段の集合と目的の集合において，ある目的に対応する手段を思いつくことが課題である．

イノベーション，すなわち，新しくてインパクトの大きいモノやコトを生み出すためには，表 8.3 のように，2×2 の組み合わせを考えることが有効だ．ここでインパクトとは，単に人に与える印象ではなく，人びとの価値観やライ

表 8.3　イノベーションの分析枠組み

	新しさ	インパクト
目的	A	B
手段	C	D

図 8.1 少しでも子どもと接していたい母親と母親を見上げる子ども （イラストは新隼人氏）

フスタイルを変えるとか，社会の変革を促すというような影響を指す．

　IDEOによるワークショップ09WS1のテーマで考えてみよう．働くお母さんは家にいるときには，できる限り子どもと接していたいと思う．いけないと思っていても図8.1のような情況を許してしまう．小さな子どもからすると，はるか上を見上げることになる．そこで考え出されたのが（09WS1における著者のアイディア）図8.2のプレイグラウンド×キッチン＝プレイキッチンとい

8.2　i.schoolの概要　　179

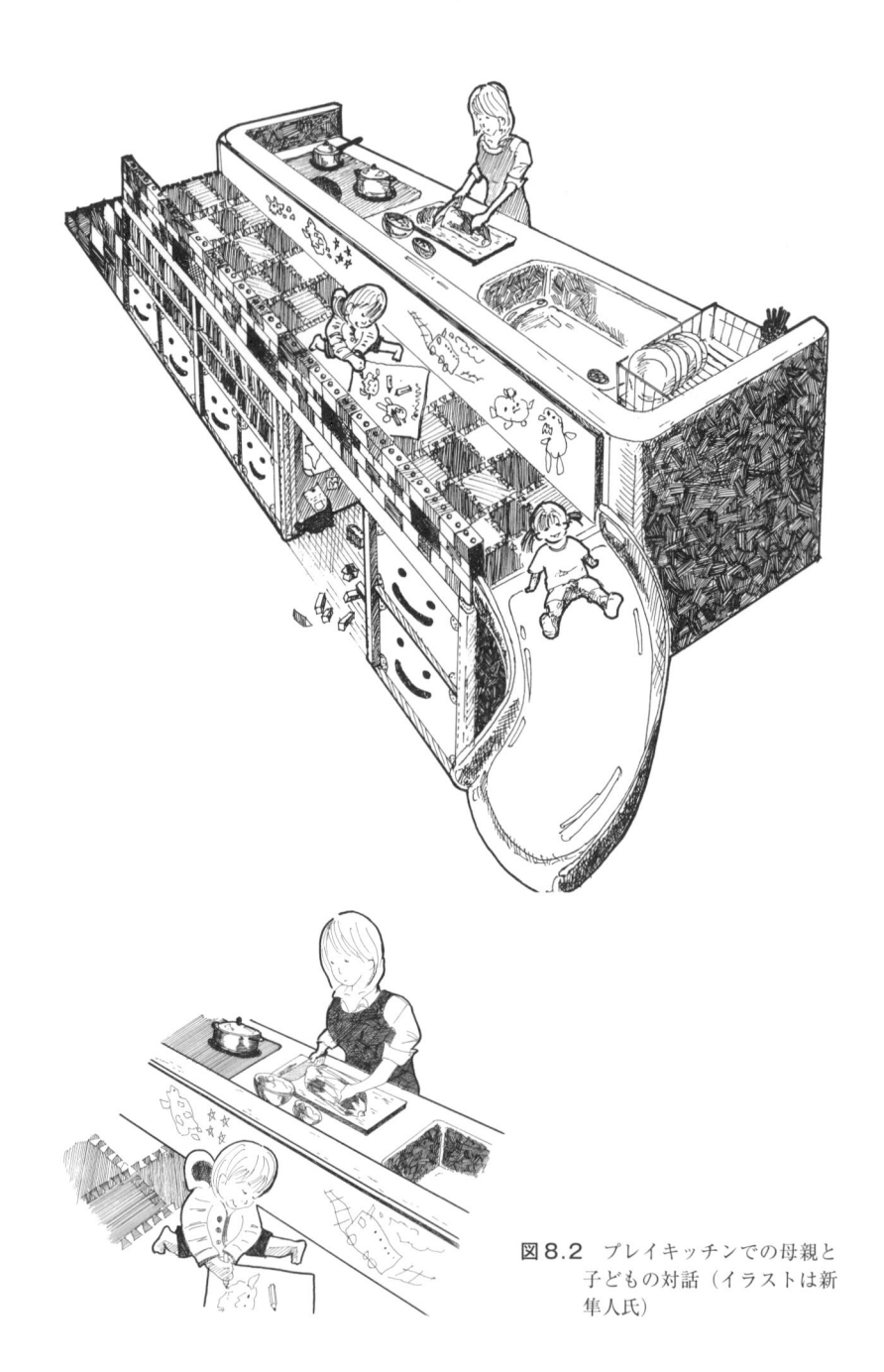

図8.2 プレイキッチンでの母親と子どもの対話（イラストは新隼人氏）

うアイディアである．キッチンカウンター越しに母親と子どもが向き合える高さにプレイグラウンドの高さが設定されている．プレイグラウンドは滑り台になっていて，階段を昇り，滑って降りることができる．プレイグラウンドの下はおもちゃなどの収納スペースになっている．当然，子どもの安全を第1に考えてデザインする．

料理をしながら遊ぶ子どもと対話するという目的はそれほど新しくない（表8.3A）かもしれないが，働くお母さんにとって料理をする時間が子どもと対話する楽しい時間となり，子どもにとっても母親の存在を感じる時間となれば，その目的がもつインパクトは大きい（B）．プレイグラウンドとキッチンを掛け合わせる手段には新しさが認められる（C）．生み出されるインパクトは，手段の機能による（D）というよりは，その手段によって果たされる目的によっているのであろう（B）．

表8.3のイノベーションの分析枠組みを別の例で説明しよう．技術中心イノベーションは，技術革新によって手段の性能を格段に進歩させることによって新しさ（C）やインパクト（D）を引き起こすものであり，その手段によって果たされる目的に人びとがついてくることが想定されている．

フェリカカードは，人間中心イノベーションと技術中心イノベーションの両方の良さを兼ね備えている．軽くて薄いカード1枚で，支払いから，鍵の解錠まで，すべてのサービスを受けられるという目的は新しく（A），インパクト（B）があるが，その目的はカードに埋め込まれた読み取り器から発信される電波で電力を受け取って駆動する技術などに基づく手段の機能（C, D）によって実現されている．

(5)「目的」を見つけ出す

イノベーションを生み出す力を育てるために必要なのは，まず新しい「目的」を見つけ出す力を養うことだ．新しい「目的」とは，解決すべき課題であったり，実現すべき価値であったりするが，i.schoolで追求する人間中心イノベーションは，人びとのライフスタイルや価値観を深く洞察することによって発見される新しい「目的」に基づいて引き起こされるものである．どんなものが欲しいのかと聞かれても答えることができないけれど，「こんなのはどうで

すか」と提示されたときに,「こういうのが欲しかったのだ」とか,「こういうことがしたかったのだ」という反応に結びつくような物やサービスを提供することが人間中心イノベーションの目標なのだ.

どうしたら,そのような物やサービスにつながる新しい「目的」を発見できるのだろうか.人間中心イノベーションにつながる新しい「目的」を発見するためには,人びとのライフスタイルや価値観を深く洞察することが必要であるが,先にも述べたように,そのためには対象に棲み込むことが大切だ.対象に棲み込むとは,対象となる人になりきって,その人が感じる通りに感じるということである.対象に棲み込むことによって,人間中心イノベーションにつながるような新たな「目的」が閃く瞬間が訪れるのである.英語では insight という言葉を使う.insight は洞察と訳されることが多いが,「閃き」や「気づき」の方が本来の意味に近いであろう.

人間中心イノベーションにつながる閃きは,無意識のうちに起こる心的なプロセスであり,論理的な思考によって結論を導くプロセスとは異なるものである.神経を研ぎ澄まし,対象となっている人と同じ気持ちになることが大切である.対象に棲み込むことによって閃きが訪れる瞬間の体験を積み重ねることによって,新しい「目的」を見つけ出す力は養われる.

8.1 節でも紹介した米国のデザイン会社 IDEO は数々のイノベーションを生み出し脚光を浴びた.IDEO はデザインシンキング（Design Thinking, デザイン思考）というデザインアプローチを提唱している.デザインプロセスは,まず人びとの欲求（Desirability）をデザインによっていかに満たすかという課題から出発し,デザインを技術や組織という観点から実現性（Feasibility）と財政的な面からの発展の可能性（Viability）を検証することによって,そのデザインが社会に持続的に存在できて,役割を果たせるというアプローチである.思考（Thinking）という言葉を使っているが,アプローチと呼ぶのがふさわしい.

IDEO のデザインプロセスには,少数のエクストリームユーザーを対象にラピッドエスノグラフィ（rapid ethnography）という調査手法が用いられる.エクストリームユーザーとは,一般的な対象者から外れた対象者を指し,製品のユーザーの場合,利用頻度が極端に低いか極端に高いユーザーなどのことであ

る.エスノグラフィとは,元来は文化人類学,社会学の用語で,集団や社会の行動様式をフィールドワークによって調査・記録する手法およびその記録文書のことを指す.対象者と長期間生活をともにすることも多い.商品開発やマーケティングの調査では,調査対象の数も,観察する時間も限定されるため,ラピッドエスノグラフィとか,ビジネスエスノグラフィと呼ばれる.

(6) 手段を思いつく

　新しい「目的」が見つかったとしたら,次に行うことは,その「目的」を達成する「手段」を思いつくことだ.2.3, 4.3節で述べた通り,「目的」を達成する「手段」を思いつく思考はアブダクションである.

　ある「手段」がどのような「目的」を果たすのかを考えるのは簡単だが,ある「目的」を果たす「手段」を見つけ出すのは容易ではない.既存の「手段」をすべて知っていて,その中に,その「目的」を果たすものがあるのであれば問題ないが,すべての既存の「手段」を知っているはずもないし,人びとのライフスタイルや価値観を深く洞察することによって発見された新しい「目的」を果たす「手段」が存在するとは考えられない.

　したがって,新しく効果的な「手段」を考案することが課題となる.そのためには,「目的」と「手段」,および,目的手段関係に関する知識が必要となる.どのような「手段」によりどのような「目的」が果たされるのかという知識なしに,与えられた「目的」を果たす「手段」を考え出せるはずはない.そのような知識をどのように調達するかは,対象とする「目的」や「手段」によって異なる.日々の暮らしにおける「目的」を果たすために必要な「手段」に関する知識は,人の記憶の中に蓄積されたものを活用すれば十分かもしれない.最先端の科学技術を「手段」として活用する場合には,最先端の科学技術に関する知識だけでなく,その知識をどのように活用したらよいかという方略的知識も必要となる.それらの知識を理解する能力も必要となる.

　目的・手段に関する知識は膨大であり,その知識にアクセス可能となっているだけでは,それらの知識を活用することはできない.人の記憶には優れたメカニズムが備わっている.必要となる記憶が無意識のうちに選び出され,都合よく統合・再構成され,意識にのぼってくる.この記憶のメカニズムが備わっ

ているため，大脳新皮質に蓄えられた過去の経験や知識の中から，必要な知識を抽出することができる．しかし，この記憶のメカニズムも万能ではない．いつでも必要な記憶を引き出すことができるわけではないのである．どのようなきっかけを与えるかによって，記憶のメカニズムをうまく機能させることができるかどうかは変わってくるだろう．また，1人の人の脳に蓄えられた記憶も十分ではない．人の外側に存在する情報をどのように活用するかも重要である．

　目的・手段に関する知識のほとんどは領域固有の知識である．たとえば，航空機のブラックボックスと呼ばれるフライトレコーダーは，航空機事故があったときに，その原因を特定するという「目的」を果たすための手段だが，この「手段」に関する知識は航空という領域の中に留まっている．航空機以外を対象としてブラックボックスが利用されたという話は聞いたことがない．しかし，フライトレコーダーの知識を自動車に転用することによって，ドライブレコーダーが生み出された．ドライブレコーダーとは，自動車にビデオカメラをつけ，事故があったときに前後の動画を提供するものである．事故の原因がどこにあるのか，過失責任がどちらにあるのかが明らかになるため，不合理な責任を負わされることを避けることができる．

　このような領域固有の知識を他の領域で活用すること，すなわち，分野を超えた知の活用は，知識の有用性を倍加させるきわめて有効な方法である．知識は領域の中で蓄積され，そのために多大な努力が費やされるわけだが，そうして形成された知識が，その領域以外で活用されることはほとんどない．そうした知識が分野を超えて活用されるようになれば，大きなメリットがあることは明らかである．知識が領域を超えて活用されるとき，それが革新的なアイディアにつながることはよく知られている．異分野交流会が有益なのは，そうした分野を超えた知の活用につながるからだ．どうすれば，分野を超えた知の活用が可能になるのかは，重要な課題といえる．

　2.4, 4.5, 6.2節でくり返し紹介してきたように，アナロジーを働かせることによってアブダクションを支援するというのが本書に通底するアプローチである．上位概念化を行い，既存の手段の機能を分析するという方法である．フライトレコーダーとドライブレコーダーの例で考えれば，「目的」を「ある結果を引き起こした原因を明らかにする」と上位概念化し，「手段」を「ある結

コラム　目的手段関係のモデル化

『アイデアのちから』[78] に載っているイスラエルの研究チームの話は, イノベーション・ワークショップをデザインするための示唆に富んでいる.

1999 年, イスラエルの研究チームが, 世界中の一流の広告コンテストで最終選考に残るか受賞した広告作品を 200 点集め分析したところ, 89% は 6 つの型に分類できることがわかった. これは 6 つの型を覚えれば, 優れた広告を生み出すことができることを示唆している. さらに, 賞をとっていない広告 200 点を分析したところ, 6 つの型に当てはまるのは 2% にすぎなかった.

広告制作の初心者に, シャンプー, ダイエット食品, スニーカーの予備知識を与え, 3 つのグループに分けた. 第 1 のグループは, 何の訓練も受けず, すぐ制作に取りかからせた. 第 2 のグループは 2 時間にわたり, 自由連想型のブレーンストーミング手法の訓練を受け, 広告の制作を行わせた. 第 3 のグループは, 6 つの型に関する 2 時間の訓練を受け, 制作を行わせた.

出来のよい作品を 15 点ずつ選び, 消費者に見せたところ, 第 1 グループの作品は, 「うるさくて, うっとうしい」という評価が下され, 第 2 グループの作品も, 創造性の評価はたいして変わらなかった. 第 3 グループの作品の創造性の評価は他の 2 グループより 50% も高く, 製品に対する好意も 55% 高かった.

この例では, 広告が手段であり, 手段によって果たされる目的は製品に対する好意を高めるということだ. 既存の優れた広告を分析するということは, 手段を分析して手段に関する知識を得ることを意味している. そして, 6 つの型にまとめるということは目的手段関係のモデル化に他ならない.

優れた手段を生み出すためには, 手段に関する知識が必要である. そして, その知識を活用可能な形にまとめ上げなければならない. 新しくてインパクトを生み出す手段を思いつくためには, 手段に関する知識を活用可能な形で準備することが有効である. 経験から身につけた手段に関する知識には限りがある. とくによく知らない手段を扱う場合には, 効率的にその手段に関する知識を調達しなくてはならない. 4.5 節の解決策発想支援手法はそのための方法であり, i.school のワークショップでも採用している.

果に関連した情報を記録する」と上位概念化すれば，2つの「手段」の類似性が明確となる．このような手法を意識的に活用することにより，新しい画期的な「手段」の発案を支援することができるのである．

(7) 新しさを生み出すメカニズム

　i.school のすべてのワークショップにおいて新しいアイディアが追求されている．人がもっている新しいアイディアを生み出す能力，グループワークにおいて他の人のアイディアを聞いたり，質問に答えようとしたり，他の人に説明しようとする中で新しいアイディアを思いつくというメカニズムは，すべてのワークショップで活用されている．

　i.school で行われたワークショップを研究することにより，そのような基本的で共通するものとは別に，戦略的に埋め込まれた新しさを生み出すメカニズムを確認することができた．これまでに，以下の8つの異なるメカニズムが確認されている．

　1) 他者を理解する：09WS1, 10WS2, 10WS3, 10WS4, 11WS2, 11WS6

　エスノグラフィにより，人間に対する理解を深め，新たな気づき，発見を得ることにより，新しい「目的」を見つけるというメカニズムである．新しい「目的」が見つかれば，その目的を果たす新しい「手段」が生み出されることになる．

　2) 未来を洞察する：09WS2, 10WS1, 11WS1

　未来の生活，社会は当然新しい生活，新しい社会である．未来を考えれば，新しい目的，新しい手段を思いつくことにつながる．問題は未来を考える方法である．ワークショップではスキャニングという未来洞察の手法が採用された．

　3) 概念を明確にする：09WS4, 10WS6

　たとえばエコと感じる体験はさまざまであり，エコというのは幅広い概念である．エコと感じる体験をリストアップし，分類することによってエコという概念を細かく分けて定義することができる．このように概念を明確にすることにより，注目を集めてこなかったけれども本質的な「目的」を見つけ出すことができる．

　4) 思考パターンをシフトさせる：10WS4, 11WS5

人びとが新しい「手段」を考えるときの思考パターンを分析し，その思考パターンとは異なった方向に考え方をシフトさせることによって，人びとが思いつかない，まったく新しい「手段」を発想することができる．

5) 価値基準をシフトさせる：10WS5, 11WS7

これについては後で少し詳しく説明する．

6) 新しい組み合わせを見つける：09WS3, 10WS6, 11WS7

本書で紹介してきたアナロジーによってアブダクションを支援する方法を指す．上位概念化された手段目的関係を用いて，ある目的・手段とは異なる目的・手段の組み合わせを見つけたり，異なる手段を組み合わせて新しい手段を生み出す．

7) 想定外の使い途から目的を発見する：11WS3

ある「手段」に対して，もともと想定されていた「目的」とは異なる「目的」を考えてみる．そうして思いついた「目的」の中には，これまで適切な「手段」が存在しなかったものがあるかもしれない．このようなアプローチにより，フォーカスが当たってこなかった人間の本質や新しい「目的」にたどりつく可能性がある．

8) ちゃぶ台返し：11WS6, 11WS7

アイディア出しの後，アイディアを選択，発展させたり，統合させたりする過程で，あえてそれまでの作業を放棄し，白紙に戻して最初からやり直すことを「ちゃぶ台返し」と呼んでいる．白紙に戻すことは，それまでの作業の失敗を意味すると考えがちだ．しかし，意識的に白紙に戻す可能性を示唆することにより，白紙に戻す心理的負担を軽くすることができる．白紙に戻して考え直すことは，それまでの作業を無駄にすることにはならない．検討している外部条件とか，大切にすべき価値基準を再確認し，それまでに学んだプロセスを理解し直し，正しい理解のもとでくり返すことにより，思考に関する思考であるメタ思考が機能するようになる．結果として，新しいアイディアが生まれる確率は高まり，また，ワークショップの教育効果は倍加する．

5) 価値基準をシフトさせる，を少し詳しく説明しよう．RCAのワークショップ10WS5,「マニュファクチャリングの未来」では，各グループに，冷蔵庫，掃除機，ドライヤー，プリンター，CDラジカセを1つずつ渡し，分解させた．

すべての部品を綺麗に並び展示させたうえで,それぞれの部品の機能を説明させた.

次に,サステナビリティに関する講義を行い,それぞれの工業製品がサステナビリティという観点から受容できるかどうかを尋ねた.さらに,同じ機能を果たすがサステナビリティという観点から優れた製品を考案しろ,という指示を出した.

たとえば,髪を乾かすために,電気を使って温風を送り出す必要はない.吸水性に富んだ素材が開発されているので,それを用いたタオルを使えばよい.このように考えることで新しい製品のアイディアが生まれる.

サステナビリティという価値は,言葉ではわかっているが,それを内在化させ,自分のものとすることによって,新しいアイディアが生まれる.これが「価値基準をシフトさせる」というメカニズムである.サステナビリティという価値を内在化させるために,長い時間をかけて製品を分解し,部品を展示するという体験をさせたのである.

このメカニズムは11WS7でも活用されている.i.schoolのワークショップの具体事例として11WS7の紹介を8.4節で行う.その前に,ワークショッププロセスのモデル化について述べておこう.

8.3 ワークショップのプロセス

ワークショップとは,もともと仕事場という意味であったが,参加体験型,双方向性のグループ活動を指し,教育,研修,芸術,街づくりなどさまざまな領域で行われている.教育効果に重きをおく場合もあれば,意識の醸成,あるいは,アウトプットのために行うこともある.

ワークショップでは,外部から情報が入力され,内部で情報処理がなされ,最終的なアウトプットが出力される.i.schoolのワークショップでは,「手段」がアウトプットであり,そのアウトプットが満たすべき基準は「新しさ」と「インパクト」である.新しくてインパクトを生み出す手段を生み出すことを目標に,情報処理がなされる.

どのような情報をどのようなタイミングで外部から入力し,その情報に基づ

いてどのような情報処理をどのような過程で行うか，それをワークショップのプロセスと呼ぶ．ワークショップのプロセスをデザインすること自体が創造的な活動であり，デザインされたワークショップのプロセスは作品と位置づけることが適当である．

ワークショップのプロセスは，参加者としてワークショップに参加することで体験できるものであるが，それを記述し，形式知とすることが重要である．さらに，ワークショップの記述方法はある程度一般化され，モデル化されなければならない．それがワークショップのプロセスを伝え，評価し，改善することにつながるからである．

どのような場合にどのようなプロセスにすることが望ましいのか，そのことによってどのような効果が期待できるのかを明らかにすること，それがワークショッププロセスのデザインの方法論を構築するということである．ワークショップのプロセスを科学するということはそのような方法論を構築することを意味する．方法論を構築し，その妥当性を根拠づけるためには，認知科学，組織行動学などにおける知識や方法を活用することが有効である．

以下では，アイディア出しに注目したワークショッププロセスのモデル化を論ずる．

(1) ワークショッププロセスのモデル化

8.2節(6)で述べた通り，新しいアイディア，すなわち，目的を果たす手段を思いつく思考は，アブダクションと呼ばれる推論の形態であり，イノベーションを生み出すワークショップにおいてもっとも基本的な要素である．そのアブダクションは，1) ここではアイディア出しと呼ぶ意識的に設けられた作業時間に行われるものと，2) グループワークの中で，他者のアイディアや発言，他者からの質問などに触発され，あるいは他者への質問や，他者からの質問に対して回答をしている最中にアブダクションを行うという意識のない状況で行われるもの，さらには，3) ワークショップの作業時間以外の時間に無意識のもとで，あるいは意識的に行われるもの，の3つに分類される．

新しいアイディアを意図的に生み出すというワークショップの目的から考えれば，1) のアイディア出しがワークショップの中で中核的な構成要素と位置

づけられる．また，アイディア出しにおいて考え出されたアイディアは，その後のグループワークにおける作業の材料となるだけではなく，2) のグループワークにおけるアブダクションの基となる場合が多い．

アイディア出しにおいて生み出されるアイディアの量と質が，ワークショップの最終的なアウトプットの質を支配している．イノベーションワークショップにおいて，①アイディア出しを迎える前に何を行うか，②アイディア出しをどのように行うか，③アイディア出しで生み出されたアイディアを材料として，どのような作業を行うか，の3点が重要である．

そのように考えれば，ワークショップの基本構造は図8.3のようにモデル化することができる．すなわち，イノベーションワークショップは，アイディア出しを中核として，その事前プロセスと，事後プロセスに分けられる．

事前プロセス	アイディア出し	事後プロセス
1) チームビルディング，マインドセット 2) 目的に関する情報・知識・理解 3) 手段に関する情報・知識・理解 4) 創造的思考の準備		a) アイディアの評価・選択・修正・追加 b) やり直し c) 事業計画などの策定 d) アウトプット作成

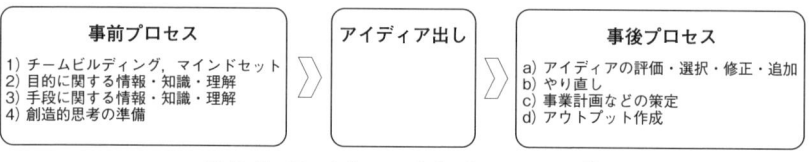

図8.3 ワークショッププロセスのモデル化

以下では，事前プロセス，アイディア出し，事後プロセスで行う活動の内容をみてゆこう．

(2) 事前プロセス

アイディア出しにおける思考の質を高めるためには，どのような状態でアイディア出しを迎えるかが重要である．ワークショップのテーマにかかわる情報や知識は，参加者の大脳新皮質に蓄積されているものもあろうが，イノベーションワークショップの一般的な情況においては，参加者はテーマに関する専門家ではない．たとえ，そのテーマに関連して何らかの経験や学習があったとしても，かなり昔の長期記憶をワークショップで活用するためには，事前プロセスの中で，記憶を思い出しておくことが有効である．

事前プロセスにおいて実施される活動は以下のように整理できる．

1) チームビルディング，マインドセット形成

2) 目的に関する情報・知識・理解
3) 手段に関する情報・知識・理解
4) 創造的思考の準備

イノベーションワークショップにおいてグループワークは中心的な作業様式となることが多い．グループワークの意義についてはコラム「知の構造化」を参照されたい．グループワークが有効に機能するためには，グループメンバーの気持ち，心の持ちようが重要であり，ワークショップの最初に行われることが多いチームビルディングは，チームの雰囲気やチームメンバー間の信頼感，仲間意識をつくりあげるために重要な役割を果たす．

イノベーションワークショップの目的の1つは，参加者が新しいアイディアを生み出すことができるという自信をもてるようにすることにある．新しいコトやモノに対するネガティブなイメージを拭い去り，新しい提案を行っても笑われることがない，否定されることがないという安心感をもつことが大切である．マインドセットの形成は，既成概念の枠を取り去り，新しい提案をしやすい環境を整えることによって達成できる．チームビルディングのための活動が適切なマインドセットの形成に役立つことも多い．

目的に関する情報・知識・理解にかかわる活動は，人びとの生活や価値観を洞察することによって生み出される人間中心イノベーションにとって本質的であり，その活動がワークショップの中心部分となることがある．どのように情報・知識を収集し，それらをどのように処理し，新しい理解につなげるかは大きな課題であり，その方法論の構築はイノベーションワークショップの重要課題であるといえる．

たとえば社会的課題を解決する社会的企業をテーマとしたワークショップでは，社会的課題に関する情報・知識の収集と理解のために，社会的課題のリストアップや，各課題に関する調査が行われる．実際の現場に赴き，インタビューや観察を行うフィールド調査が有効な場合も多い．

手段に関する情報・知識・理解は，既存のワークショップでフォーカスが当てられることが少ない．著者が担当した09WS3, 10WS6, 11WS7では，とくにこの部分にフォーカスを当てている．

本書が主題とする社会的課題の解決策の設計プロセスとの対比で考えれば，

問題の分析のプロセスに対応するのが，2) 目的に関する情報・知識・理解であり，3) 手段に関する情報・知識・理解は，問題解決策立案を支援する活動である．既存の問題解決策を分析し，アナロジーを活用して，新しい，そして有効な問題解決策を立案するための手法は，イノベーションワークショップにおいても有効である．その具体的な事例は 8.4 節で紹介する．

　創造的思考の準備は，アイディア出しの直前に，アブダクションに適した思考状態となるように工夫された活動である．たとえば，RCA が行ったワークショップ 10WS5 では，連想ゲームをアイディア出しの直前に行っている．まず各グループごとにロール紙がわたされる．グループのテーマを最初に書き，最初の人はそのテーマから連想される言葉を書き，紙を折って，その前に書かれていた内容を隠す．次の人は前の人が書いた言葉だけをみて，連想される言葉を書く．それを何回かくり返した後に，言葉ではなく連想されるイメージを絵として描く，次の人は前の人の描いた絵から連想されるイメージを描く．これを何回かくり返してから，ロール紙を開き，一連の言葉と絵を眺めて話し合う．これが RCA が準備したウォーミングアップだ．アイディア出し，アブダクションの前に，連想，論理的・言語的ではない直感的思考，イメージ想起のトレーニングを行ったと理解される．

(3) アイディア出し

　アイディア出しにおいては，経験的に，1) 個人ワークにすること，2) 目的と手段をある程度一緒に考えること，3) 生み出されるアイディアに関連した情況を心的イメージとして思い描くこと，4) 自分に対する問いを明確化させることが有効であることがわかっている．

　1) 個人ワークにすることであるが，それまでのグループワークとは一線を画し，他者との会話を禁じて，個人の思考に集中させるとよい．会話をしたり文を読む際には，かつて学習した知識やエピソードをもとにした長期記憶からの検索を進めながら単語や文を理解している．認知活動の中核をなす言語活動には，ワーキングメモリ（記憶の一種で情報を一時的に保ちながら高次の認知活動に使われる）が大きな役割を果たしており，ワーキングメモリがうまく働かなければ，会話も読みも成立しないことが知られている [22]．アブダクショ

ンにおいてもワーキングメモリが大きな役割を果たしているため，個人ワークでアイディア出しに専念することが有効であると考えられる．

2) 目的と手段をある程度一緒に考えることについて説明しよう．8.2節（4）で説明した通り，ワークショップの課題は新しい手段を提案することであるが，その手段が達成する目的も自ら設定することが求められる．たとえば，社会的課題の解決を達成する社会的企業を提案するというテーマであれば，社会的課題の解決が目的であり，社会的企業がそのための手段である．まず解決すべき社会的課題を特定し，次にその社会的課題を解決する社会的企業を考えるという手順で進めるのが適当のように思われるが，社会的課題と社会的企業を同時に考える方がアイディアが考えつきやすい場合も多い．社会的課題を考えるように設定しても，先に社会的企業を思いついてしまう傾向がある．その方が斬新な社会的課題が思いつく場合も多い．そのような経験をふまえて，目的と手段をある程度一緒に考えることを勧めている．

3) 生み出されるアイディアに関連した情況を心的イメージとして思い描いているときに，アイディアが発想されることが多い．言語に頼るよりは，言語化せず，情況を思い描くことがアイディアの創出にふさわしい．考え出そうとしている手段が適用される局面を思い描き，わが身をその場においてみると，アイディアが自然と湧き上がってくる．

4) 自分に対する問いを明確化させることは，何を考えようとしているかを見失うことを防いでくれる．人の脳は，あたかも与えられた問いに対して答えを返すようにできているかのようであり，問いを与えることによって思考が開始し，問いに対する答えを探す作業が言語化されないまま進行する．したがって，問いによって思考を制御するために，問いを明確化することが有効である．

(4) 事後プロセス

アイディア出しの後に実施される事後プロセスの内容は多様であり，ワークショップの目的や，テーマの内容に応じてさまざまなサブプロセスが組み合わされる．主なサブプロセスは以下のように整理できる．

1) アイディア出しで生まれたアイディアの評価・選択・修正・追加

アイディア出しによって数多くのアイディアが生まれる．それらに基づき最

終的にはグループで1つのアイディアをまとめ上げることが課題となる．この部分に関してはさまざまな考え方が存在する．その考え方によって進め方もさまざまである．

　たとえば，アイディアを提案して終わりではなく，それを実現することが重要だと考えれば，グループのメンバー全員がそのアイディアを実現したいと思うようになることが目標である．個人のアイディアではなく，グループのアイディアであるという意識を育てることが課題となる．複数出たアイディアの中で，どれを実現したいかを投票によって選ぶことにすれば1つに絞り込むことはできるかもしれないが，そのような意識を共有することは難しい．合意形成という概念が近いのかもしれないが，醸成されるべき意識は合意という言葉で表現されるものではないかもしれない．

　上田は『個人と集団の意思決定』[82]の中で，集団意思決定は必ずしも個人の意思決定をつねに優越するわけではなく，実際の意思決定集団の能力＝集団構成員の集合能力＋相互作用ゲイン－相互作用ロスであると述べている．意思決定における選択肢の発想はイノベーションのアイディア発想と相通じるものである．意見の対立に端を発したグループが崩壊するなどといった相互作用ロスの可能性はよく指摘されている．

　上田は，相互作用ゲインとして，観察学習，社会性の促進による構成員の学習能力の向上と，新奇アイディアの生成，アイディア同士の結合につながる認知的刺激をあげている．異なる世界観をもつ構成員同士がコミュニケーションを交わすことにより一種の危機意識が芽生え，その危機意識の解消メカニズムとして，世界観の止揚につながる情報活動を継続させることが可能になる．個人としては自分の認知が受け入れられないことに対する危機意識，集団の一員としては集団が分裂することに対する危機意識が働く．危機意識は集団構成員に情報の探索や再解釈の努力を継続させる原動力となる．この止揚メカニズムにこそグループワークの意義があるとしている．

　清水は『算数・数学教育における思考指導の方法』[83]の中で，ペアによる問題解決という設定がメタ思考の生起に対してもつ意味，ペアによる問題解決過程にみられる対話の役割を論じている．グループワークにおけるコミュニケーションは思考に関する思考であるメタ思考を促進し，そのことがワークシ

ョッププロセスをデザインする能力を身につけるという教育効果につながることを示唆している．

マーティンは，『インテグレーティブ・シンキング』[84] の中で，矛盾や対立から創造的な解決策を生み出すこと，すなわち「AかBか」の安易な二者択一をせず，相反する2つの考えを並立させ，対比させ，両者のよさを採り入れつつ斬新な答えを見つけだすことの重要性を唱えている．そのような統合思考もこのフェーズで追求される．

2）やり直し

8.2節（7）の8）ちゃぶ台返しで述べた通り，意図的に白紙に戻してやり直すことには効果がある．アイディアが満たすべき基準を徹底的に再確認し，それまで検討してきたアイディアを評価することが，新しい気づきや革新的なアイディアにつながる場合がある．また，上に述べたグループのアイディアという意識の醸成にもつながる．

3）事業計画などの策定

これでいこう，というアイディアが固まれば，後はそのアイディアを実現するための計画策定に移る．これについてはすでにさまざまな書籍も出ているが，i.school の重視している社会的課題の解決という文脈に合到している炭谷の『ゼロからはじめる社会起業』[85] をあげておこう．炭谷は，09WS3，10WS6，11WS7 で事業計画策定を指導した．

4）アウトプット作成

ワークショップの最終アウトプットはプレゼンテーションという形で人に伝えることになる．事業計画書などの資料を準備することも重要であるが，事業の協力者やサービスのユーザーを想定して心に響くプレゼンを目指すことを重視したい．i.school ではスキット（寸劇）という形態を織り交ぜることが多い．醸成されたグループ意識を形にする作業でもあり，また，人間中心イノベーションの特長を表現し，その有効性を確認することにもつながる．

8.4 ワークショップの事例

ここでは i.school ワークショップの事例を1つ紹介しよう．2011年10-12月

に行った11WS7「デマンドサイドマネジメントのサービスイノベーション」を取り上げる．参加者は24名，4チームに編成した．年間を通じてすべてのワークショップに参加を認められた通年生が10名，今回の公募による参加者が8名，社会人参加者が6名であった．女性は4名，学部生は9名，理系学生が11名，文系学生が7名であった．

週1回3時間を10回と土曜日終日1回のワークショップを開催した．前半と後半の2部に分け，前半の最後に中間プレゼンテーション，後半の最後に最終プレゼンテーションを行った．実質的な活動は，前半に週1回3時間を6回と土曜日終日1回，後半に週1回3時間を2回行っている．前半を著者が担当し，後半はラーンネットグローバルスクール代表の炭谷俊樹が担当した．ここでは前半部分の説明を行う．

(1) ワークショップ (前半) の骨子

・テーマ：デマンドサイドマネジメント (DSM：Demand Side Management) という文脈の中で，まったく新しいサービス事業を提案する

サプライ (供給) がデマンド (需要) に追いついていない場合に，供給を増やして対応するのがサプライサイドマネジメント (SSM：Supply Side Management) である．供給を増やすことができない，あるいはそれが望ましくない場合，需要をコントロールすることによって対応する．それがデマンドサイドマネジメントである．

デマンドサイドマネジメントは，時間的または空間的に需要を平準化することによって限られた供給を効率的に利用する場合と，需要を抑制する場合の2つに分かれる．そして，そのような状況には新たなサービス事業のチャンスがあるととらえる．東日本大震災後のエネルギー事情をふまえて設定したテーマであるが，エネルギーに限らず，供給が足りない状況が発生しているすべての事象を対象とした．

・手段：サービス事業

イノベーションワークショップの課題は新しくてインパクトを生み出す手段を発案することであるが，このワークショップにおける手段はサービス事業で

ある.

・目的：限られた供給を有効利用したり，需要を抑制しつつ，求められる価値を提供する

　手段であるサービス事業が果たすべき目的は，限られた供給を有効利用したり，需要を抑制しつつ，何らかの価値を提供するということである．何らかの価値を提供することにより，事業が成立し，サービスが提供され，結果として需要が満たされない状況が改善される．

・新しさを生み出すメカニズム：新しい組み合わせ，ちゃぶ台返し，価値のシフト（SSM から DSM へ）

　3つのメカニズムを組み込んだ．8.2 節（7）で説明した通りであるが，価値のシフトについて説明を補足しておこう．成長型社会においては SSM が当たり前である．満たされない需要はビジネスチャンスであり，供給を増やすことがビジネスの基本である．DSM は理屈のうえでは理解されるが，身体の中に埋め込まれてはいない．常識を覆すことが必要である．「ちゃぶ台返し」を行うことにより，DSM という理念を徹底的に検討するという体験を仕組んだのである．

・事前課題：優れたサービスのリストアップ

　ハイ・サービス日本 300 選（サービス産業生産性協議会が表彰したイノベーションや生産性向上に役立つ先進的な取り組み）を参考に優れたサービスを 10 選び，Evernote（情報を蓄積するウェブサービス）の共通ノートブックにアップロードする．後で用いる APISNote（コラム「知の構造化」参照）という知の構造化ツールは，Evernote とデータを共有しており，Evernote にデータを入力しておけば，APISNote でそのまま利用することができる．

・事前プロセス：チームビルディング，マインドセット

　笑いが生じる場面を詳細に分析し，それを応用可能な「技術」として体系化した『ウケる技術』[87] をもとに作成したカードゲームを行った．アナロジ

ーを活用して新しいアイディアを発想する仕組みを理解することが目的だが，創造の楽しさを体験し，グループの意識を一体化するのに効果的であった．

・事前プロセス：手段に関する情報・知識・理解

既存のサービスの分析を行い，結果を分類整理し，上位概念化を行う．事前課題でリストアップした各サービスについて，1) サービスの優れている点と，2) その良さを発揮するための価値創出のメカニズムを抽出し，APISNote に入力する．

たとえば，無添くら寿司のサービスの優れている点は，「1) 食べたい種類の寿司が適切なタイミングと量で回っている」であり，その価値創出のメカニズムは「2) 皿の裏に貼られた IC チップによる廃棄管理システムと消費実績のデータベース化と分析による需要予測システム」である．

Amazon のサービスの優れた点の1つである，「1) 自分の好みにあった本を紹介してくれる」は無添くら寿司のそれと類似している．両者を「テーラーメイド提案」と上位概念化する．

この分析結果は，APISNote に入力すると，図 8.4 のように表示される．APISNote を用いれば，無添くら寿司と類似のサービスが検索され，それらのサービスがどのようなメカニズムで価値創出されているかがわかる．

他のサービスについても同様に分析され，分類整理，上位概念化が行われ，APISNote に結果が入力される．この作業自体がアナロジーを活用してアイディアを発想するトレーニングになっている．

・事前プロセス：目的に関する情報・知識・理解

DSM の事例の収集のためにフィールド調査を行い，写真と説明を Evernote に入力する．DSM が必要となっている現場や DSM が機能している事例を調査する．

・事前プロセス：創造的思考の準備

このワークショップではとくに行わなかったが，チームビルディングで行ったカードゲーム，あるいは事前プロセスで準備した情報をカードにしてゲーム

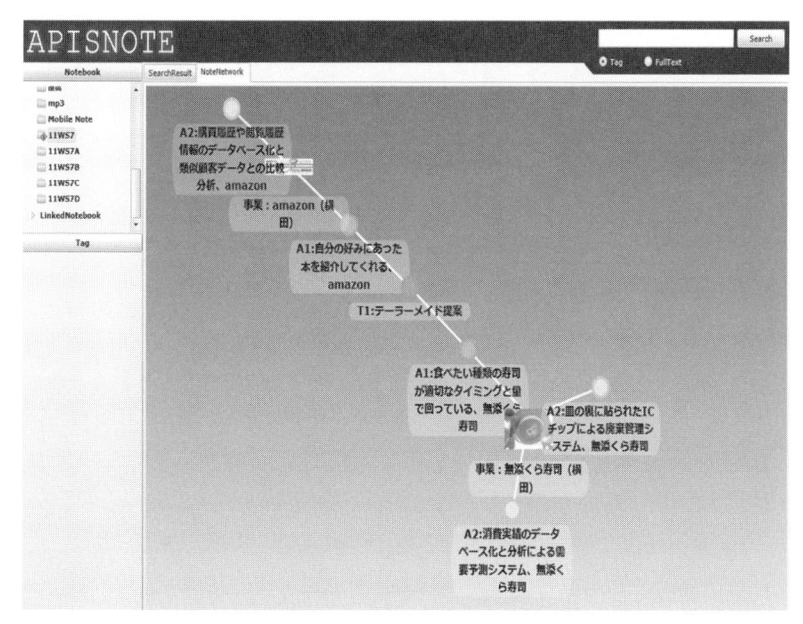

図 8.4　APISNote の表示画面

を行うことも考えられる．

・アイディア出し（アブダクション）

　個人ワークの時間を 10 分設けた．「DSM という文脈における新しいサービスには何があるか？」という問いを，アイディア出しを始める前に青いポストイットに書き，思いついたアイディアのタイトルと絵を黄色のポストイットに書いていく．

　アイディア出しにおいては，DSM のフィールド調査と優れたサービスの良さを図 8.5 のように画面に表示し，それを眺めることができるようにした．

・事後プロセス：アイディアの評価

　アイディア出しの後，まずアイディアを共有してコメントする．順に 1 つずつアイディアを発表し，他のグループメンバーがコメントする．何周か回ったところでその日は終了となる．ポストイットのアイディアは APISNote に入力

図 8.5 DSM の調査結果と優れたサービスの良さ

し，既存のサービスの良さなどの関連する情報とリンクを張る．1週間後のワークショップまでに各自が選択，修正してアイディアを持ち寄る．

次の週，1）新しさ，2）生み出されるインパクトの大きさ，3）実現可能性，4）DSM との整合性という観点から各自のベストアイディアを選び，青いポストイットに記入する．それをグループ内で発表し，他のメンバーはそのアイディアの良い点を黄色のポストイットに記入して近くに張る（図 8.6）．

次に，黄色のポストイットを集め，KJ 法により分類整理し，類似の良い点にタイトルをつけ，上位概念化する．タイトルはピンクのポストイットに記入する．サービスアイディアの青のポストイットを左端に，ピンクのサービスの良さを上に並べ，それぞれのサービスアイディアがそれぞれのサービスの良さに該当しているかどうかを評価すると，図 8.7 のようにアイディアマトリクスができあがる．

図 8.7 のアイディアマトリクスを眺め，特徴的な 2 つのサービスの良さを選び，図 8.8 のようにアイディアダイアグラムを作成する．すべてのアイディア

図 8.6 サービスのアイディアとその良い点

をこの平面に配置する．アイディアを選択するというよりは，異なる評価軸に対してそれぞれの軸で評価の高いアイディアの良い面を組み合わせて新しいアイディアを生み出すことを目指す．

このようなプロセスを経て新しいアイディアが生まれる場合もあるであろうが，必ずしも新しいアイディアを生み出すことだけが目的ではない．評価軸に対する認識を深め，新たな気づきや検討の方向性を見つけることが重要である．何よりも自分のアイディアに固執する気持ちが薄れ，グループのアイディアを協働してつくりあげる意識を醸成することが重要である．

・事後プロセス：ちゃぶ台返し

次に，意図的に白紙に戻してやり直すことを勧めた．このとき，アイディアの評価基準として，1) 新しさ，2) 生み出されるインパクトの大きさ，3) 実現可能性，4) DSM との整合性を再確認することを指示した．この後の進行は各グループに任せた．

8.4 ワークショップの事例　201

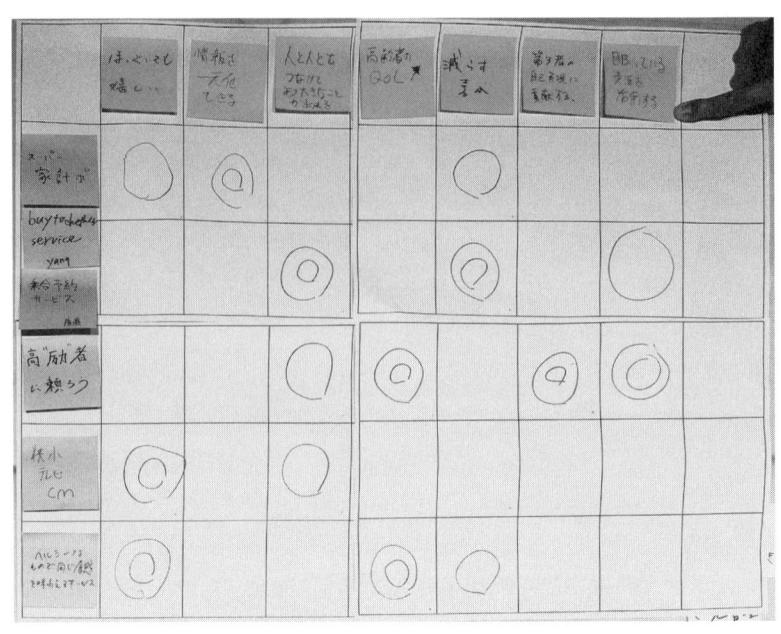

図 8.7　アイディアマトリクス

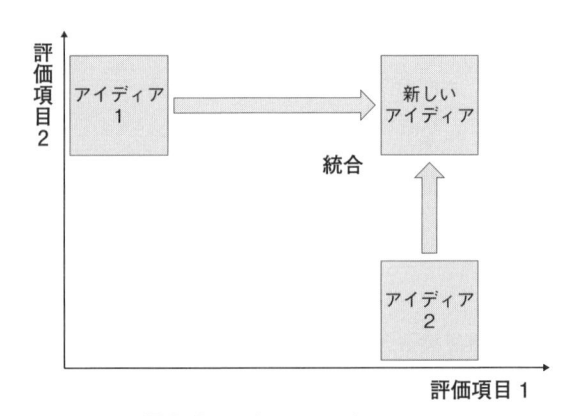

図 8.8　アイディアダイアグラム

・中間アウトプット

　土曜日終日を使ってグループワークが進められ，中間プレゼンテーションの準備に入った．

202　第 8 章　イノベーション教育：東京大学 i.school

Aグループは高速道路の渋滞にターゲットを当てた．Bグループは大病院に患者が集中する問題を取り上げた．Cグループは時間が足りないという問題を扱った．Dグループは人気企業へ就職希望者が集中する問題を取り上げた．どのグループも供給（高速道路の容量，信頼できる医療サービス，時間，人気企業の雇用）が需要に対して不足しているが，供給を増やすよりも需要をコントロールすることがふさわしいものであり，4）DSMとの整合性という評価基準を十分に検討した結果であるといえる．

　紙幅の関係もあり詳細を説明することはできないが，Cグループにおけるアイディアが生まれた思考プロセスを次に説明する．

(2)　アイディア創出の思考プロセス

　Cグループのメンバーは，藤田孝紘（工学系研究科修士2年，以下すべて当時），山崎洋輔（文学部4年），楊家瑜（留学生，農学生命科学研究科博士1年），岸浩稔（工学系研究科博士2年），砂畑尚徳（社会人経営企画部），鈴木昭寿（社会人研究所研究管理部）の6名である．

　このグループは最終的に「自分の使った過去の時間を振り返りその価値を客観的にとらえ直すことで，将来の時間の使い方を考えるきっかけとするサービス」を提案し，ワークショップ終了後もそのサービスを実現するための努力を続けている．

　ここでは，そのサービスのアイディアがどのようにして生まれてきたのかを明らかにする．最初の発案者である岸浩稔のアイディア創出の思考プロセスをたどる．

　第4週に行われたアイディア出しにおいて出されたアイディアの1つが「スーパー家計簿」である．クレジット，現金，銀行振込・振替・手渡しなどのやりとりを一元化管理し，自分の収支状況を適切に確認することで，消費の調整（デマンドマネジメント）ができるようにするというサービスだ．まず，そのアイディアが生まれた思考プロセスをみてみよう．

・アイディア出し10分：スーパー家計簿のアイディア
　―背景：DSMの定義については，それまでのサービス分析でかなり理解が

コラム　知の構造化

　i.school は，現在著者がセンター長を務める東京大学知の構造化センターの教育プロジェクトとして運営している．イノベーションの創出においては知の構造化が本質的だと考えるからである．知の構造化センターでは，i.school のワークショップで活用する知の構造化ツールを開発することをめざしており，また，イノベーションの創出において知の構造化が本質的であることを実証することを目的としている．

　知の構造化センターでは，日々蓄積される大量の知識を，さまざまな構造化技術を用いて，知的発見やイノベーション，問題解決，意思決定，人材育成に役立てるための方法論を研究開発し，その成果を社会的に実装することを目的に研究開発を進めている．「知の構造化」とは，コンピュータを使って大量の情報を処理し，各要素の間の関係性を明らかにし，利用可能にすることだ．これによって，大量の情報をさまざまな用途に活用することができるようになる．検索エンジンは，大量の情報を活用する手段としてもっとも一般的である．検索エンジンは大量の情報の中から，必要な情報を選び出してくれるわけだが，人びとの知的活動を支援する方法は検索だけではない．知の構造化技術は情報を提示するだけではなく，情報と情報の関係性を提示することにより，情報の全体像の把握，知識の構造的な理解，知的な発見やアイディアの発想を支援することができる．そのために，知の構造化センターでは，自然言語処理，人工知能，ウェブ工学の最先端技術を活用した「知の構造化技術」と，それを役立てるための方法論の研究開発を行っている．

　i.school のワークショップでは，ある「目的」に対する「手段」を生み出すことが課題となる．たとえば，社会的課題の解決という「目的」に対して社会的企業という「手段」を生み出すことが課題となる．ワークショップでは，「目的」に関する大量の情報から取り組むべき「目的」を特定すること，目的手段関係に関する情報を活用して，新しい「手段」を発想することが必要だ．グループワークによる作業が中心となるが，メンバーによって出された多くの意見を構造化して，可視化することが，新しいアイディアを生み出し，合意形成をするために重要な役割を果たす．

　そのような作業を効率的に行うために，APISNote という知の構造化技術に基づくツールを開発した．開発者は知の構造化センターに所属する中山浩太郎

> 特任助教である．APISNote により，「目的」，「手段」，目的手段関係，観察された事実，事実に関する解釈，解釈から導かれるアイディア，「手段」に関するアイディアなどの情報と，その情報の関係性が可視化される．
>
> APISNote を使うことで，従来，ポストイットで行っていた作業に比べ，より大量の情報を処理することができる，情報の関係性をより詳しく分析することができる，作業の経過を記録・復元することができる，グループ作業を分散処理できる，などのメリットが実証されている．ワークショップを集合知を入力する装置，集合知を活用する機会ととらえ，過去のワークショップでの検討結果を有効に活用して新しい知識を生み出し，それを将来のワークショップに活用してゆきたい．そのため APISNote は大きな役割を果たす．

深まっていた．
—問い：「DSM とはどういう意味か」「より影響の大きいインパクトのあるもの」という問題意識をもっていた．
—きっかけ：クレッジカードの請求額がどれくらいなのか気になっていた．
—思考プロセス：影響の大きいものがいい→みんなにウケるものは何だろう→より影響の大きいものを考えよう→誰もが使っているもの→金銭収支の管理

第5週にアイディアの評価を行い，「ちゃぶ台返し」で白紙に戻し，その土曜日に終日かけてグループワークを行った．

・グループワーク開始前
　—きっかけ：朝の集合時間に遅刻者多数のため，時間に関する雑談をした．
　—思考プロセス：「時間をうまく使えない」という点はおもしろい着想だ→「時間」もデマンドサイドマネジメント→時間で何かサービスができないか

・グループワーク：ワークライフマネジメント
　—背景：サプライとデマンド，という概念についてよく理解していた．「ス

ーパー家計簿」のアイディアを踏襲して，「情報の一元化」という発想をもっていた．「限られたサプライの中でデマンドを調整することで，有効につかえる，いいことがある」．このDSMの基本にいつも立ち返って考えていた．
—問い：解決したいこと，あったらいいことってなんだろう．
—思考プロセス：水，時間などに関する話題で脱線をくり返し，朝起こしてくれるiPhoneアプリのsleep cycle alarmの話になった→水の話をしながら，やっぱり「時間」でおもしろいことはないか→ちょうど手帳を買い替えて，「野口悠紀夫の超整理手帳」にしていた→「スケジュール」をDSMにできないか→予定の情報を一元化管理して，うまく時間をマネジメントしてくれたら，いいサービスではないか→「スーパー家計簿」ならぬ「スーパー手帳」

このようにしてワークライフマネジメントというアイディアが生まれ，ライフコンシェルジュというサービスが中間発表で提案された．インタビュー調査やグループワークによって，MOMO2.0と名づけられた最終案に発展した．

これは，スーパー家計簿とスーパー手帳のアナロジー，お金と時間の置き換えによって生まれたアイディアということができるが，アナロジーを意識的に活用したというよりは，無意識のうちにアナロジーが機能したという方が近いかもしれない．アナロジーを活用するトレーニングを行っていたからこそ，そのようなアナロジーが機能したと考えられるが，そのことを確かめるためには，さらに研究を重ねることが必要である．

8.5 イノベーション教育の発展の方向性

本章では東京大学 i.school の紹介と，ワークショッププロセスのモデル化，そしてワークショップの事例を紹介した．新しい手段を生み出すという点で，新しい社会問題の解決策の立案と新しい製品，サービス，ビジネスなどの発案とは共通性がある．i.school の成果は社会問題の解決策の立案にも活かすことができる．社会問題の解決策の立案をワークショップ形式で行い，そのワー

ショッププロセスをデザインするということはやってみる価値がありそうだ．

　i.school のワークショップの質を高め，教育効果を向上させるとともに，イノベーションの生まれる確率を高めるために，ワークショッププロセスの方法論を精緻化することが重要である．すなわち，どのような課題に対しては，どのようなワークショッププロセスにすればよいのかを決定でき，さらに，なぜそうなのかを説明することができるようにするということである．そのためには i.school のワークショップを研究対象とし，研究の成果をワークショッププロセスのデザインに反映させなくてはならない．イノベーションワークショップを対象とする研究をイノベーションサイエンスと呼びたい．イノベーションサイエンスを学問領域にすることがイノベーション教育の発展には重要である．

第9章　ケースメソッドと社会技術

　本章では，ケースメソッドによる教育において，社会技術研究によって開発された問題分析や問題解決策立案などの方法をどのように活かすことができるのか，また，社会技術に関する教育を行ううえで，ケースメソッドをどのように利用することができるのかをみる．

　まず，中国における ESCO 事業展開に関するケースを取り上げ，その概要を説明したうえで，どのような分析を学生に行わせ，どのような結果を導き出させるかを示す．

　次に，福島第一原子力発電所事故の要因分析に関するケースを掲載する．実際に教材として利用可能とするために，学生に行わせた分析の結果は，あえて掲載しない．ケースメソッドによる教育の進め方は，教員の裁量に任されており，ケースをどのように使うことも許されている．このケースを自分の学習のために，あるいは，学生に対する教育の材料として使っていただければ幸いである．

9.1　ケースメソッドと社会技術

　ケースメソッドとは，ケースと呼ばれる事例を記述した資料を用いて実践的な能力を身につける教育方法である．アメリカのハーバード大学経営大学院で1900 年代の初頭に開発され，以降欧米のいろいろな分野の大学院において重要な教育方法となっている．従来の講義形式の教育が完成された知識の習得を目的としているのに対し，ケースメソッドは分析力，創造力，論理力，判断力などの実践的能力を養うことを目的としている．

たとえば，国際社会で活躍する人材を養成しようとするとき，知識伝達型の講義，いわゆる座学では不十分であろう．能力やスキルも身につけさせるためにはケースメソッドが最適である．知識についても，ケースメソッドの方が学生も興味をもって学習できるし，何よりリアリティや文脈依存性を体感できる．擬似的体験というのがピッタリの言葉であろう．

ケースメソッドの教育効果は，学生にケースを使ってどのような作業を行わせ，どのような問いを発するのか，すなわち教師の指導法に大きく依存している．漫然と考えさせるだけであれば，適切な能力やスキルを学習させることはできない．社会的な問題の分析や解決策を立案するための能力・スキルを身につけさせることを目的に据えるのであれば，本書で説いている解決策設計の方法に基づいて指導するのが効果的である．

社会技術に関する教育を行う場合を考えてみよう．通常の講義のように，問題解決策の設計方法を体系的に教授するのも必要であろうし，具体的な社会問題を例題として，解決策を設計してみせることも1つの教育方法であろう．グループに分けて解決策を設計させることも効果的な方法である．ケースメソッドにより解決策の設計方法を学習させることには，それらの方法とは異なった効果がある．ケースに書き込まれたストーリーの中で，問題解決者の立場に立って問題を分析し，解決策を立案し，解決策の影響を評価することができる．整理された情報を与えられるのではなく，ケースに書き込まれた文脈から必要な情報を抽出することになる．要するに，リアリティを感じながら，当事者意識をもって解決策の設計を行うということであろうか．これは，より実践的な問題解決能力を身につけることにつながるであろう．

それでは，ケースメソッドの可能性を理解するために，具体的な事例の紹介を行おう．

9.2 事例：中国におけるESCO事業展開

本節では，「中国における ESCO 事業展開」と題するケースの概要を紹介し，そのケースを用いてどのように講義を進めるかを示す[91]．

(1) 社会技術としてのESCO事業

ESCO (Energy Service Company) 事業とは，工場やビルの省エネルギーに関する包括的なサービスを提供し，それまでの環境を損なうことなく省エネルギーを実現すると同時に，その結果得られる省エネルギー効果を保証する事業である．従来の一般的な省エネルギー改修工事と異なる点として，ESCO事業導入による省エネルギー効果をESCO事業者が保証するとともに，省エネルギー改修に要した投資・金利返済・ESCOの経費などは，すべて省エネルギーによる経費削減分でまかなわれることがあげられる（図9.1）．また，契約期間終了後の経費削減分はすべて顧客の利益になるなど，顧客にとってはリスクを抑えて省エネルギーを実現することができる点が魅力である．ESCOビジネスは二度の石油危機による原油価格高騰を契機に，1970年代に米国で誕生したビジネスモデルであり，5000億円を超える市場規模を獲得している．またEUにおいては，とくにドイツやオーストリア，イギリスなどで活発であり，現在も成長を続けている．

図 9.1 ESCO事業の経費と利益配分

【ESCO事業実施前】　【ESCO事業実施後】　【契約期間終了後】

社会問題を解決するための広い意味での技術である社会技術として，工学的技術と社会的技術をうまく組み合わせることが重要であることは第1章で述べ

た通りである．省エネ技術と，省エネ技術を普及させるための省エネ法などの社会システムを組み合わせて初めて，ESCO 事業は成立する．このように考えれば，ESCO 事業は典型的な社会技術ととらえられる．

(2) ケースの概要
教材となるケースの概要は以下の通りである．
1. 背景
   ESCO 事業を説明し，各国におけるその普及状況と障害を述べる．
2. 中国のエネルギー問題
   中国におけるエネルギー利用の現状と課題を述べる．
3. 中国における ESCO 事業
   中国における ESCO 事業の現状を述べるとともに，その背景情報として，政治構造，省エネ法，省エネ政策管理・運用体制，関係する主体の特徴を説明する．
4. インタビュー調査の結果
   2008 年 12 月に北京市，瀋陽市において 14 名の関係者に対して行ったインタビュー調査の結果概要を記載する．主な調査項目は ESCO 普及の阻害要因である．
5. 検討課題
   ケースを読んだ学生が検討すべき課題として，以下の 4 つの問いを記載した．
   1) 中国における ESCO 事業展開の問題点は何か
   2) もっとも本質的な問題点は何か
   3) ESCO は中国で普及するだろうか
   4) 将来，ESCO が中国で普及するときがやってくるとしたら，いま何をすべきか

紙面の都合上，ケースの詳細を記載することはできないが，検討の対象となる 4. インタビュー調査結果の一部を紹介する．

①瀋陽市節能監察中心　A 氏
瀋陽市節能監察中心は市政府の直属機関であり，瀋陽市における工場・企業

の省エネルギーを監督している．当初はサービス技術センターとして活動していたが，2005年に市の新政策で監督機構となり，企業に検査を要求する権力を得た．主な活動内容は企業に省エネルギー状況を定期報告させ，問題が発覚したら市政府に報告することである．企業に対する改善命令は政府が出すことになっている．以下は発言内容である．

　市政府は数字上での任務を決めるだけで，省エネ手法についての技術援助はない．省エネが進んでいれば，奨励金が出ることもある．企業の省エネに対する主なインセンティブはコストカットが一番大きい．中国ではESCOに対する国からの財政援助がないから困難．瀋陽市でESCOが実施されない理由は，ⅰ）投資して利益が出づらく，手を出しにくい，ⅱ）回収期間が長い，ⅲ）細かい商談の失敗，ⅳ）国の財援助政策がない．瀋陽市の企業・行政の省エネ意識は高いとはいえない．北京・上海ではESCOが行われている．省エネ法の改正も行われたし，テレビ・マスコミ（国営）の宣伝も盛んになってきたが，意識の普及には時間がかかる．中央政府から省政府に任務が課されていて，達成できないと省長，市長がクビになる可能性がある．公共機関では，省エネしていない．政府が奨励する省エネ製品を使いなさいという規制はあるが，具体的な数値目標はない．今年，公共施設に対する省エネの条例が発布されたが，効果はまだみえていない．監察といっても，厳しい基準があるわけではない．適当に合格できてしまう．

②沈阳乳业有限责任公司　B氏

　沈阳乳业有限责任公司は乳製品を扱っている民間企業であり，遼寧省内でも有数の乳製品工場を有している．沈阳乳业有限责任公司はインタビュー当時ちょうどESCO事業の実施を検討中であり，これから商談に入ろうという段階にあった．以下は発言内容である．

　政府の呼び掛けに応じて，省エネを積極的に行っている．中央政府の20％削減というマクロ目標があるが，企業別の数字目標はない．企業によって状況が違うから．規制もコストダウンも同じくらい大事なインセンティブである．昨年から省エネに取り組み，よい方法を考え，省エネを達成した．結果として，奨励金をもらった．よい方法とは，オフピーク電力の使用．冷却施設が多い．

中国では，時間を3つの区分に分けている．安い時間帯に電力を使って，冷気をタンクに保存．電気料金が高い時間帯には使わない．中国では，冷却について機器改善がかなり試みられている．去年100万元の電力料金を節約できた．ESCOについては，詳しくは知らないが，少しだけ知っている．他会社のESCO実施状況についても知らない．ESCOを導入しづらいのには，資金と技術という2つの大きな要因がある．資金回収の時間が長い．投資資金を少なく，利益が大きく，早い回収が会社の経営方針である．冷却施設は，100万元かかったが，1年で資金が回収できた．もっと石炭を効率的に燃やして熱量を出せるのか，方法がわからないので，いい方法を探すためにESCOを検討している．

③ NEDO 北京事務所　C氏

　NEDO（New Energy and Industrial Technology Development Organization, 独立行政法人新エネルギー・産業技術総合開発機構）は日本の産業技術とエネルギー・環境技術およびその普及を推進する日本最大規模の中核的な研究開発実施機関である．2006年には日中省エネルギーサービス（ESCO）シンポジウムを開催するなど，ESCOビジネスの普及にも力を入れている．以下は発言内容である．

　中国でESCOが普及しない最大の要因は電気料金が安すぎるから割が合わないことである．儲かれば，中国はどんどんやる．事業展開できる体制，しっかりしたESCO事業者としての組織の構築が必須．いまの監察隊は，各施設に行って，感覚で指導している．（暑い，寒いなど）もっと細かい指示，指導が出せるようになれば，意識を変えられる．省エネ監察隊の力を大きくするのが効果てき面．省エネ監察隊の人員不足，機材設備不足．省エネ監察隊はあまり魅力的な職場じゃないから，優秀な人員が集まらない．行政の省エネ，幹部の人事評価の要素となっている．（中央政府からの）地方政府省長は必死になってやっている．ESCOの効果はすぐ出てこない．発電所の大型化など，事業所での省エネの方が効果が大きいから，地方政府はなかなかやらない．人民政府にとって，ESCOの省エネ優先順位は（大事といっているが）低い．自動車規制をすれば，ただちによくなってしまう．ビル1個1個やるより．中国の銀行は，投資回収が2, 3年でないとお金を貸さない．中国は日本のような政策

的な融資機関がほとんどないため，ESCO が融資を得るのは難しい．中国では上海，北京，広東省など経済的に余裕のある地域でやってみるのが適切．ESCO というキーワードは，上海，北京，広東省などのトップにもなかなか浸透していない．地方政府の幹部はそんなリスクをとらない．よくわからないものにチャレンジしたくない．成功事例をみせるのが大事．

④ JETRO 大連事務所　D 氏

　JETRO（Japan External Trade Organization, 日本貿易振興機構）は中国遼寧省の経済や産業に関する情報を提供するとともに，セミナー・講演会などを通じて現地の政策決定者と協力して日本企業の海外進出支援に積極的に取り組んでいる．以下は発言内容である．

　地方政府の役人は今年の省エネ法改正によって，省エネによる評価がもっとも大きく上がるポイント．省エネインセンティブとなっている．成果は2年以内が基本．省エネ，ESCO は成果が出るまで時間がかかるのが困難．環境保全に関しても，監査が甘く，徹底されていない．監査の目をうまく抜けるような処理．投資回収は長くて3年．利回りの問題．2年で5%．リスクを負えない．ESCO の可能性．遼寧省は日本に期待している．ついつい EU に発注するが，メンテナンス面では日本の方が有利．中国役人の本音．Face to Face で日本に対して交渉したい．でも日本は意思決定が遅い．中国ではまず ESCO に認知度が必要，ビジネスベースに繋がる，採算取れるという実証がないと．とにかく成功事例を知りたいという思いがある．

（3）　ケース学習の進め方とティーチングノート

　ケース学習では，学生は事前にケースを読んできたうえで，上記の課題を順に検討する．グループに分かれて作業することが効果的である．グループワークの後で結果を報告する形態もあるが，時間がかかり，また内容の重複も多くなるため，すぐに全体ディスカッションに移るのも一案である．

　1）中国における ESCO 事業展開の問題点は何か，に対しては，問題点をポストイットを使ってリストアップさせ，大きな紙の上に並べて分類・整理させるのが良いであろう．

2) もっとも本質的な問題点は何か，については，1) で抽出された問題点の間の因果関係に着目してポストイットを張り直し，因果関係を紙に矢印で書き込むことにより，因果関係図を準備させるのが効果的である．

　教員は，学生に提示する情報や課題に対する模範的な回答を事前にティーチングノートとして準備しておくことが望ましい．ティーチングノートは学生には配布せず，学生に対する指示や，学生の発言・発表に対するコメントを行う際の手持ち資料とするのが一般的である．本ケースに対するティーチングノートの一部を紹介しておこう．

　問題点の因果関係図を図9.2に示す．学生が作成している因果関係に抜け落ちがある場合には「○○については考えなくてもよいのだろうか？」というような質問を行うことが考えられる．因果関係に誤りが認められる場合には，「○○の原因は△△なのだろうか？」と質問することは一案であろう．

　問題点の因果関係が把握されたら，本質的な問題点を抽出する作業に移る．何を本質的ととらえるかはかなり主観的な判断であり，正解はない．学生に本質的な問題点をあげさせ，その理由を述べさせるのがよい．理由に説得力があるかどうかを討議することは効果的である．

　①中央政府が省エネ政策を推進してはいても，経済発展を重視する段階にあること，②他に効率的な省エネの手段が存在することが本質的な問題点としてあがったところで，図9.3, 9.4を紹介するとよい．先進諸国においても，ESCOが普及し始めたのは，省エネが進み，既存の省エネ技術ではさらなる省エネが難しくなった時期である．中国のエネルギー効率はまだまだ改善の途上にあり，ESCO普及には時期尚早ということができる．

　次の3), 4) の論点については，ケースに盛り込まれた情報や，図9.2の因果関係図に基づいて討議できる．ESCOの実証事業の事例などを紹介することも有意義であろう．

3) ESCOは中国で普及するだろうか
4) 将来，ESCOが中国で普及するときがやってくるとしたら，いま何をすべきか

　以上，ケースメソッドによる教育の事例を紹介してきたが，イメージがつかめたのではなかろうか．第3章で紹介した問題分析の手法の演習になっている

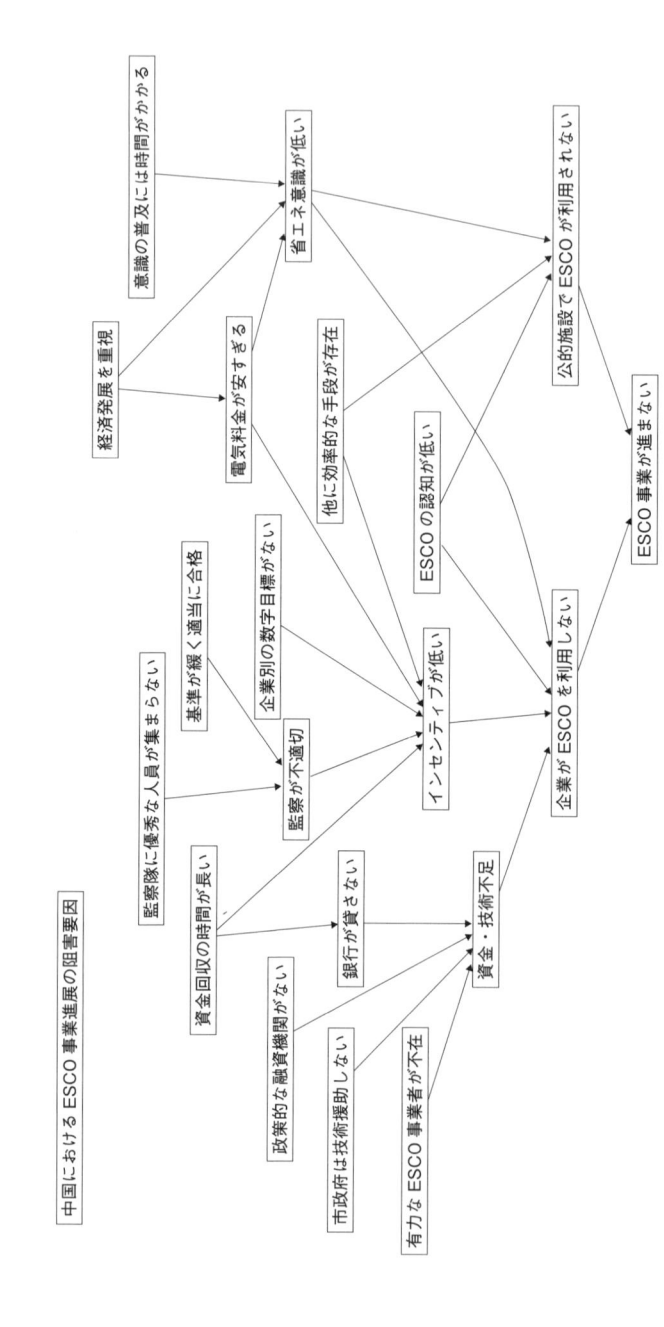

図 9.2 中国における ESCO 事業進展が進まないことに関する因果関係

216　第 9 章　ケースメソッドと社会技術

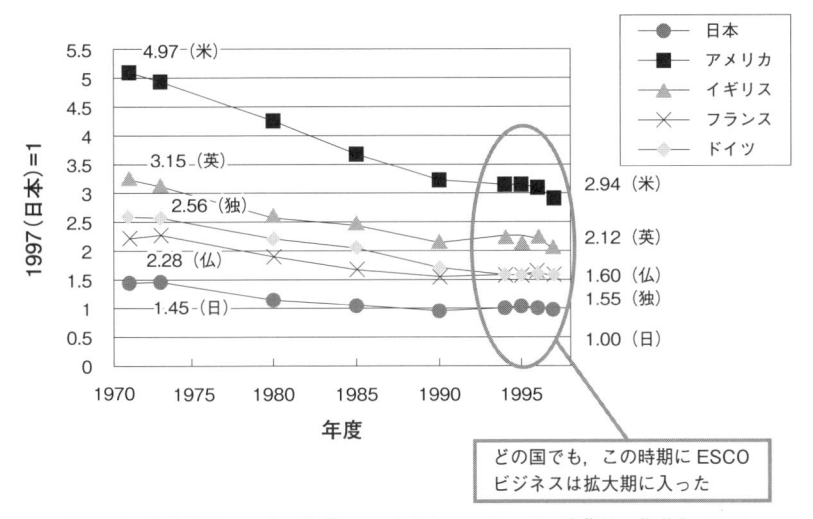

図9.3 先進諸国における実質 GDP 当たりのエネルギー消費量の推移と ESCO ビジネスが拡大期に入った時期

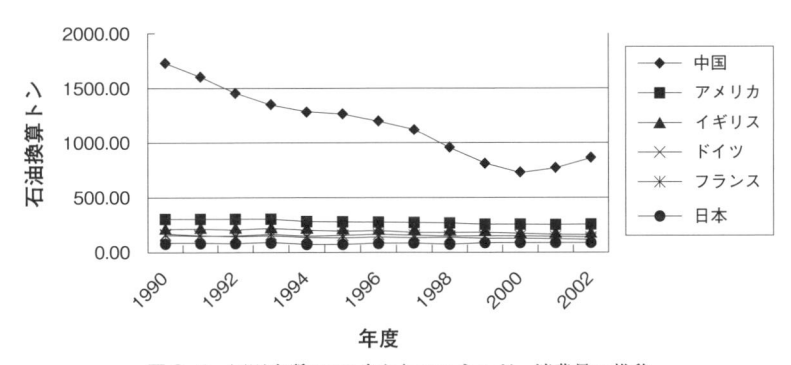

図9.4 国別実質 GDP 当たりのエネルギー消費量の推移

ことが理解されよう．次節では，東日本大震災における原子力発電所事故の要因分析のケースを掲載する．

9.3　ケース：東日本大震災における原子力発電所事故の要因分析

ケースメソッドによる教育で用いる教材を例示する．テーマは，東日本大震

災における原子力発電所事故の要因分析である．なぜあのような原子力発電所事故がおこったのか，どのように対策を講じていればあのような事態を防ぐことができたのか，そのような対策を講じることができなかったのはなぜか，今回の事故から学ぶべき教訓は何か，ということを検討することが目標である．

このケースの分析は，本書で解説した問題解決策デザインの方法論の実践と位置づけられる．本書の内容に関する演習問題ととらえて，ケースを読み，課題に挑戦していただきたい．

(1) ケースの概要と課題

2011年3月11日，福島第一原子力発電所および福島第二原子力発電所は，東北地方太平洋沖地震とこれに伴う津波に見舞われた．地震の規模はマグニチュード9.0であった．津波は，福島第一原子力発電所において，15mを超える浸水高が観測された．

福島第一原子力発電所には，1号機から6号機までの6機の原子炉が設置されており，地震発生時は，1号機から3号機までは運転中，4号機から6号機までは定期検査中であった．福島第一原子力発電所では，地震後，運転中の1号機から3号機までの自動スクラムは達成されたものとみられるが，地震と津波により，外部電源および発電所に備えられていたほぼすべての交流電源が失われ，原子炉や使用済燃料プールが冷却不能に陥った．1号機，3号機および4号機においては，炉心の損傷により大量に発生した水素が原子炉建屋に充満したことによると思われる爆発が発生した．また，2号機においても炉心が損傷したと考えられる．

福島第一原子力発電所からは，大量の放射性物質が放出され，2011年12月現在もなお，発電所から半径20km圏内の地域は，警戒区域として原則として立入りが禁止されており，半径20km圏外の一部の地域は，計画的避難区域に設定されたままである．このほか，多数の地点が特定避難勧奨地点に設定されている．警戒区域および計画的避難区域だけでも，約8万7000人の住民が避難を余儀なくされるとともに，広範な地域に深刻な放射能汚染の問題が発生している．

本ケースは政府事故調査委員会の中間報告 [6] の津波・シビアアクシデン

ト対策関連部分を抜粋して作成したものであり，東日本大震災における原子力発電所事故の要因分析を行い，津波・シビアアクシデント対策が不十分であった要因を明らかにするとともに，今後このような事態を生じることがないように実施すべき対策を検討することを目的とする．

【課題】
1) ケースを読み，ケースに書き込まれた情報の全体像が把握できるよう，情報を整理して1枚の図に表せ．
2) 原子力発電所事故に影響したと考えられる要因，問題点を列挙し，それらを整理して表示せよ．
3) 抽出された要因，問題点の間の因果関係を考え，因果関係図に表せ．
4) 因果関係図に基づいて，原子力発電所事故を引き起こした本質的な要因を抽出せよ．
5) 今後このような事態を生じることがないように実施すべき対策を検討せよ．

(2) 福島第一原子力発電所設置許可時の津波想定

1966年から1972年にかけて，東京電力の福島第一原子力発電所（以下，福島第一原発）1号機から6号機まで順次設置許可申請がなされた際，津波対策が必要な波高につき，昭和35年チリ津波のときに小名浜港で観測された最高潮位である小名浜港工事基準面（O.P.）+3.122 mおよび最低潮位 O.P.−1.918 mとして設置許可がなされ，敷地のもっとも海側の部分についてはO.P.+4 mの高さに整地されて，非常用海水ポンプはこの場所に設置された．

(3) 津波の研究成果や津波対策の進展

明治以来の津波対策は，主に津波から遠ざかる高地移転によって行われたが，1960年のチリ津波の後，急速な対策が求められ，各地で防潮構造物などの防災施設の建設が開始された．その結果，中規模津波であれば，防災構造物によってほぼ完全に浸水を防止することができるようになり，1968年に発生した十勝沖地震津波では，できたばかりの施設が功を奏し，被害はきわめて少なかった．

1970年代後半に入ると，東海地震の危険が叫ばれるようになり，建設省（当時）と水産庁が共同で調査研究を実施し，1983年に津波常襲地域総合防災対策指針（案）がとりまとめられた．この指針（案）では，対象津波として，過去200年程度の間におこり，確実な資料が数多く得られる津波のうちで最大のものを選ぶとされた．また，防災施設の整備水準は対象津波のレベルに達しないこともありうるため，防災構造物，防災地域計画，防災体制の3分野における対策を組み合わせ，対象津波に対処することとされた．

　なお，津波数値計算（シミュレーション）は，1970年代以降，徐々に利用可能となっていった．

　1993年に北海道南西沖地震津波が発生し，奥尻島で壊滅的な被害が生じた．これを契機に，関係省庁により津波対策の再検討が行われ，1997年に「太平洋沿岸部地震津波防災計画手法調査報告書」（農林水産省，水産庁，運輸省，建設省（いずれも当時））および「地域防災計画における津波対策の手引き」（国土庁，農林水産省，水産庁，運輸省，気象庁，建設省，消防庁）がとりまとめられた．当該手引きは，全体としては1983年の津波常襲地域総合防災対策指針（案）の考え方を引き継いだものとなっているが，その間の科学的知見の進歩をふまえ，対象津波の選定方法が改められた．すなわち，手引きにおいては「信頼できる資料の数多く得られる既往最大値波とともに，現在の知見に基づいて想定される最大地震により起こされる津波をも取り上げ，両者を比較した上で常に安全側になるよう，沿岸津波水位のより大きい方を対象津波として設定するものとする」とされており，過去の実績によるだけでなく，震源断層モデルを用いて津波数値解析計算を行い，より波高の高いものを選ぶという方法とされた．

(4) 「原子力発電所の津波評価技術」（2002年2月）

a) 土木学会原子力土木委員会津波評価部会の概要

　1970年4月の「軽水炉についての安全設計に関する審査指針について」（以下「安全設計審査指針」という）において，津波を含む予測される自然条件のうちもっとも過酷と思われる自然力と事故過重を加えた力に対し，当該設備の機能が保持できるような設計であることとされていたが，統一的・標準的な津

波評価手法はなかった．前述の対津波リスク認識の高まりと行政の対応を背景に，電力業界では，電力における津波評価の考え方を検討するため，電力共通研究「津波評価技術の高度化に関する研究」を実施した．その後，1999 年に，当該研究の成果や津波に関する最新の研究成果をふまえて，原子力施設の津波に対する安全性評価技術の体系化および標準化について検討を行うことを目的とし，社団法人（現在は公益社団法人）土木学会原子力土木委員会に津波評価部会が設置された．

津波評価部会の設置に至る一連の動きは，規制当局からの検討要請に基づくものではなく，電力業界の自主研究の一環として行われたものである．津波評価部会は，学識経験者のほか，電力中央研究所および電力各社の研究従事者などから構成され，定例的に検討会が開催された．会議資料作成などの実務は，電力中央研究所および東京電力などから構成される幹事団が執り行っていた．

津波評価部会の活動は 2，3 カ年を一活動期間とし，1999-2000 年度（第 1 期），2003-2005 年度（第 2 期），2006-2008 年度（第 3 期）および 2009-2011 年度（第 4 期）に分かれて活動が行われた．このうち，第 1 期の活動結果が「原子力発電所の津波評価技術」としてとりまとめられ，2002 年 2 月に公表された．

b）「原子力発電所の津波評価技術」（2002 年 2 月）の概要

「原子力発電所の津波評価技術」（以下，「津波評価技術」）に基づく設計津波水位の評価方法の概要は以下の通りである．

1）既往津波の再現性の確認

文献調査などに基づき，評価地点にもっとも大きな影響を及ぼしたと考えられる既往津波を評価対象として選定し，痕跡高の吟味を行う．沿岸における痕跡高をよく説明できるように断層パラメータを設定し，既往津波の断層モデルを設定する．

2）想定津波による設計津波水位の検討

既往津波の痕跡高をもっともよく説明する断層モデルをもとに，津波をもたらす地震の発生位置や発生様式をふまえたスケーリング則に基づき，想定するモーメントマグニチュード（Mw）に応じた基準断層モデルを設定する（日本海溝沿いおよび千島海溝（南部）沿いを含むプレート境界型地震の場合）．その上

で，想定津波の波源の不確定性を設計津波水位に反映させるため，基準断層モデルの諸条件を合理的範囲内で変化させた数値計算を多数実施し（パラメータスタディ），その結果得られる想定津波群の波源の中から評価地点にもっとも影響を与える波源を選定する．このようにして得られた想定津波を設計想定津波として選定し，それに適切な潮位条件を足し合わせて設計津波水位を求める．

この津波水位の評価方法については，日本沿岸の代表的な痕跡高との比較・検討に基づき，すべての対象痕跡高を上回ることを確認することで，その妥当性を確認している．

なお，上記の評価方法は，「概ね信頼性があると判断される痕跡高記録が残されている津波」を評価対象として選定することから始まるものであり，仮にそのような文献記録の残っていない古い時代に，より巨大な津波が発生していたとしても，そのようなものは評価対象として取り上げられない方法となっているが，「津波評価技術」中にこのことに関する適用限界や留意事項などの記述はない．

土木学会のとりまとめた「津波評価技術」に関しては，原子力安全・保安院原子力発電安全審査課技術班よりその内容に関する説明の求めがあり，一連の説明の中，2002年1月29日に津波評価部会の幹事会社であった東京電力などより「物を造るという観点で想定される津波の最大値」「これを超えるものが理学的に絶対ないということではない」といった説明がなされている．東京電力では当時の認識として，評価水位を超えることが理学的に絶対ないとはいえないものの，リスクは十分に小さくなっていると理解していたとのことである．

c) 津波評価技術策定過程における主な議論

第1回津波評価部会において，主査より「津波がどのように原子力発電所設備に影響を及ぼすかについて，プラント・機器の専門家に説明をしてもらう機会を設けてほしい」旨の指示があり，第3回部会の際，電気事業連合会耐震検討チームから資料が提出された．資料では，原子炉からの崩壊熱除去にとって非常用海水ポンプの機能維持が重要となるが，津波により，水位上昇によるモーター水没や水位下降による一時的な取水不能の影響を受ける可能性がある旨記述されている．

このことについて，関係者ヒアリングからは「土木の人の知り得る知見以外のものを勉強しようということで彼らに資料を出してもらった．土木部門は津波波高を想定してプラント・建築屋に渡すところまでと堤防を造るところまではやるが，その先には踏み込めないのが業界の暗黙の分担関係」「土木の専門家にとっても安全レベルをどこに置くのか，何のために津波対策をする必要があるのかということについての理解が曖昧だったので，原子力システムとは何かという知見を頭に入れるのは重要なことだった」「巨大プラントでの専門分化は当時から課題になっていた．分野ごとの交流は津波の専門家とそれ以外という場面に限らず，当時からあちこちで同様の状況であった」といったコメントが得られている．

　第5回部会では，主査より「想定津波以上の規模の津波が来襲した場合，設計上クリティカルな課題があるのか否か検討しておくべき」とのコメントや，「最終的なまとめ方のイメージをどのように考えているか．……1) 重要機器が浸水したり，取水に支障をきたすことはないという保証がこの検討から出てくるというイメージなのか，それとも 2) 想定津波以上のものが全く来ないとは言えず，それが来た場合の対処の仕方も考えておくというイメージなのか」という質問がなされている．これに対し，幹事団より，前者1)のイメージとの回答がなされている．

　この議論について，関係者のヒアリングからは津波は地震よりもデータが少なく，地震・洪水と同レベルで評価するのは難しいので危機管理をしっかりする必要があるとか，そのような限られたデータからでも評価しなければいけないといった議論があったとの供述が得られている．幹事団であった電力中央研究所の担当者は，「当時は，適切な安全性を見込んだ想定津波であれば，それ以上の対応，つまりクリティカルな課題については検討する必要がないと考えていた．また，2) の考え方を完全に否定するわけではないが，段階をふんで検討を進める必要があり，初めのとりまとめ段階では，まずは水位を決め，それに対して安全性を考えて設計を考えることとしていた．そして，想定を超える場合をどう考えるかという点については，極端にいえば，そのような場合を考えるということは，算定された水位の重要度が落ち，起きないものに対してどこまでコストをかけるかといった問題も関係した．そして，いずれにしても，

2）の問題に関しては，引き続き第2期以降の活動において確率論的津波評価の研究として進めていった」と述べている．

第6回部会では，幹事団より，詳細パラメータスタディによる最大想定津波高は，既往最大津波の痕跡高に対し平均で約2倍になること，および最大想定津波高が既往津波の痕跡高を超過する百分率は98％程度であり，十分大きな津波高を評価することが可能と考えられることから，（それ以上の安全率は見込まず）想定津波の補正係数を1.0としたいとする提案があった．これに対し，想定を上回る津波の可能性を考慮する必要はないのかという質問があり，幹事団より，想定を上回る津波の来襲時の対処法も考えておく必要があるが，補正係数を1.0としても工学的におこり得る最大値として妥当かどうかを議論してほしいとの返答がなされている．その後，主査より，提案された方法で痕跡高をほぼ100％上回っており，現段階ではとりあえず1.0としておき，将来的に見直す余地を残しておきたいとのコメントがなされ，結果的には補正係数を1.0とすることでまとまった．

このことについて，幹事団の1人であった電力中央研究所の担当者は，津波評価部会の最終的なゴールとしては想定を上回る津波の来襲時の対処法も考えておく必要があるが，それは先の課題であり，第1期活動の時点としては，補正係数を1.0としても差支えないかどうかを議論してもらいたかったと説明している．また，委員を務めていたある教授は，安全率は危機管理上重要で1.0以上が必要との意識はあったが，一連の検討の最後の時点での課題だったので，深くは議論せずそれぞれ持ち帰ったということだと思うとしている．

d）「津波評価技術」刊行後の電力事業者の活動

土木学会による「津波評価技術」の刊行後，各電力事業者では自主的に津波評価を行い，電気事業連合会にて取りまとめのうえ，原子力安全・保安院（以下「保安院」という）へ報告した．東京電力では，2002年3月に「津波評価技術」に基づく津波評価を実施し，1FでO.P.+5.4mないし5.7m，2FでO.P.+5.1ないし5.2mの計算結果を得，福島第一原発6号機の非常用ディーゼル発電機冷却系海水ポンプのかさ上げ（海水ポンプ電動機への浸水を防ぐため，電動機下端位置を計算波高より10cm高いO.P.+5.8mまで引き上げ）などを実施

した．このとき，保安院からは，評価内容をふまえた特段の指導などは行われなかった．

(5) 耐震設計審査指針の改訂
a) 耐震設計審査指針改訂までの経緯

耐震設計審査指針は，1981年に改訂されてから長期にわたって見直しがなされていない状況にあったが，1995年に兵庫県南部地震をふまえた原子力施設耐震安全検討会が設けられ，指針の妥当性について検討が行われた．検討の結果，妥当であることが確認されたが，この際，原子力施設の耐震安全性に対する信頼性を一層向上させるための努力が引き続き必要との提言がなされた．

この提言を受け，安全委員会では，財団法人原子力発電技術機構（NUPEC：Nuclear Power Engineering Corporation）に委託して，1996-2000年度の5年間を費やし，現行設計の現状および整理すべき事項，新知見および新技術適用の方向性などについて，総合的，概念的な整理を行った．NUPECでの検討は非公開で行われた．公開で行われる安全委員会での議論の前哨戦として，耐震設計審査指針の改訂の必要性の議論から始まり，旧耐震設計審査指針の規定するS2地震動（基準地震動S2，過去5万年の間に活動した活断層による地震，地震地体構造から考えられる最大の地震（設計用限界地震）を対象に，それぞれ揺れの周期および強さを評価し，さらに，直下地震による地震動も考慮して，これらをすべて上回るように設定された地震動）以上のものを考慮する必要性などについて議論があったが，津波についての議論はなかった．

その後，安全委員会では，原子力安全基準専門部会のもとに耐震指針検討分科会を設置して耐震設計審査指針の改訂の作業を行うこととし，2001年7月に第1回会合を開催した．分科会には，地震学を専門とする委員は行政当局に対し厳しい意見をもつ者も含めて複数参画しているが，津波の専門家は含まれなかった．また，海岸工学の専門家も含まれなかった．このことについて，関係者ヒアリングにおいて「地震学者にとり，津波は地震学の一部である．……津波高さの計算法は当時ある程度技術的に出来上がっていて目覚ましい動きもなかったため，どんな地震がおこり得るかを考えるのが重要であった．津波をどう設定するかの議論は可能であった．一方，海岸工学の専門家がいなかった

のは問題だったかもしれないが，この点についても，海岸工学は土木の一部であり，確率論的に地震や津波を扱える人もいたので大きな問題はなかったと考える」旨の言説が得られている．

b) 改訂耐震設計審査指針

2004年9月に改訂された耐震設計審査指針では，津波に関しては，施設の周辺斜面の崩壊などとともに地震随伴事象として，「施設の供用期間中に極めてまれではあるが発生する可能性があると想定することが適切な津波によっても，施設の安全機能が重大な影響を受けるおそれがないこと」を「十分考慮したうえで設計されなければならない」と記述されており，これがすべてである．発電用原子炉施設の設計に当たり，必ず津波の影響を考慮するものとした初の指針であった．

安全委員会事務局で本指針の改訂作業を担当した当時の課長は，「安全設計審査指針」では，津波をもっとも過酷な自然現象の例としてあげているだけで，必ず津波を考慮すべきとは読めないため，改訂指針において頭出しをする必要があったとしている．

この「きわめてまれ」以下の表現ぶりは，同指針中で地震動に関して「施設の供用期間中にきわめてまれではあるが発生する可能性があり，施設に大きな影響を与えるおそれがあると想定することが適切な地震動」を適切に策定して耐震設計を行うこととしたことと表現ぶりを合わせたものとのことだが，津波に関して「きわめてまれ」の意味するところについては具体的には書かれていない．なお，地震動に関しては，「設計上考慮する活断層として，後期更新世以降の活動が否定できないものとする」との記述がある．

津波水位の評価方法や津波に対する安全設計の考え方についても，具体的な記述はない．

改訂指針では，地震学的見地からは策定された地震動を上回る強さの地震動が生起する可能性は否定できず，「残余のリスク」が存在することも初めて明記された．ただし，残余のリスクについては，改訂指針の「基本方針」の項に記載され，基本方針としては「……と想定することが適切な地震動による地震力に対して，その安全機能が損なわれることがないように設計されなければな

らない」としているのに対し，残余のリスクについては同項の解説の中で策定地震動を上回る地震動の影響が施設に及ぶことによって生ずるさまざまなリスクとして記述されており，必ずしも想定を超える高さの津波などの，地震動以外の地震力に起因するリスクを含む概念であるとは明記されていない．

c) **耐震設計審査指針改訂にかかわる主な議論など**

2001年7月10日の第1回耐震指針検討分科会において，安全設計審査指針に基づいて安全性評価の行われている津波に関して，津波評価法の標準化の検討が土木学会で進められていること，ならびに4省庁および7省庁が津波評価の検討を行い「地域防災計画における津波対策強化の手引き」をまとめたことが紹介され，さらに口頭で，津波に関する今後の検討の方向性としては，同報告書で記載されたものはとくにないことが申し添えられている．このことについて特段の議論はなかったが，事務局として，検討の当初から津波評価が視野に入っていたことがうかがえる．

第3回分科会で，事務局より検討すべき項目の分類・整理案が提案され，検討すべき22項目中，地震による2次的影響という項目の中で津波の評価方法があげられている．具体的には，地震による津波の影響を評価するための具体的な指針を明記すべきこと，および津波に関する安全性に関して，①過去の津波評価，②津波シミュレーションによる評価，③設計津波高さの想定，④引き波に関する安全性などの検討が必要であるということがあげられている．

その後，分科会のもとに基本ワーキンググループ，施設ワーキンググループおよび地震・地震動ワーキンググループの3つのワーキンググループがおかれて議論が引き継がれ，津波を含む地震随伴事象に関しては，第6回および第7回の地震・地震動ワーキンググループにおいて議論が行われた．

第6回地震・地震動ワーキンググループでは，事務局より津波に対する安全性評価に関する資料が提出され，「安全設計審査指針」などの記述に基づく当時の基本的考え方，津波水位評価方法および土木学会の「津波評価技術」について説明がなされた．

これに対してさまざまな議論がなされたが，その1つとして，民間学協会が策定した手法を安全審査で採り入れようとしたときにどのようなプロセスをふ

んで採り入れるのかというものがあった．これに対し，事務局からは，「地域防災計画における津波対策の手引き」のとりまとめなどに関与した人びとが参加して，民間手法としてある程度オーソライズされたものであり，教科書的な手法がない中では安全審査に使えるのではないか．また，今後社団法人日本電気協会の電気技術指針（JEAG）などに反映されるのであろうが，その際にはパブリックコメント手続きも含めて透明性の高い審議プロセスがとられるので，これを参考に安全審査できるのではないかといった回答がなされている．津波の評価方法について，事務局担当者は，既往津波の2倍を超える波高程度に計算される方法であり，よいものではないかと単純に思っていたと述べている．

また，他の議論として，土木学会の方法には津波の高さの評価は書かれているが，そのような津波に対して施設が安全かどうかの評価については書かれていないことや，津波高さのシミュレーションを行うにあたり，そもそも津波の何が原子力発電所のどこをどのように安全性を損なうおそれがあるのかを押さえるべきといった指摘があった．この点については，次の会合の際に追加資料を出すこととされたが，関連して，原子炉が停止した後でも崩壊熱の除去が必要で，どんなルートを通ってでも最後は海水に熱を逃がすことのできる設備の機能が維持されなければならないといった指摘がなされた．

第7回地震・地震動ワーキンググループでは，追加資料が事務局から出され，「止める」・「冷やす」・「閉じ込める」の機能のうち，津波は「冷やす」の部分に影響を与え得ること，非常用海水ポンプは耐震 As クラスとして設計されており地震動への心配はないが，海抜の低いところに設置されることが多いため津波を考慮する必要があり，水密性を確保させることなどで安全審査を通した例があることなどの説明があった．これに対し，審査指針にどこまで書かれているか，設置許可申請書などに津波の話は出てこないではないかといった質問があり，審査指針上まったく書かれていないわけではなく，申請資料上も水理のところで記述があるが，細かいことは書かれていないというイメージであること，津波に対する評価については，安全審査の中だけではなく，詳細設計の段階も含めて個別に審査されていることが確認された．

この回の最後の方で，ある委員から，津波が本当に大切な問題ととらえるならば，この場で議論して安全委員会として安全審査指針をつくればよいし，そ

うでないなら，今のところは行政庁に任せ，詳細設計の中でみていけばよいといった発言があった．これに対し，グループリーダーは，今日はそこまでふみ込んだ議論をするつもりはなく，今後指針を検討する場合に，このような観点が非常に重要になろうというコメントで議論をとりまとめた．当該グループリーダーは，ワーキンググループは，意思決定の場というよりも，分科会のための議論の整理を行う場という役割分担であると事務局から聞かされており，それに従ったと述べている．

これら2回の議論以降，津波についてはワーキンググループで議論はなされず，第9回耐震指針検討分科会で，地震・地震動ワーキンググループでの検討状況が報告された際にも，第7回ワーキンググループで結論が持ち越された議論のまま両論併記の形で資料が作成された．耐震指針検討分科会では，この後津波に関してとくに議論はなされなかった．

ワーキンググループでの議論からかなり後になって，2005年12月28日の第34回耐震指針検討分科会において，事務局より，津波の安全性評価に関する部分の指針の文案が提示された．その後，津波については多少の文言修正は行われたが，いずれの回も目立った意見はなかった．

全体を通じて，津波に関して「きわめてまれ」という文言や「残余のリスク」の意味合いに関する議論はなされなかった．「きわめてまれ」の意味するところについては，地震動評価で対象としている活断層の活動期間である後期更新世以降に，1回でも活動があるような地震による津波ならば対象に含まれるとイメージする関係者が少なからず存在したが，数値シミュレーションは文献記録のある高々数百年前におこった津波のデータから行うものであり，認識のギャップが存在した．

「残余のリスク」についても，地震・地震動ワーキンググループのグループリーダーは，新指針の基本方針で，それに対し安全機能が損なわれることのないよう設計しなければならないとした「地震力」には津波の影響も含まれると主張するが，前記の通り，残余のリスクについては，策定地震動を上回る地震動の影響が施設に及ぶことによって生ずるさまざまなリスクとして記述されており，必ずしも想定津波を超える高さの津波によるリスクを含むとは読めない表現ぶりにとどまっている．

なお，地震・地震動ワーキンググループのグループリーダーは，「基本ワーキンググループには参加したが，施設ワーキンググループには参加しておらず，施設側の議論の雰囲気はわからなかった．また，耐震指針検討分科会の主査とも，あまり頻繁に会って話をするというようなことはなかった」と述べている．

d) 耐震指針検討分科会の進め方

耐震設計審査指針の改訂には，安全委員会での議論だけでも5年を超える時間がかかっている．分科会には地震学を専門とする委員は複数参画しているが，津波の専門家は含まれなかった．また，海岸工学の専門家も含まれなかった．

事務局の体制としては，耐震設計審査指針改訂作業は安全調査官3人と技術参与2人が主に担当した．安全調査官は文部科学省施設部や経済産業省からの出向者であり，技術参与はゼネコンや電力中央研究所の出身者で，専門知識を有するが非常勤であった．このように4,5人の体制で指針作りを進めたが，マンパワーが足りないと感じていた旨を述べる，当時の安全委員会委員や事務局関係者もいる．

(6) 改訂指針に基づく耐震バックチェック
a) 津波評価に関するバックチェック指示の経緯

保安院は，2006年9月の安全委員会による「発電用原子炉施設に関する耐震設計指針」などの耐震安全性にかかわる安全審査指針類（以下「新耐震指針」という）の改訂をうけて，「新耐震指針に照らした既設発電用原子炉施設等の耐震安全性の評価及び確認にあたっての基本的な考え方並びに評価手法および確認基準について」（以下「バックチェックルール」という）を策定するとともに，各電力会社などに対して，稼働中および建設中の発電用原子炉施設などについて耐震バックチェックの実施とそのための実施計画の作成を求めた．

土木学会から「津波評価技術」が刊行された2002年から耐震バックチェック指示の行われた2006年の間には津波に関連するさまざまな新知見が明らかとなっているが，保安院において，体系的な調査・検証作業は行われなかった．「バックチェックルール」における津波の評価方法は土木学会の「津波評価技術」の内容と酷似したものとなっている．「バックチェックルール」原案は，

2006年7月に開催された総合資源エネルギー調査会原子力安全・保安部会耐震・構造設計小委員会（第7回）において資料として提案されたが，その後同年9月，耐震バックチェック指示の直前の第10回小委員会まで，津波に関する記述についてとくに議論はなかった．

b) **福島第一および第二原発にかかわる耐震バックチェック**

その後，各電力事業者などから報告された耐震バックチェック報告書については，耐震・構造設計小委員会（関係ワーキンググループ，サブグループを含む）においてその妥当性が審議されているが，東京電力福島第一および第二原発を含めて現時点までに津波の評価まで終わらせた発電所はまだ少ない水準にとどまっている．この背景として，2007年7月に新潟県中越沖地震があり，東京電力柏崎刈羽原子力発電所において設計時の想定地震動を大きく上回る地震動が観測されたことから，このことをふまえた地震動評価および耐震安全性評価が優先されたことがある．

福島第一および第二原発については，東京電力より，2008年3月に福島第一原子力発電所5号機および福島第二原子力発電所4号機にかかわる耐震バックチェック中間報告書が提出されており，同年4月より耐震・構造設計小委員会および関連ワーキンググループ，サブグループでの検討が行われた．

(7) 貞観津波などについての知見の進展

a) 貞観津波に関する学術研究の動向

阿部壽・菅野喜貞・千釜章「仙台平野における貞観11（869）年三陸津波の痕跡高の推定」（1990年）は，貞観津波に関する仙台平野での初めての堆積物調査であり，東北電力による独自調査として行われたものである．貞観津波の痕跡高は，仙台平野の河川から離れた一般の平野部で2.5mから3mで，浸水域は海岸線から3kmぐらいの範囲であったと推定している．

菅原大助・箕浦幸治・今村文彦「西暦869年貞観津波による堆積作用とその数値復元」（2001年）は，津波堆積物調査を行い，福島県相馬市の松川浦付近で仙台平野と同様の堆積層を検出した．これにより，貞観津波の土砂運搬・堆積作用が仙台平野のみならず福島県相馬にかけての広い範囲で生じたこと，海

岸部に到達した津波の波高がきわめて大きかった可能性を示している．

佐竹健治・行谷佑一・山木滋「石巻・仙台平野における869年貞観津波の数値シミュレーション」(2008年) は，貞観津波による石巻平野と仙台平野における津波堆積物の分布といくつかの断層モデルからのシミュレーション結果とを比較したもので，断層幅100 kmおよびすべり量7 m以上としたプレート間地震モデルによって石巻平野・仙台平野での津波堆積物の分布をほぼ完全に再現できることを確認している．ただし，断層の南北方向の広がり（長さ）を調べるためには，仙台湾より北の岩手県あるいは南の福島県や茨城県での調査が必要であるとしている．

宍倉正展・澤井祐紀・行谷佑一「平安の人々が見た巨大津波を再現する―西暦869年貞観津波―」(2010年) は，産業技術総合研究所による津波堆積物調査であり，仙台平野のみならず福島県相馬市においても津波堆積物を確認するとともに，貞観津波の再来期間がおよそ450-800年であることを明らかにしている．

b) 行政機関における津波評価の動向

・推本「三陸沖から房総沖にかけての地震活動の長期評価について」(2002年7月)

1995年に発生した阪神・淡路大震災をふまえ，全国にわたる総合的な地震防災対策を推進するため，地震防災対策特別措置法が制定され，行政施策に直結すべき地震に関する調査研究の責任体制を明らかにし，これを政府として一元的に推進するため，同法に基づき総理府に政府の特別の機関として地震調査研究推進本部が設置された（現・文部科学省に設置．以下推本と略記）．推本では，全国を概観した地震動予測地図の作成を当面推進すべき地震調査研究の主要な課題とし，陸域の浅い地震，あるいは，海溝型地震の発生可能性の長期的な確率評価を行うこととしている．

「三陸沖から房総沖にかけての地震活動の長期評価について」は，日本海溝沿いのうち三陸沖から房総沖までの領域を対象とし，長期的な観点で地震発生の可能性，震源域の形態などについて評価してとりまとめたものである．

三陸沖北部から房総沖の海溝寄りのプレート間大地震（津波地震）について

は，1611 年の三陸沖，1677 年 11 月の房総沖，明治三陸地震と称される 1896 年の三陸沖のものが知られているが，これら 3 回の地震は，同じ場所でくり返し発生しているとはいいがたいため，固有地震としては扱わないこととするとともに，同様の地震は三陸沖北部海溝寄りから房総沖の海溝寄りの領域内のどこでも発生する可能性があるとしている．

・推本「千島海溝沿いの地震活動の長期評価」(2003 年)
　千島海溝沿いのうち十勝沖・根室沖・色丹島沖および択捉島沖を対象とし，長期的な観点で地震発生の可能性，震源域の形態などについて評価してとりまとめたものである．
　各領域の次の大地震の発生確率を過去の平均活動間隔と最新活動からの経過時間に基づき推定し，想定規模を過去の地震規模から推定した．また，過去の十勝沖の地震，根室沖の地震について，400-500 年程度の間隔で，かつ，連動して発生した可能性があるとした（いわゆる「500 年間隔地震」）．

・中央防災会議　日本海溝・千島海溝周辺海溝型地震に関する専門調査会「日本海溝・千島海溝周辺海溝型地震に関する専門調査会報告」(2006 年)
　2003 年の宮城県沖地震，十勝沖地震の発生によりとくに東北・北海道地方における地震防災対策強化の必要性が認識されたことから，中央防災会議では，当該地域で発生する大規模海溝型地震対策を検討するため，「日本海溝・千島海溝周辺海溝型地震に関する専門調査会」を 2003 年 10 月に設置した．
　同専門調査会は，とくに日本海溝・千島海溝周辺海溝型地震に着目して，防災対策の対象とすべき地震を選定したうえで対象地震による揺れの強さや津波の高さを評価し，この評価結果をもとに予防的な地震対策および緊急的な応急対策などについて検討して，地震対策の基本的事項について「日本海溝・千島海溝周辺海溝型地震に関する専門調査会報告」をとりまとめた．
　同報告書では，防災対策の検討対象として，大きな地震がくり返し発生しているものについては，近い将来発生する可能性が高いと考え対象とするが，くり返しが確認されていないものについては，発生間隔が長いものと考え近い将来に発生する可能性が低いものとして対象から除外することとしている．その

結果として，推本で発生可能性があるとされた福島県沖・茨城県沖のプレート間地震などについては，防災対策の検討対象から除外されている．また，869年貞観三陸沖地震を含む過去に発生した4つの地震については，留意が必要であるとはしているものの防災対策の検討対象とはしないこととしている．なお，北海道の500年間隔地震については，「北海道の根室地域から十勝地域にかけての津波堆積物調査の結果，この地域で巨大津波が発生したことが確認されている．……この約500年間隔の津波堆積物に対応する地震（以下，「500年間隔地震」という）については，……根室沖〜十勝沖の領域にまたがり繰り返し発生したプレート間地震と考えられる」とあり，防災対策の検討対象とされている．

なお，今般の東北地方太平洋沖地震による地震・津波の発生，被害の状況について，早急に分析のうえ，今後の対策を検討するために，中央防災会議に「東北地方太平洋沖地震を教訓とした地震・津波対策に関する専門調査会」が設置され，2011年6月に中間とりまとめが公表された．中間とりまとめでは，以下の抜粋の通り今回の災害と想定との食い違いへの反省がなされている．

「過去発生したらしい地震であっても，地震動や津波を再現できなかった地震は地震発生の確度が低いとみなし，想定の対象外にしてきた．今回の災害に関連していえば，過去起きたと考えられる869年貞観三陸沖地震……などを考慮の外においてきたことは，十分反省する必要がある」．

「たとえ地震の全体像が十分解明されていなくても，今後は対象地震として，十分活用することを検討していく必要がある．確からしさが低くても，地震・津波被害が圧倒的に大きかったと考えられる歴史地震については，十分考慮する必要があるからである」．

「自然現象は大きな不確実性を伴うものであり，想定には一定の限界があることを十分周知することが必要である」．

「今後の津波対策を構築するにあたっては，基本的に2つのレベルの津波を想定する必要がある．1つは，住民避難を柱とした総合的防災対策を構築する上で想定する津波である．超長期にわたる津波堆積物調査や地殻変動の観測などをもとにして設定され，発生頻度は極めて低いものの，発生すれば甚大な被害をもたらす最大クラスの津波である．……もう1つは，防波堤など構造物に

よって津波の内陸への浸入を防ぐ海岸保全施設などの建設を行う上で想定する津波である」．

「これらの地震と，内陸での地震や台風などとの複合災害についても留意する必要がある」．

(8) 東京電力の対応や社内検討の状況
a) 東京電力の社内検討
1) 社内検討に至る経緯

　保安院による前記指示を受けて，東京電力（以下，東電とする）は，福島第一原発（以下，1Fとする）および福島第二原発（以下，2Fとする）に対する耐震バックチェックの作業を進めたが，津波の問題を検討する過程において，2002年7月に公表された「推本」の「三陸沖から房総沖にかけての地震活動の長期評価について」（以下「長期評価」という）で述べられている「1896年の明治三陸地震と同様の地震は，三陸沖北部から房総沖の海溝寄りの領域内のどこでも発生する可能性がある」という知見の取扱いが問題となり，2008年2月，有識者の意見を求めたところ，「福島県沖海溝沿いで大地震が発生することは否定できないので，波源として考慮すべきであると考える」との意見が出された．

　そこで東電は，遅くとも2008年5月下旬から同年6月上旬頃までに，「推本」の長期評価に基づき，「津波評価技術」で設定されている三陸沖の波源モデルを流用して試算した結果，1F2号機付近でO.P.+9.3 m，1F5号機付近でO.P.+10.2 m，敷地南部でO.P.+15.7 mといった想定波高の数値を得た．

　この波高を知った原子力設備管理部長（以下「部長」という）の指示で，原子力・立地副本部長（原子力担当）（以下「副本部長」という）らに対する説明が行われることとなった．

2) 社内検討

　2008年6月，副本部長，部長らに対する1Fおよび2Fにおける津波評価に関する説明が行われ，担当者より，前記想定波高の数値や，防潮堤をつくった場合における波高低減の効果などにつき説明がなされた．

　説明後，副本部長より，①津波ハザードの検討内容に関する詳細な説明，②

1Fにおける4m盤への津波の遡上高さを低減するための対策の検討，③沖に防潮堤を設置するのに必要な許認可の調査，④機器の対策に関する検討をそれぞれ行うよう指示が出された．

2008年7月末頃，上記①ないし④に関し，副本部長，部長らに対する2回目の説明が行われ，担当官より，防潮堤の設置により津波の遡上水位を1ないし2m程度低減できるものの，数百億円規模の費用と約4年の時間が必要になると見込まれることや，津波解析の手法などについて説明がなされた．

副本部長および部長は，前記津波想定につき，試算の前提とされた推本の長期評価が，震源の場所や地震の大きさを示さずに，ただ，「地震が三陸沖北部から房総沖の海溝寄りの領域内のどこでも発生する可能性がある」としているだけのものであるうえ，前記想定波高は，「津波評価技術」で設定されている三陸沖の波源モデルを，1Fにもっとも厳しくなる場所に仮に置いて試算した結果にすぎず，そのような津波は実際には来ないと考えていた．他方で，念のために，推本の長期評価が，「津波評価基準」に基づく1Fおよび2Fの安全性評価を覆すものかどうかを判断するため，電力共通研究として土木学会に検討を依頼しようと考えたものの，かかる安全性評価を覆すものであるとされない限りは検討に値しないものと判断した．副本部長とともに説明を受けた部長，新潟県中越沖地震対策センター長（以下「センター長」という）ら他の上層部も，おおむね同様の考えであった．

結論として，副本部長より，①推本の長期評価の取扱いについては，評価方法が確定しておらず，ただちに設計に反映させるレベルのものではないと思料されるので，当該知見については，電力共通研究として土木学会に検討してもらい，しっかりとした結論を出してもらう，②その結果，対策が必要となれば，きちんとその対策工事などを行う，③耐震バックチェックは，当面，平成14年の「津波評価技術」に基づいて実施する，④土木学会の委員を務める有識者に前記方針について理解を求めること，が東電の方針として決定された．

なお，沖合に防潮堤を設置する案については，副本部長，部長およびセンター長から，津波対策として防潮堤をつくると，原子力発電所を守るために周辺集落を犠牲にすることになりかねないので，社会的に受け入れられないだろうといった否定的な発言がなされていた．

3）本部長への報告

副本部長および部長は，遅くとも 2008 年 8 月までに，前記検討内容を原子力・立地本部長に報告したところ，同本部長から特段の指示などはなく，前記方針が追認された．

4）東電による有識者への説明

東電は，2008 年 10 月頃，土木学会の委員を務める有識者らを訪ね，東電の社内検討結果について理解を求めたところ，有識者らからは，特段否定的な意見は聞かれなかった．

有識者らの 1 人である佐竹教授は，貞観地震津波に関する研究成果を年度内に発表できる見込みだとして，同教授ほか 2 名の「石巻・仙台平野における 869 年貞観津波の数値シミュレーション」と題する論文（以下「佐竹論文」という）の原稿を東電の担当者に渡した．東電は，同論文を基に 1 F および 2 F における波高を試算したところ，1 F で 8.6 m ないし 9.2 m，2 F で 7.7 m ないし 8.0 m という結果を得た．

5）貞観津波の取扱いおよび堆積物調査の実施に関する決定

貞観津波に関する佐竹論文は，波源モデルを確定させるために福島県沖などの津波堆積物調査が必要である旨指摘していた．2008 年 12 月，ある有識者から，「推本が長期評価を出している以上，事業者はどう対応するのか答えなければならない．対策をとるのもひとつ，無視するのもひとつ．ただし，無視するためには，積極的な証拠が必要．福島県沿岸で津波堆積物の調査を実施し，地震本部の見解に対応するような津波が過去に発生していないことを示すのも一案であろう」旨の意見が述べられた．

部長は，推本の長期評価に関する想定津波と同様に，上記佐竹論文に基づく前記想定波高の津波も実際には来ないと考えたものの，他方で，貞観津波に関する同論文についても，「津波評価技術」に基づく 1 F および 2 F の安全性評価を覆すものかどうかを判断するため，念のために，電力共通研究として土木学会に検討を依頼することとした．さらに，部長は，上記識者の指摘をふまえ，福島県沿岸において津波堆積物の調査を実施する方針もあわせて決定した．

b) 福島地点津波対策ワーキング

東電では，2012年10月に予定されていた「津波評価技術」の改訂に備え，1Fおよび2Fにおける津波対策に必要な工事の内容を机上で検討することを目的として，2010年8月，地震対策センター長のもと，同センター内の地震グループを除く全グループが参加する「福島地点津波対策ワーキング」が立ち上げられた．同ワーキングは，同年12月に第2回，平成23年1月に第3回，同年2月に第4回が開催され，主として，機器耐震技術グループが検討していた非常用海水ポンプの電動機の水密化，建築耐震グループが検討していたポンプを収容する建物の設置，土木技術グループが検討していた防潮堤の嵩上げおよび発電所内における防潮堤の設置などを組み合わせて対処する旨の議論がなされていたが，いずれも技術的な問題があるため実現が困難と目されていた．

ワーキングが立ち上げられた当時の原子力・立地副本部長（原子力担当）には，かかるワーキングの存在自体が報告されておらず，同ワーキングの立ち上げ以降も，津波対策の検討は，もっぱら前記センター限りで行われていた．したがって，かかる問題が，東電社内で重要な問題として認識されていた形跡はうかがわれない．

(9) 原子力安全・保安院の対応
a) 保安院が，東電による津波評価などを認知した経緯
1) 保安院からの説明要求

東電から提出されていた1F5号機および2F4号機における耐震安全性評価の中間報告書に対する評価が，2009年6月および7月，「総合資源エネルギー調査会原子力安全・保安部会　耐震・構造設計小委員会　地震・津波，地震・地盤合同ワーキンググループ（以下「合同WG」という）」において行われていた際，合同WGの委員から，貞観地震・津波を考慮すべき旨の意見が出された．

かかる貞観地震・津波の指摘をふまえ，保安院の審査官が，2009年8月上旬頃，東電に対し，貞観津波などをふまえた1Fおよび2Fにおける津波評価，対策の現況について説明要請がなされた．

これを受け，東電の担当者は，部長に対応振りを相談し，これまでに決定さ

れた東電の方針を，佐竹論文に基づく試算の結果得られた波高の前記数値とともに保安院に説明する意向である旨述べたところ，部長から了承が得られたが，波高の試算結果については，保安院から明示的に試算結果の説明を求められるまでは説明不要との指示がなされた．

2) 2009年8月になされた保安院に対する説明

東電は，2009年8月，保安院において，事前に作成した資料を使いながら，東電における1Fおよび2Fの津波評価，対策の検討状況につき，対応方針を説明した．その際，想定津波の検討結果については，2002年の「津波評価技術」に基づいて算出したO.P.+5mないし6mという波高を説明した．説明を受けた保安院の審査官は，東電に対し，貞観津波に関する佐竹論文に基づく波高の試算結果の説明を求めた．

3) 2009年9月になされた保安院に対する説明

東電は，2009年9月，保安院において，室長らに対し，貞観津波に関する佐竹論文に基づいて試算した波高の数値が，1Fで約8.6mないし約8.9m，2Fで約7.6mないし約8.1m（すべてO.P.）であったことを説明した．

このような説明を受けて，保安院の審査官は，波高が8m台なら，津波がポンプの電動機据付けレベルを超え，ポンプが水没して原子炉の冷却機能が失われることを認識した．しかしながら，保安院の室長らは，前記説明にかかわる津波発生の切迫性を感じず，保安院として新しい知見をふまえた原発の安全性について説明を求められる程度には至っていないと考えたことから，東電に対し，担当官限りの対応として1Fおよび2Fにおける津波対策の検討やバックチェック最終報告書の提出を促したものの，対策工事などの具体的な措置を講じるよう要求したり，文書でバックチェック最終報告書の提出を求めることまではせず，審議官（原子力安全基盤担当）などの上司にも報告，相談しなかった．また，審議官は，前記1)記載の合同WGの委員による貞観地震・津波の指摘以降，自ら部下に対して貞観地震・津波に関する話の進展などを尋ねることもなかった．

東電は，上記のような保安院の態度をふまえ，東電の方針につき，保安院の了承が得られたものと考えた．

b) 東電による津波堆積物調査への対応

　保安院は，2010年5月，東電から，津波堆積物調査の結果について報告を受けた際，東電に対し，津波堆積物が発見されなかったことをもって津波がなかったと評価することはできないなどとコメントしたが，具体的な行動を東電に求めることはなかった．

　なお，審議官は，同年3月，1Fにおける津波対策の状況を部下に尋ねたところ，「東電は，津波堆積物の調査をしている．貞観の地震による津波は，簡単な計算でも敷地高は超える結果になっている．防潮堤を構築するなどの対策が必要になると思う」旨の報告を受け，1Fで防潮堤を必要とする程度の敷地高を超える波高の試算結果が存在することを認識するに至った．ところが，かかる試算結果を認識したにもかかわらず，審議官は，具体的な波高数値を部下や識者に確認せず，貞観三陸沖地震・津波の話を前記合同WGにおいてさまざまな新知見を有識者に議論してもらうこともしなかった．審議官は，そのときの認識について，「2009年に合同WGの委員から指摘を受けたときとあまり認識は変わっていない．この段階でも，（津波が）大きくなるということはあっても，定量的な認識はなかった．津波堆積物調査をはじめとするいろんな調査をして評価をしつつある過程であり，貞観地震についての調査はそれほど進展していないと認識していた．津波の認識は低く，情報の受け止め方の感度がよくなかった」などと供述している．

c) 東電に対するヒアリング

　2011年3月7日，保安院において，東電に対するヒアリングが行われた．

　①2002年の「津波評価技術」で示されている断層モデルを用いた試算結果，②2002年の推本の長期評価に対応した断層モデルに基づいて試算した1Fおよび2Fにおける想定波高の数値が，(ⅰ)1896年明治三陸沖地震のモデルを用いた場合には，1Fで8.4mないし15.7m，2Fで7.2mないし15.5m，(ⅱ)1677年房総沖地震のモデルを用いた場合には，1Fで6.8mないし13.6m，2Fで5.3mないし14m（すべてO.P.）となるが，2010年12月の津波評価部会における審議において，三陸沖北部から房総沖の海溝寄りプレート間大地震（津波地震）の考察において，福島県を含む南部領域については，上記1677年

房総沖地震を参考に波源を設定する旨の方針が出されていること，③貞観津波に関する佐竹論文の断層モデルを用いた場合，1Fで8.7mないし9.2m，2Fで7.8mないし8.0m（すべてO.P.）となることを説明した．

さらに，1Fおよび2Fの津波対策については，2012年10月に予定されている土木学会による「津波評価技術」の改訂をふまえ，福島地点津波対策ワーキングを立ち上げて津波対策の検討を行っているが，同月までに対策工事を完了させるのは無理である旨説明した．

このような東電の説明に対し，保安院の室長らは，「4月の推本の公表内容によっては，保安院から指示を出すこともある．女川のバックチェック最終報告の審議において貞観津波が話題になることが予想され，その審議状況によっては，口頭で指示を出すこともあり得る」旨を述べ，さらに，審査官は，「土木学会による検討の結果，2012年10月に「津波評価技術」の改訂がなされることとなった場合に，その後でバックチェックの最終報告書が提出されれば，世間的に見たらアウトになってしまう．なるべく早く津波対策を検討してバックチェック最終報告書を提出してほしい」旨を述べた．このように，保安院は，何らかの指示を今後行うことがあり得る旨の予告については行ったが，他方で東電に対し，対策工事を実施するよう明確に要求し，バックチェック最終報告書の提出を文書で求めるなどの踏み込んだ対応は行わなかった．

他方で，東電は，仮に今すぐ2002年の「津波評価技術」を基にしたバックチェックの最終報告書を提出したとしても，貞観津波の最終的な断層モデルが未確立ゆえ，合同WGにおける審議が円滑に進まない可能性があることから，福島地点津波対策ワーキングにおける社内検討を進め，前記土木学会の検討により「津波評価技術」が改訂された場合に，それに基づく必要な対策工事を終えてからバックチェックの最終報告書を提出するのが現実的であると判断した．

以上が津波対策にかかわる経緯である．次に，シビアアクシデント対策の経緯を述べる．

(10) シビアアクシデント対策

a) シビアアクシデント対策とは

原子炉施設の設計の妥当性を評価するために，いくつかの「設計基準事象」

という事象の発生を想定して安全評価が行われる．これは，事象の発生を想定して安全評価を行うことから，「決定論的安全評価」と呼ばれる．安全評価において想定している設計基準事象を大幅に超える事象であって，炉心が重大な損傷を受けるような事象を，一般に，シビアアクシデント（SA：Severe Accident）と呼んでいる．

SAに至るおそれのある事態が万一発生したとしても，現在の設計に含まれる安全余裕や本来の機能以外にも期待し得る機能，もしくはその事態に備えて新規に設置した機器を有効に活用することによって，その事態がSAに拡大するのを防止するため，またはSAに拡大した場合にその影響を緩和するために採られる措置をアクシデントマネジメント（AM：Accident Management）という．社会的受容性を配慮し，「過酷事故」や「シビアアクシデント」という言葉を避け，「シビアアクシデント対策」を「アクシデントマネジメント」と呼ぶことが多い．

確率論的安全評価（PSA：Probabilistic Safety Assessment）は，原子炉施設の異常や事故の発端となる事象（起因事象）の発生頻度，発生した事象の及ぼす影響を緩和する安全機能の喪失確率および発生した事象の進展・影響の度合いを定量的に分析することにより，原子炉施設の安全性を総合的・定量的に評価する方法である．SAのように，発生確率がきわめて小さく，事象の進展の可能性が広範・多岐にわたるような事象に関する検討を行ううえで，PSAは有用な方法とされている．PSAにより，SAの発生要因を相対的に評価してより有効なAMを摘出し，そのAM整備後の有効性を評価することができる．

b) シビアアクシデント対策の導入

設計上の想定を大きく上回る津波の場合，共通的な要因によって安全機能の広範な喪失が同時に生じることがあり，ただちにSAに至る可能性が高い．しかし，これまで，SA対策においては津波のリスクが十分には認識されていなかった．

1992年7月，通商産業省（当時）は，「アクシデントマネジメントの今後の進め方について」を発表し，わが国でもSA対策としてのAMの検討が始まった．しかし，AMとして実施されたのは，機械故障，人的過誤などの内的事

象への対策のみで，地震，津波などの外的事象は具体的な検討の対象にならなかった．しかも，AMは，規制要求ではなく電力事業者が自主保安の一環として実施するものとされた．

SA対策は，事業者の自主保安に委ねればすむ問題ではなく，規制関係機関が検討のうえ必要な場合には法令要求事項とすべきものであることを改めて示したのが今回の事故であった．

c) 自主的取組，内的事象限定の経緯

規制当局においては，過去の原子炉設置許可処分取消訴訟などの行政訴訟において，決定論的な設計基準事象とその根拠を説明することによって，現行規制において安全は十分確保されていると説明していた．そのため，共通問題懇談会当時，安全委員会および通商産業省（当時）においては，SA対策を国内に導入するにあたって，SA対策を規制要求とすると，現行の規制には不備があり，現行施設に欠陥があることを意味することとなってしまい，過去の説明との矛盾が生じてしまうのではないかとの議論があった．

一方で，PSAの試算値が10^{-6}／炉・年程度という結果となり，IAEAにおける目標である，既設炉は10^{-4}／炉・年，新設炉は10^{-5}／炉・年を下回っていた．そのため，現行規制で十分安全確保はされており，何も対策を打つ必要がないのではないかとの議論もあった．

以上のことから，安全委員会および通商産業省（当時）においては，現行規制において，安全確保はすでに十分確保されているが，そのうえで，規制ではなく，事業者が主体となった自主保安として，さらなる安全確保を行うという位置づけとしてSA対策としてのAMの整備が進められることとなった．

米国においては主に竜巻，大洪水，地震が外的事象として考慮されていた．安全委員会および通商産業省（当時）において，リスクとして認識されていた外的事象は，火災，内部溢水，地震であり，津波についてのリスク認識はほとんどなかった．1992年当時，日本において，PSAの手法が確立されつつあったのは，原発運転時の内的事象PSAのみであり，停止時の内的事象PSAや，地震などの外的事象に対するPSAは手法が確立されていなかった．事業者に対してAMの整備を要請した1992年の公益事業部長通達においては，事業者

側と社会的受容性を強く意識した文言調整が行われ，当初考えられていた「外的事象による個別プラント解析」に関する文言は，「PSAの範囲を拡大する研究を実施」となった．

通商産業省としては，1992年公益事業部長通達では明示されなかったものの，停止時や外的事象に対するPSAの技術・手法が確立すれば，内的事象の停止時，外的事象の火災，内部溢水，地震と取り組んでいくべきと認識していた．

d) AMの整備と外的事象に対するAMの検討

事業者は，2002年までにすべての原子力発電所においてAMの整備を完了し，2004年に保安院はその有効性評価を終え，内的事象PSAによるAMは一通りの整備が終わったものと認識される状況となった．

この間，1992年には，チェルノブイリ事故や関西電力美浜原子力発電所2号機の事故時の対応をふまえ，通商産業省は，約10年ごとに最新の技術的知見に基づき各原子力発電所の安全性などを総合的に再評価する定期安全レビュー（PSR：Periodic Safety Review）の実施を事業者に要請した．PSAの実施とAMの評価はPSRに盛り込まれた．

1995年，阪神・淡路大震災を引き起こした兵庫県南部地震が発生した．安全委員会は原子力施設耐震安全検討会を設置し，耐震設計に関する関連指針類についての妥当性が審議された．その頃，安全委員会原子炉安全総合検討会AM検討小委員会においてAMについて検討が行われていた．原子炉安全総合検討会には，耐震工学の専門家も参画していたが，AM検討小委員会のメンバーはシステム安全に関する専門家ばかりであった．「AMというのは原子炉の話だという思い込みだったのか，地震を議論した記憶はない」「安全総合検討会自身も，その2年前の議論を超える議論はしていなかった」などの供述が関係者より得られている．

2002年には，日本原子力学会の標準委員会において，内的事象の停止時PSAの実施基準が策定され，それ以降，火災PSAに取り組み，地震はその次に取り組んでいく方向であった．

保安院は，2002年に公表した東電による自主点検記録の不正問題などをふまえ，事業者による品質保証活動を，これまでの自主保安活動との位置づけで

はなく，国の認可事項である保安規定で規定し，保安検査にて実施状況の確認を行うべき活動として位置づけし直した．これに伴い，PSRについても位置づけを保安規定の要求事項とすることとした．また，保安院は，規制要求化後のPSRの実施にあわせて，停止時PSAを含む内的事象PSAの実施を事業者に対し要請した．

内的事象PSA実施とAMの有効性把握および対策の立案については，法的要求事項とするには十分な技術的知見が得られていないとして従前通り任意要求事項にとどめられ，法令上義務化されず，事業者の自主的取組みのままとされた．それまでは，自主的取組みといえども，AMについては，保安院として報告書の提出を受け，専門家の意見を聴取して定期的な評価を行っていたが，これを機に保安院は報告書の提出を受けず，専門家の意見を聴取した確認・評価を行わなくなった．

以上の津波対策・SA対策の経緯をふまえ，次にそれらに関する解釈を論ずる．

(11) 津波対策・シビアアクシデント対策に関する解釈

a) 想定津波以上の規模の津波に対する対策

津波評価部会主査は過去の論文の中で，「どの様に大きな構造物を作ったとしても，それを上回る津波が来襲する恐れは常に存在する」「強度や安定性の検討には，波力や洗掘力の詳細な推定を必要とする．……にもかかわらず，これらの大きさを的確に推定する方法はまだ存在しない．したがって，主要施設については，少なくとも既往の巨大津波の到達域外に建造するのが安全である」「意外と見過ごされているのが，浸水による機能障害である．既往実績あるいはそれを元にした数値計算の結果，浸水域外となったとしても，浸水の可能性が全く無いわけではない．……計画時の浸水域外のため防水を考慮してない電気系統などが，塩水に浸かって障害を起こす」と記述している．これは主査の持論であり，ヒアリングにおいても，「津波は地震から完全に説明できるわけではなく，局所的に波高が高くなったりすることもある．原発ではいかなる状況下でも確実に冷却系を動かさなくてはならないが，非常時に使用する電源系などは少しでも水に濡れたら機能不全に陥る．少なくとも冷却補機は必ず

動くように言い続けてきた」としている．

　関係者ヒアリングにおいて，「原子力施設の性格を考えると，再来するかも不確かだが，500-1000 年などと再来間隔が長く，規模も大きい可能性のある津波の可能性もあり，これを防潮堤などで対策しようというのは合理的でないが，多くの設備が被害を受けても冷却のための非常用設備だけは守れるような設計にするのが工学的に適した設計ではないか．多重防護の観点からは，たとえば普通の構造物に対しては補正係数 1.0 でよいが，非常用設備については 2 倍や 3 倍の高さにするなどといった手立てを講じることが適切だったのではないか」と問いかけたところ，反応は以下の通りであった．

1) 東電関係者

　理解はするが，2 段階にしなかった理由は，リスクが著しく大きなものではなかったことである．すなわち，2002 年の「津波評価技術」策定時点では，算定される想定津波の波高は既往津波の 2 倍程度となり，策定の考え方は異なるものの既往津波に相当すると考えられる S1 地震動の最大加速度振幅の 1.5 倍程度になることの多かった S2 地震動に近いため，想定津波を超える確率は S2 地震動の発生確率として理解されていた 10^{-4}-10^{-5} ／年（1 万-10 万年に 1 回発生）オーダー程度と考えた．その後，土木学会では平成 15-17 年にリスクを確率論的に見積もる方向の検討が行われ，評価手法として未確立ではあるものの，その検討成果に基づいて福島第一原発のリスク評価を行ったところ，設計津波高さを超える確率は 10^{-4} ／年オーダーであり，炉心損傷頻度の観点からリスクレベルとしては大きくないと認識した．

2) 電力中央研究所関係者

　異論はない．コストとの兼ね合いはあるが，原発ならコストも見合うと思う．ただし，事業者に受け入れられるものとする必要があった．そのためには数値的な考え方を打ち出すことが必要だが，再来期間のより長い不確かな津波については困難．不確かな津波については確率論的評価の中で対応しようと考えていた．

3) その他の関係者

　その他の学識経験者や行政官からはとくに反論はなく，ある教授からは，津波評価部会での議論は「2 倍や 3 倍」にする前の高さの評価に関するものであ

り，2，3倍につながるような議論は当該部会の役割ではないと思っていたとの言説が得られている．また，別の教授は，当時は決定論の限界を感じており，そのため確率論的評価の議論に進む必要があると認識していたが，それだけでなく，危機管理的な考え方による議論との2本立てで進めるべきであったと述懐している．さらに，津波評価部会の第1期活動中には想定された設計津波水位を超えることへの危機感をもってもらうチャンスがあったかもしれないが，第2期以降は精度を向上させるという違う方向へ進んでしまったと述べている．

b) 津波耐力と必要な津波対策

津波対策の考え方を，福島第一原発の機器構成を例に図9.5を用いて説明する．横軸には津波水位をとり，縦軸はそのとき発生すると考えられる典型的な被害の状況を表す．今回の災害で現実に発生したように，まず地震において外部電源を喪失し，その後津波に襲われた場合における原子力発電所の津波に対する状態，すなわち津波耐力は図9.5における1つの曲線として表される．引き波における最低水位，砂移動なども重要な検討対象であるが，概念の説明のために，ここでは最高水位に議論を限ることとする．

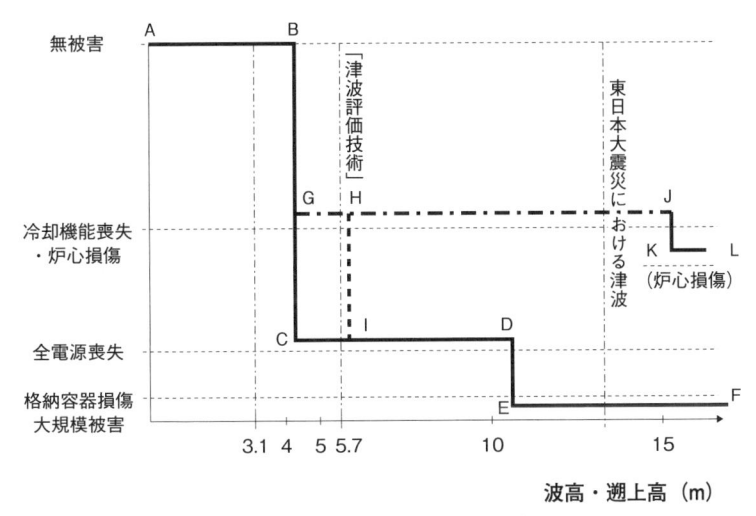

図9.5 福島第一原発の津波耐力

福島第一原発では，3.122 m の設計波高に基づいて設置許可がなされている．設置許可に基づく施設を前提とすると，1号機から4号機の4m盤に非常用海水ポンプなどの施設があり，10m盤に原子炉建屋，タービン建屋などが設置されており，基本的には4mを超える遡上高の津波によって海水による冷却機能（水冷式非常用DGの冷却機能も含む）が喪失し，10mを超える遡上高の津波によって直流電源，非常用DG本体が機能喪失することとなる．したがって，「津波評価技術」による津波評価に基づく津波対策がなされる平成14年以前の津波耐力は図9.5の実線ABCDEFで表される．CD部分は，直流電源，空冷式非常用DG，電源盤が生き残るため，全電源喪失を免れることを表現している．このとき，海水による冷却機能は喪失することとなるが，非常用海水ポンプなどの損傷状況などに応じては，冷却機能が一時喪失しても，補修や仮設水中ポンプによって冷却機能を回復できる可能性もある．EF部分では格納容器の損傷が発生する可能性が高いが，手動によるベントや消防車を用いた注水，電源車からの電力供給などのAMにより大規模な被害を防いでいくこととなる．

　「津波評価技術」による津波評価の結果である波高5.7 m（後の算定では6.1 m）に対しては，津波対策として非常用海水系ポンプのかさ上げを行ったため，太破線GHIの部分が補強され，津波耐力はABGHIDEFとなったこととなる．GHの部分では，4m盤に設置された多くの施設は浸水し損傷するが，非常用海水系ポンプは被害を免れ，冷却機能は保持され，炉心損傷は防ぐことができる．

　東日本大震災における津波波高は10mを大きく超えている．今回の津波に対して冷温停止を実現するためには，ABGJKLで表される津波耐力をもてるように津波対策を施す必要があった．GJの部分においては，非常用電源（電源盤などの関連設備を含め）と非常用海水系ポンプが1系統でも生き残っていれば，あるいは非常用電源が1系統でも生き残り，AMにより水中ポンプが迅速に設置されていれば，冷却機能を保持することができる．KL部分では冷却機能は喪失するが，適切なAMにより炉心損傷は免れることができる．いずれにしても，直流電源，非常用交流電源，電源盤，非常用海水系ポンプを津波から守ればよいわけだが，海側に設置される非常用海水系ポンプを守るために

は，既設の原子力発電所においては建設場所の余裕があるかなどの課題はあるが，波力に対する耐力と水密性を備えた建屋を設けるなどにより実現可能と考えられる．

図9.5のJK部分の津波水位をどのように設定するかが論点となる．IAEAの勧告である目標，10^{-4}／炉・年を適用するとすれば，1万年に1度の頻度で来襲する津波の水位に相当する．この水位を算定することが難しいのであれば，不確かさを包含できるほど十分に大きな値を採用するというのが工学の考え方である．

たとえば，わが国最初の原子力発電所である東海発電所において，原子炉を英国より導入するに当たって，英国側にどのような耐震設計の仕様書を提示するかが問題となった．耐震工学に対して経験の少ない英国に動的な設計を要求することはできないため，日本の建築基準法に準拠した耐震計算を要求することとなった．静的設計震度をどのような数値にするかが課題となったが，一般建築用の標準設計震度をはるかに上回る値を採用すべきとの考えから，建築基準法震度の3倍を指定することとなった．

このように直流電源，非常用電源，電源盤，非常用海水系ポンプを津波から守り，冷却機能を保持する最低限の対策を講ずる場合，巨大な防潮堤の建設以外の方法も考えられ，かなり大きな津波水位を想定したとしても，難易度も費用もより現実的な範囲で十分実施できる可能性がある．

c) 津波における設計基準事象とシビアアクシデント対策

安全対策は，設定された設計基準事象に対して安全性が確保されるように実施され，設計基準事象を超え著しい損傷を伴う事象に対してはSA対策を施すというのが，安全性確保の基本である．津波対策の場合，平成18年に改訂された耐震設計審査指針によれば，「施設の供用期間中に極めてまれであるが発生する可能性があると想定することが適切な津波」より規模が小さい津波が設計基準事象である．「津波評価技術」による評価結果であるHI部分を設計基準事象と考えれば，IDEF部分，あるいはHJKL部分がSA対策である．また，図9.5のJK部分を設計基準事象と考えれば，KL部分がSA対策である．耐震設計審査指針の改訂作業において，「施設の供用期間中に極めてまれである

が発生する可能性があると想定することが適切な津波」がどのような津波であるかの議論がなされていないため，図9.5における設計基準の特定が難しい．

しかし，設計基準事象を特定し，設計基準事象以下の津波に対する対津波安全対策とそれを超える津波に対する対津波SA対策を区別することは，SAに対して防護するという意味においては，実はそれほどは意味がない．施設の供用期間中にきわめてまれであるが発生する可能性があると想定することが適切である津波を超えた，大きな波高・遡上高の津波までを検討の対象ととらえ，総合的に津波対策を講ずることが必要である．

津波対策の検討においては，SA対策という概念が共有されていなかった．また，SA対策においては津波のリスクがまったく認知されていなかった．安全対策の検討状況は図9.6によって説明される．

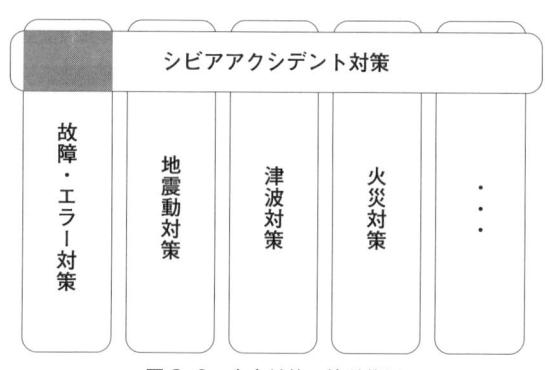

図9.6 安全対策の検討状況

安全設計審査指針では，指針2．「自然現象に対する設計上の考慮において地震と地震以外の想定される自然現象によって原子炉施設の安全性が損なわれない設計であること」が謳われており，地震以外の想定される自然現象としては，「敷地の自然環境をもとに，洪水，津波，風，凍結，積雪，地滑りなどから適用されるものをいう」と解説されている．

対象事象ごとに設計基準を定め，安全対策が講じられる．設計基準を超える事象に対するSA対策は，本来対象事象ごとにも検討されるべき性格のものであるが，(10)の通り，SA対策は内的事象の運転時を対象に始められ，内的

事象の停止時，外的事象の火災，内部溢水，地震と取り組んでいくつもりであったが，そのように展開されなかった．津波は対象にすらあがっていない．図9.6のグレー部分のみがAMとして実施された．

d) 問題の全体像把握の欠如

　図9.5や図9.6のような発想に立って問題の全体像が把握され，あるべき津波対策の姿について検討がなされた形跡はみられない．図9.5に描いた内容を発想するために，特別に深い専門的知識や確率論的評価は必要ない．原子力発電所の施設全体の概略を知り，津波の場合は，設計上の想定を大きく上回るある水位以上になれば一挙に原子炉の冷却機能が失われるため，著しい炉心損傷を伴わない事象は存在せず，ただちにSAに至るということを理解していれば描ける図である．

　問題解決策の適切性を確保するためには，問題の全体像を把握することがきわめて重要である．原子力発電所の安全性を確保するという問題に対して，問題の全体像を把握して問題解決策を立案し，実施するということが適切になされていたとはいいがたいのではないか．

「社会技術」の未来 —— 本書のまとめにかえて

　東日本大震災によって，変革の必要性は誰の目にも明らかとなった．まず震災の前と後でどのような変化があったのかを確認することが大事ではなかろうか．ボランティア活動を始めた，家族のつながりを大切にするようになったなど，個々人のなかでの変化もあろう．また，企業，政府，社会など，すべての単位で何らかの変化が認められよう．

　次に，その変化が妥当なものなのか，もっと変化すべきなのかを考えてみよう．何も変化がないとしたら，それで良いのかを疑ってみよう．大学の教育・研究にはどのような変化がおこっているのであろうか．それが著者の問題意識である．

　著者の変化を紹介しておこう．2011年12月26日に公表された福島原子力発電所事故の政府事故調中間報告を抜粋することにより，第9章のケースを作成した．開講中の「社会技術論」と題する講義の受講生に配布し，9.3節に記載した課題を講義の中で実践した．「社会技術論」は本書の内容を学部3年生に教授する講義であり，本書の演習問題と位置づけられる第9章の有効性を確認する意味合いもあった．2012年1月に2回の講義で受講生に問題の分析をしてもらったが，かなりの手ごたえが感じられた．津波対策・シビアアクシデント対策が不十分となった本質的な要因とそれを本質的と考える根拠を尋ねたところ，適切な分析と考察がなされたことを感じさせる回答が返ってきた．

　課題の答えを本書に記載すると，演習問題としての効果が薄れてしまうので，詳しく述べることは控えるが，福島原子力発電所事故の本質的な要因のひとつとして，専門分化・分業の弊害が抽出される．

　専門性を高めるために分業は不可欠である．領域が細分化されることによって知識や技術は深化する．結果として大学における学科・専攻の細分化がおこる．企業においても，領域ごとの技術者集団が生まれ，組織構造に反映される．同じバックグラウンドをもつ技術者集団が，組織単位の中でそれぞれの文化を

築き上げることは自然である．そのことによってその集団の技術力は強化される．しかし，そのことは現実の問題解決にとってマイナスにもなりうる．津波対策のように，現実の問題解決には異なる分野の知識や技術を必要とする．異なる文化をもった技術者集団が協働して問題解決に当たるためには，そのための仕組みが必要である．異なる専門分野を束ねる管理職に俯瞰的・総合的な能力を求めることも難しい．とくに技術分野における管理職は，もともと何らかの専門分野においてキャリアを積んできた者であることが多く，異なる専門分野を束ねる管理職になるまで，自分の得意とする専門分野以外の専門知識を活用して総合的に問題解決にあたる訓練を受けてきたわけではない．専門分化・分業の弊害は今回の事故に関連したさまざまな局面で姿をみせている．

　2012年度は社会技術論の講義を1，2年生を対象にも実施している．専門教育が始まる前に，文系と理系が一緒に問題解決に取り組むことはとても大事である．グループワークでは，文系と理系の学生が交じり合うようグループを編成している．昨年度「社会技術論」を履修した学生6名にTAをお願いし，6チームに1名ずつ入ってもらっている．まだ第9章のケースにまで至っていないが，グループワークによって社会問題を分析し，問題解決策を立案する能力は着実に身についている．

　本書では，社会技術という概念と社会問題の解決策をデザインする方法論を論じた．専門の如何にかかわらず，すべての分野の人びととの共通的な知識基盤となってほしい．それが専門分化・分業の弊害を避ける方法のひとつであると考える．とくに，問題の全体像を把握する方法と能力，異なるバックグラウンド・専門性を有する人たちと協働し，問題解決策をデザインする方法と能力が重要である．

　本書で紹介した社会問題の解決策をデザインする方法論はプロトタイプにすぎない．そもそも方法論に正解や完成版は存在しない．方法論を適用し，社会問題の解決策をデザインする事例を増やすことによって方法論は進化してゆくものだ．適用事例を増やすことによって，利用可能な手法の数が増え，どのような場合にどのような手法を用いれば良いかという方略的知識が蓄積されてゆく．適用事例の範囲，対象とする社会問題の解決策の種類を増やし，方法論の一般性を高めてゆくことが課題である．第6章で社会的企業を取り上げたこと

は，問題解決策の種類を増やす試みの一例である．

　問題解決の知識を蓄積・体系化してゆくことが重要であることは論をまたないが，それを使いこなす能力を養うことも忘れてはならない．記憶研究を踏まえて言い換えれば，知識などの意味記憶と，知識の活用にかかわる手続き記憶のバランスが大切である．手続き記憶を習得するためには，実際に体験してみることが必要である．方法論を適用し，実際に問題解決策をデザインすることは，方法論を身につけるためには不可欠である．第9章で取り上げたケースメソッドは，問題解決の方法論を身につけるために有効な教育方法である．

　新しくて有効な問題解決策を発想することと，新しくて有効な製品，サービス，ビジネスモデルを発想することは，同じ思考プロセスに基づいている．発想を方法論化することはできないが，発想を支援する方法論を構築することはできるというのが本書の思想である．異なる分野で同じ事が出現するとき，その背景には本質が存在する．第4章で取り上げた解決策発想支援手法は，新しい手段の発想を支援する本質的な方法に基づいている．その方法をイノベーション教育に適用したのが，第8章で紹介した東京大学 i.school である．

　東京大学 i.school で培っているワークショッププロセスとそのデザインの方法論は，問題解決策のデザインにも適用できるはずである．東京大学 i.school のワークショッププロセスに基づき，グループワークによって社会問題の解決策をデザインすることは，新しくて有効な問題解決策を生み出すために有益であろう．東京大学 i.school では，グループを構成するメンバーの多様性が重要であることが実証されている．社会問題の解決策をデザインするうえでも，異なるバックグラウンド，専門知識をもったメンバーが協働することが重要であることは間違いない．

　新しくて有効な手段を生み出すために，既存の手段にかかわる知識を活用可能な形態で蓄積することが必要であることは第4章で示した．より多くの既存の手段を分析すること，分析の方法，分析結果の活用方法を精緻化してゆくことも今後の課題である．分析の結果，すなわち，問題の原因と解決の手段の関係性を理論的に検討してゆくことも重要である．第1章第4節（5）で触れた通り，問題の原因と解決の手段の関係性を理論的に検討することにより，実証的な関係性の中から妥当性の説明がつくものを選び出すことが可能となり，既

存の解決の手段を改善したり，より有効な解決の手段を考案することにつながる．

　以上のような努力を続けてゆくことにより，社会技術にかかわる教育研究分野が確立してゆくことが期待される．社会技術にかかわる教育研究分野は，既存のディシプリン型の領域とは異なり，分野横断的な性格の強い，問題解決型教育研究分野になるだろう．「知識の創造」が既存のディシプリンのキーワードであるとすれば，「知識の活用と活用のための知識の創造」が社会技術分野のキーワードである．今後，社会技術にかかわる教育研究分野が発展し，社会問題の解決やイノベーションの創出にあたる人材の養成につながることを祈念する．

おわりに

　社会技術の話をすると，どうしてそのような研究をするに至ったのかを聞かれることが多い．ここに本書に至る長い道のりを記しておきたい．

　学部を卒業して米国ノースウェスタン大学に留学し，応用力学・マイクロメカニクスに関する研究を行った．岩石が圧縮下で破壊するときの微視的メカニズムをモデル化し，巨視的な挙動を説明するという一連の研究成果は，H. Horii and S. Nemat-Nasser,"Brittle failure in compression: splitting, faulting, and brittle-ductile transition", *Philosophical Transactions, Royal Society of London*, Vol. A319, No. 1549（1986）337-374 にまとめた．このころは理学的な研究を志向していた．

　東大に着任してしばらくしたころ，日本の複合材料の技術者に質問したことがある．米国では複合材料のマイクロメカニクスに関する研究を教わり，私もそれに魅了されていた．当時，航空機の機体などで複合材料の製造技術は日本が最先端であった．「なぜ，日本では複合材料のマイクロメカニクスに関する研究があまりなされていないのか？」という質問に対する答えに頭を金槌で叩かれた思いであった．「だって，必要ないではないか．」力学は，複合材料の設計を後から説明することができるかもしれないが，力学で設計できるわけではないということであった．

　それ以来，「役に立つ」研究をしたいと思うようになった．力学にかかわるシンポジウムに片っ端から参加してみたが，未来を感じさせる内容に出会うことはなかった．ところが，岩盤力学シンポジウムに参加したときには様子が異なっていた．何より熱気があった．折しもバブル景気で電力需要は右肩上がりで増加を続けていた．夜に水をくみ上げ，日中の需要ピーク時に発電する揚水発電所が次々に建設されていた．岩盤の奥深くに建設される発電所の空洞を掘削することは容易ではない．岩盤には数多くの不連続面が含まれており，掘削時の岩盤の挙動を予測することが課題となっていた．

そこで，不連続面を有する材料の連続体理論に取り組み，大規模岩盤空洞の掘削に対する解析手法の開発を目指した．そのころの研究成果は，H. Yoshida and H. Horii, "Micromechanics-based continuum model for a jointed rock mass and excavation analyses of a large-scale cavern", *Int. J. Rock Mech. & Min. Sci.*, Vol.41（2004）119-145 にまとめた．現場計測との比較などをくり返し，いよいよ設計に使えるかもしれないという気分に浸っていた．

　ちょうどその頃である．「地下発電所はもう建設しません」といわれ，愕然とした．バブルが崩壊し，電力需要が伸びないため，揚水発電所の新規建設も必要がなくってしまったのである．つくらないものの研究をしていても仕方がない．新しい研究領域を模索した．そのなかで高レベル放射性廃棄物の処分問題にかかわることとなった．そこで感じたことは，技術的な問題より社会的な問題の方がクリティカルであるにもかかわらず，社会的な問題に関する研究がほとんどなされていないということであった．

　そのようなところに元東京大学総長の小宮山宏先生から電話を頂戴した．「君は社会基盤に所属しているのだから，社会技術をやらないか」というお誘いであった．文部科学省主導のもとに独立行政法人科学技術振興機構によって設置された社会技術研究システム（現社会技術研究開発センター）のもとで2001年にスタートした，ミッション・プログラムⅠ，「安全性に係わる社会問題解決のための知識体系の構築」にかかわることとなったのが，私にとっての社会技術の出発点である．

　本書は約10年間の活動成果をとりまとめたものである．この間，多くの方々のお世話になった．あまりに多くの方々にご協力，ご支援いただいているため，1人1人お名前を挙げて感謝申し上げるのは控えさせていただく．研究室の学生さんには，卒論，修論，博論を通じて社会技術に関する研究を進めていただいた．その成果はできる限り本書で取り上げ，参考文献に記録が残るように心がけた．残念ながら盛り込むことができなかった方もおられるが，感謝の気持ちに変わりはない．

　『食品リスク：BSE とモダニティ』の著者である神里達博特任准教授（大阪大学コミュニケーションデザイン・センター）は，社会技術研究を立ち上げたときの同志のひとりである．東京大学工学部卒，旧科学技術庁，三菱化学生命科

学研究所, 社会技術研究開発センター, 東京大学大学院工学系研究科という経歴が示すように, 科学技術と社会の縁海を黙々と泳いでこられた孤高の研究者である. 社会技術研究開発センターの前身である愛宕の社会技術研究システムは, さまざまな専門の研究者が分野を超えて互いに高め合う理想的な空間であった. なかでも科学史・科学論を専門とする神里氏の世界観は社会技術という概念の幅を拡げる役割を果たした.

中川善典講師（高知工科大学社会マネジメント研究所）は, 博士論文研究のテーマに社会技術を取り上げた最初の学生である. 2001年に英国カーディフであった応用力学に関する国際会議の最中, レンタカーで郊外をドライブしながら社会技術とは何か, 社会技術研究として何をすべきかを中川氏と語り合った. 社会技術の概念はその車中で確定したといえるかもしれない.

小松崎俊作助教（東京大学）は, 社会技術のテーマを扱った最初の卒論生であり, その内容は第5章で取り上げた. 社会技術に関する海外調査に同行し, その場で留学が決まった. 帰国後も社会技術に関する教育研究をともに進めていただいている.

本書の完成には東京大学出版会編集部丹内利香さんのご尽力が欠かせなかった. 執筆は2009年8月頃スタートしたが, なかなか進まないなか, 2011年3月の東日本大震災がおこり, 本書を完成させることはできないのではないかと考えた. 内容から考えて, 東日本大震災に触れないわけにはいかないが, 中途半端に扱うことはできないと考えたからである. 政府事故調の調査にかかわり, 多くの関係者にインタビューを行うにつれ, 本書の必要性を日増しに強く感じるようになった. 2011年12月中旬より執筆を再開し, 完成に漕ぎ着けた. 丹内さんは最後まで諦めず, 励まし続けて下さった. 2011年12月からは, 情報管理ツールであるEvernoteを使って執筆を進め, Notebookを丹内さんと共有することにした. 節や項ごとに更新日時が共有されるので, いつ作業したのかが編集担当者に筒抜けになってしまう. その緊張感が執筆の支えになったような気もする. 担当者にウソをついてもしかたがない. 透明性を高めることが信頼を構築する方法であることを実感した. 丹内さんには心から感謝申し上げたい.

最後になるが, 社会技術を始めるはるか昔から私の教育研究に関する考えを

理解し，励まし，支えてくれた家族と両親に感謝する．

2012年6月　堀井秀之

参考文献

第1章

[1] 堀井秀之『問題解決のための「社会技術」：分野を超えた知の協働』中央公論新社，2004．
[2] 堀井秀之『安全安心のための社会技術』東京大学出版会，2006．
[3] ハーバート・A・サイモン，稲葉元吉・吉原英樹訳『システムの科学（第3版）』パーソナルメディア，1999．
[4] マイケル・ギボンズ，小林信一監訳『現代社会と知の創造：モード論とは何か』丸善ライブラリー，1997．
[5] 小林信一・小林傳司・藤垣裕子『社会技術概論』放送大学教材，放送大学教育振興会，2007．
[6] 東京電力福島原子力発電所における事故調査・検証委員会（政府事故調，委員長畑村洋太郎）『中間報告』東京電力福島原子力発電所における事故調査・検証委員会，2011．http://icanps.go.jp/post-1.html
[7] 遠藤礼子「ストックホルム渋滞緩和事業におけるIBMの取り組みの分析」卒業論文，東京大学工学部社会基盤学科，2011．
[8] Anders Gullberg, Katarina Isaksson, Jonas Eliasson, and Greger Henriksson (eds.), *Congestion Taxes in City Traffic: Lessons Learnt from the Stockholm Trial*, Nordic Academic Press, 2009.
[9] 足立幸男『公共政策学とは何か』ミネルヴァ書房，2009．
[10] リチャード・E・ニスベット，村本由紀子訳『木を見る西洋人　森を見る東洋人：思考の違いはいかにして生まれるか』ダイヤモンド社，2004．
[11] 市川惇信『暴走する科学技術文明：知識拡大競争は制御できるか』岩波書店，2000．
[12] D.B. ボブロウ・J.S. ドライツェク，重森臣広訳『デザイン思考の政策分析』昭和堂，2000．
[13] 小宮山宏『知識の構造化・講演』オープンナレッジ，2004．
[14] 片田敏孝『子どもたちに「生き抜く力」を：釜石の事例に学ぶ津波防災教育』フレーベル館，2012．
[15] 片田敏孝・桑沢敬行・金井昌信・細井教平「津波災害シナリオ・シュミレータを用いた尾鷲市民への防災教育の実施とその評価」『社会技術研究論文集』2, 199-208, 2004．
[16] 桑沢敬行・金井昌信・細井教平・片田敏孝「津波避難の意思決定構造を考慮した防災教育効果の検討」『土木計画学研究・論文集』23 (2), 345-354, 2006．
[17] I. Ajzen, and M. Fishbein, *Understanding Attitudes and Predicting Social Behavior*, Prentice-Hall International, Inc, London, 1980.
[18] 山崎瑞紀・吉川肇子・堀井秀之「高病原性鳥インフルエンザにおける不安喚起モデル構成の試み」『社会技術研究論文集』2, 379-388, 2004．http://www.shakai-gijutsu.org/

第2章

[19] 安西祐一郎『問題解決の心理学：人間の時代への発想』中央公論新社，1985．
[20] 木下清一郎『心の起源：生物学からの挑戦』中央公論新社，2002．
[21] ジェフ・ホーキンス，サンドラ・ブレイクスリー，伊藤文英訳『考える脳考えるコンピューター』ランダムハウス講談社，2005．
[22] 太田信夫・厳島行雄『記憶と日常』北大路書房，2011．
[23] G. ポリア，柿内賢信訳『いかにして問題をとくか』丸善，1954．
[24] 多鹿秀継『認知と思考：思考心理学の最前線』サイエンス社，1994．
[25] 米盛裕二『アブダクション：仮説と発見の論理』勁草書房，2007．
[26] キース・J・ホリオーク，ポール・サガード，鈴木宏昭・河原哲雄監訳『アナロジーの力：認知科学の新しい探求』新曜社，1998．
[27] 鈴木宏昭『類似と思考』共立出版，1996．
[28] 大西仁・鈴木宏昭『類似から見た心』共立出版，2001．
[29] 田浦俊春・小山照夫・伊藤公俊編『技術知の本質：文脈性と創造性』東京大学出版会，1997．
[30] 村田純一『技術の哲学』岩波書店，2009．
[31] A.H. マズロー，小口忠彦訳『人間性の心理学：モチベーションとパーソナリティ』産業能率大学出版部，1987．
[32] 自動車技術ハンドブック編集委員会『自動車技術ハンドブック』自動車技術会，2004.9-2011.3．
[33] 吉川弘之・冨山哲男『設計学：ものづくりの理論』放送大学教育振興会，2000．

第3章

[34] 加藤浩徳・城山英明・中川善典「関係主体間の相互関係に着目した広域交通計画におけるシナリオ分析手法の提案」『社会技術研究論文集』4，94-106，2006．http://www.shakai-gijutsu.org/
[35] 松浦正浩・城山英明・鈴木達治郎「ステークホルダー分析手法を用いたエネルギー・環境技術の導入普及の環境要因の構造化」『社会技術研究論文集』5，12-23，2008．http://www.shakai-gijutsu.org/
[36] 葛西健「アジアの感染症と日本：国連機関からの視点」，竹内勤，中谷比呂樹『グローバル時代の感染症』，第6章，慶應義塾大学出版会，2004．
[37] 川喜田二郎『発想法：創造性開発のために』中央公論社，1967．
[38] スティーヴン・トゥールミン，戸田山和久・福澤一吉訳『議論の技法：トゥールミンモデルの原点』東京図書，2011．
[39] 足立幸男『議論の論理：民主主義と議論』木鐸社，1984．
[40] 足立幸男『政策と価値：現代の政治哲学』ミネルヴァ書房，1991．
[41] 外務省「わかる！国際情勢」4，"三大感染症対策～日本の取組と世界基金"．http://www.mofa.go.jp/mofaj/press/pr/wakaru/topics/vol4/

第 4 章

[42] 吉谷竜一・松田正一『システム設計法の基礎と理論：システム設計とシステム分析の統合』泉文堂，1987.

[43] NTT データ DIGITAL GOVERNMENT 編集局「欧州の感染症対策システム：鳥インフルエンザを機に強化された各国連携」『欧州マンスリーニュース』NTT データ，2006.9. http://e-public.nttdata.co.jp/f/repo/408_e0609/e0609.aspx

[44] 産業能率大学 CPM/TRIZ 研究会監修『TRIZ の理論とその展開：システマティック・イノベーション』産能大学出版部，2003.

[45] 国土交通省「総合的な土砂災害対策のための法制度の在り方について」答申，河川審議会，2000. https://www.mlit.go.jp/river/singi/000203index.html

[46] 山口健太郎・白戸智・堀井秀之「社会問題解決策の立案に資する分野横断的な知識活用手法の検討」『社会技術研究論文集』3，186-195，2005. http://www.shakai-gijutsu.org/

[47] 堀井秀之『手段知識システム』2011. http://hideyuki-horii.net/means.html

第 5 章

[48] 小松崎俊作・橋口猛志・堀井秀之「因果ネットワークを用いたリアルタイム診療ナビゲーションシステムの影響分析」『社会技術研究論文集』1，391-403，2003. http://www.shakai-gijutsu.org/

[49] 古場裕司・白戸智・山口健太郎・堀井秀之「社会問題解決策の影響分析手法確立に向けた研究：既存不適格住宅耐震性向上問題を事例として」『社会技術研究論文集』2，112-122，2004. http://www.shakai-gijutsu.org/

[50] 八巻心太郎・山口健太郎・白戸智・堀井秀之「診療ナビゲーションシステムを題材とした社会問題解決策の影響分析ケーススタディ」『社会技術研究論文集』2，123-131，2004. http://www.shakai-gijutsu.org/

[51] 山口健太郎・八巻心太郎・白戸智・堀井秀之「社会問題解決策の設計と実装に資する多元的評価手法の提案」『社会技術研究論文集』2，132-139，2004. http://www.shakai-gijutsu.org/

[52] 山口健太郎・村山明生・堀井秀之「問題解決の設計手法に関する検討：防災投資報告制度の提案を通じて」『社会技術研究論文集』4，1-17，2006. http://www.shakai-gijutsu.org/

第 6 章

[53] 谷本寛治『ソーシャル・エンタープライズ：社会的企業の台頭』中央経済社，2006.

[54] 山本繁『人を助けて仕事を創る社会起業家の教科書』ティー・オーエンタテインメント，2010.

[55] 炭谷俊樹『ゼロからはじめる社会起業』日本能率協会マネジメントセンター，2010.

[56] 経済産業省『ソーシャルビジネス研究会報告書』2008.

[57] 吉田泰輔「ソーシャルエンタープライズの問題解決メカニズム分析と解決策設計の提案」卒業論文，東京大学工学部社会基盤学科，2009.

[58] 東京大学 i.school, http://motivation-maker.org/

第7章

[59] 西郷貴洋・小松崎俊作・堀井秀之「高知県東洋町における高レベル放射性廃棄物処分地決定に係る紛争の対立要因と解決策」『社会技術研究論文集』7, 87-98, 2010. http://www.shakai-gijutsu.org/
[60] 磯崎育男『政策過程の理論と実際』芦書房, 1997.
[61] F.I. Greenstein, and N.W. Polsby (eds.) "Micropolitical theory, Addison-Wesley series in political science," *Handbook of political acience*, 2, Reading MA；Addison-Wesley Publishing Company, 1975.
[62] 白鳥令『政策決定の理論』東海大学出版会, 1990.
[63] A.O. Elbing, *Behavioral Decisions in Organizations*, Glenview, IL；Scott, Foresman and Co., 1970.
[64] 大嶽秀夫『現代政治学叢書11 政策過程』東京大学出版会, 1990.
[65] 宮川公男『政策科学の基礎』東洋経済新報社, 1994.
[66] 秋吉貴雄『公共政策の変容と政策科学：日米航空輸送産業における2つの規制改革』有斐閣, 2007.
[67] 森脇俊雅『政策過程』ミネルヴァ書房, 2010.
[68] 橋本鉱市「高等教育の政策過程分析：その理論的前提と方法論的枠組」『東北大学大学院教育学研究科研究年報』53 (2), 51-74, 2005.
[69] Noringa Akao, "An Analysis of Local Residents' Attitude Formation towards Siting a NIMBY Facility A Case Study of the Low-and Intermediate-Level Radioactive Waste Repository in Wellenberg." Switzerland, Master thesis, The University of Tokyo (2009).
[70] 恩賀万理恵「フランスにおける高レベル放射性廃棄物処分場立地政治過程の分析」修士論文, 東京大学大学院工学系研究科社会基盤学専攻, 2010.
[71] アントニオ・R・ダマシオ, 田中三彦訳『生存する脳：心と脳と身体の神秘』講談社, 2000.
[72] 山口陽央・小松崎俊作・堀井秀之「韓国における放射性廃棄物処分場立地過程の政治過程分析」『社会技術研究論文集』8, 60-73, 2012. http://www.shakai-gijutsu.org/

第8章

[73] 東京大学 i.school, http://ischool.t.u-tokyo.ac.jp/
[74] 東京大学 i.school『東大式 世界をかえるイノベーションのつくりかた』早川書房, 2010.
[75] 石井淳蔵『ビジネス・インサイト：創造の知とは何か』岩波書店, 2009.
[76] 安西徹雄『英語の発想』筑摩書房, 2000.
[77] トム・ケリー, ジョナサン・リットマン, 鈴木主税・秀岡尚子訳『発想する会社！：世界最高のデザイン・ファーム IDEO に学ぶイノベーションの技法』早川書房, 2002.
[78] チップ・ハース, ダン・ハース, 飯岡美紀訳『アイデアのちから』日経BP社, 2008.
[79] 紺野登『ビジネスのためのデザイン思考』東洋経済新報社, 2010.
[80] Peter Merholz, Brandon Schauer, David Verba and Todd Wilkens, 高橋信夫訳『Subject to Change：予測不可能な世界で最高の製品とサービスを作る』オライリー・ジャパン, 2008.

[81] 情報デザインフォーラム編『情報デザインの教室：仕事を変える，社会を変える，これからのデザインアプローチと手法』丸善，2010.
[82] 上田泰『個人と集団の意思決定：人間の情報処理と判断ヒューリスティックス』文眞堂，1997.
[83] 清水美憲『算数・数学教育における思考指導の方法』東洋館出版社，2007.
[84] ロジャー・マーティン，村井章子訳『インテグレーティブ・シンキング：優れた意思決定の秘密』日本経済新聞出版社，2009.
[85] 岸谷俊樹『ゼロからはじめる社会起業』日本能率協会マネジメントセンター，2010.
[86] 松丘啓司『論理思考は万能ではない：異なる価値観の調和から創造的な仮説が生まれる』ファーストプレス，2010.
[87] 小林昌平・山本周嗣・水野敬也『ウケる技術』新潮社，2007.

第9章

[88] ウィリアム・エレット，斎藤聖美訳『入門ケース・メソッド学習法：世界のビジネス・スクールで採用されている』ダイヤモンド社，2010.
[89] ルイス B. バーンズ，C. ローランド・クリステンセン，アビー J. ハンセン，高木晴夫訳『ケース・メソッド教授法：世界のビジネス・スクールで採用されている』ダイヤモンド社，2010.
[90] ハーバード・ビジネス・スクール，ハーバード・ビジネス・スクール日本リサーチ・センター編『ケース・スタディ日本企業事例集：世界のビジネス・スクールで採用されている』ダイヤモンド社，2010.
[91] 長尾至「中国における ESCO ビジネスの問題分析と普及に向けた方策の提案」卒業論文，東京大学工学部社会基盤学科，2008.

索引

ABC

Aalto 大学 Institute of Design　171
AM　→　アクシデントマネジメント
APISNote　197, 204
CSR　138
EBM　115
ECDC　84
ESCO 事業　208-210
EWRS　84
GIS　47
　――解析　85
HACCP　100, 104
HEDIS　84
HLW　142
IBM　4, 5, 8-11, 13, 14
　――改革　12
IDEO　171
Illinois 工科大学 Institute of Design　171
IMF　72
i.school　→　東京大学 i.school
KAIST Industrial Design　171
KJ 法　61, 64, 200
LILW　162
Madam Sachiko　129
MedISys　84, 85
Motivation Maker　140
PSA　242
PSR　244
Royal Colledge of Art（RCA）Innovation Design Engineering　171
SA　→　シビアアクシデント
SARS　47
SPEEDI　1-3, 47
Stanford 大学 d.school　171
TRIZ　88
VICS　105
WHO　77

ア行

アイディアダイアグラム　200, 202
アイディア出し　189, 190, 192
アイディアマトリクス　200, 202
アウトブレイク（集団発生）　73, 82
アクシデントマネジメント　242
アナロジー　33, 47, 108, 184, 192, 206
アブダクション　16, 44, 108, 168, 174, 176, 183, 184, 190, 192
アラビンド眼科病院　135
アルツハイマー病　132
安全設計審査指針　220, 226, 250
意思決定過程　144
イシューアプローチ　145
イノベーション　138
　――教育　168, 206, 207
　――サイエンス　207
　――ワークショップ　189-191
因果関係　79, 215
　――図　28, 72, 73, 79
因果写像　45
因果ネットワーク図　73
因果フロー図　73
因果分析　28, 58
インタビュー調査　115
インド市場進出戦略　131
インフォームド・コンセント　114, 118, 119
ウェブ工学　204
ヴェレンベルグ　162
失われた 10 年　168
うつ病　132
影響因子　163
エクストリームユーザー　182
エコドライブ管理システム　100, 103-105
エーザイ　131
エスノグラフィ　183, 186
演繹　44

266

——的推論　44, 54
欧州疾病予防管理センター　→　ECDC

カ 行

解決策診断カルテ　97, 98
解決（の）メカニズム　32, 34
蓋然的推論　66
外的事象　243
科学技術　50
核廃棄物持ち込み禁止条例　150, 154
確率論的安全評価　→　PSA
価値基準　67, 187, 188
価値分析　58
還元主義　16
　——的アプローチ　20
感染空間解析システム　47
感染症　47, 65, 72, 79, 81
　——シミュレーション　79, 103
記憶　39, 40, 184
擬似体験　31
技術　50
　——革新　169
　——中心イノベーション　181
既存の解決策の問題　60
帰納　44
　——的推論　44
狂牛病　162
グラミン銀行　128
クリティカルパス　119
クリニカルパス　119
グループワーク　172, 191
ケースメソッド　208
決定論的安全評価　242
ゲノム情報　113
健康危機情報システム　→　HEDIS
原子力発電所事故　218
原問題　60
合意形成　194
工学　49
公共政策学　16
交通安全マップ　109
公平・公正感　165
合理的行為理論　34
高レベル放射性廃棄物　→　HLW
　——処分　142

子育てセンター　138
国家戦略　169
国家的課題　164
国家論　146
500年間隔地震　233
コミュニケーション　194
根拠に基づいた医療　→　EBM
コンテンツ安心マーク制度　102, 104

サ 行

サステナビリティ　188
サービスイノベーション　196
サプライサイドマネジメント　196
3度目の奇跡　168
思考過程　41
自己決定　165
自主の取組　243
地震随伴事象　227
地震調査研究推進本部　232
地震防災対策特別措置法　232
システム技術　26, 81
システム設計法　81
自然言語処理　204
自動車技術　52
シナリオ分析　154
シビアアクシデント　242
　——対策　241
社会システム　58
社会実験　5-8, 10, 11, 13-15
社会的企業　2, 128
　——診断カルテ　133
社会的受容性　244
集合知　205
渋滞緩和　4, 5
渋滞税　4-6, 9, 11, 12
集団意思決定　194
州民投票　162
住民投票　11, 13, 15
主観的規範　34
準抽象化理論　48
シュンペーター　169
上位概念化　48, 184, 200
省エネ技術　211
省エネ法　211
貞観津波　231

索引　267

照査 53
情動的ステップ 164, 167
症例データベース 113
食品トレーサビリティ 102, 104
ジョブズ,スティーブ 173
進学振分け 69
人工知能 204
人工物 27
震災リスクの証券化 102–105
新制度論 146
心的イメージ 193
信頼 35
診療ガイドライン 113
診療ナビゲーションシステム 112, 113, 119
森林認証制度 102–104
推論 44
スキット 195
スキャニング 186
ステークホルダー 26, 58, 112
　——分析 59
ストックホルム 4, 5
スリーマイルス島事故 159
政策過程 143
　——分析 145
政策原理 68
政策デザイン 16
政策ネットワーク 146
政策類型論 146
政治過程 143
精緻化見込みモデル 35
制度設計 27
生物多様性情報システム 102
世界エイズ・結核・マラリア対策基金（世界基金）78
世界観の止場 194
世界保健機構 → WHO
設計 16, 31
　——解 53
　——基準事象 241
　——仕様 53
セルフサービス 170
セルフメディケーション 121
全体像の把握 58
全体論 16
　——的アプローチ 20

全頭検査 162
全米疾病電子監視システム 102, 104
専門知識 41
早期警告対応システム → EWRS
相互作用ゲイン 194
相互作用ロス 194
創造性 34
創造的思考 38
創造的問題解決 34
遡及推論 → リトロダクション
ソーシャルエンタープライズ → 社会的企業
ソーシャルビジネス55選 130
ソマティック・マーカー仮説 165, 174

タ　行

耐震バックチェック 230
代田イズム 129
態度形成モデル 164, 166
大脳新皮質 39, 40, 184
ターゲットドメイン 47
多元主義 146
ダマシオ 165, 174
地球温暖化 72
知識の構造化 22
知の構造化 175, 191, 204
　——技術 204
チームビルディング 190, 191, 197
着目すべき問題点 58, 59
ちゃぶ台返し 187, 195, 201
長期記憶 192
直接請求 150
津波災害シナリオ・シミュレータ 24, 26
津波災害シミュレーター 102, 105
津波堆積物調査 231
「津波評価技術」220
津波防災 22
定期安全レビュー → PSR
低・中レベル放射性廃棄物 → LILW
ティーチングノート 214, 215
手がたり 138
デザイン 16, 31
　——思考 182
　——シンキング（Design Thinking）182
デマンドサイドマネジメント 196
テーラーメイド医療 114

東京大学 i.school　138, 168
東京大学知の構造化センター　171, 175, 204
統合思考　195
東北地方太平洋沖地震　22, 218
トゥールミン・モデル　66
道路交通情報通信システム　→　VICS
土砂災害防止法　90, 100, 102, 103
ドライブレコーダー　33, 184
鳥インフルエンザ　35, 83, 161

ナ 行

内的事象　243
日本らしさの追求　169
人間中心イノベーション　169, 170, 181, 182, 191, 195

ハ 行

バイオテロ攻撃　85
ハイ・サービス日本300選　197
白内障　135
ハサップ　→　HACCP
ハザードマップ　23
パース　44
バーチャルリアリティ　31
発想支援手法　96, 185
パンデミック　82
東日本大震災　1-3, 217
ビジネスインサイト　170
ビジネスエスノグラフィ　183
非常用海水ポンプ　228, 248
避難　22
ヒヤリ・ハット事例収集分析事業　102, 104
ヒューリスティック　42
貧困　72
　　──ビジネス　129
不安喚起モデル　35, 160
フェリカカード　181
俯瞰的アプローチ　16
福島第一原子力発電所　218
　　──事故　208
福島第二原子力発電所　218
フライトレコーダー　33, 184
プリパッケージ　170
プレゼンテーション　195
フローレンス　2, 136

文化人類学　183
文言調整　244
文理協働　17
文理融合　17
ベースドメイン　47
防災意識　31
防災教育　24, 26, 31
防災まちづくり支援システム　102, 104
方略の知識　41
補償　165
ポリア　42, 43

マ 行

マインドセット　173, 174, 190, 191, 197
マズロー　51
マネジメントサイクル　38
無意識　39
ムハマド・ユヌス　128
メタ思考　194
目的手段関係　183, 185
問題解決マトリクス　108

ヤ 行

要求機能　53
要素技術　26, 81
欲求階層説　51

ラ 行

ラズウェル　145
ラピッドエスノグラフィ　182
リコール　150, 154
　　──制度　102-104
リスクコミュニケーション　26
リスク認知　31
理性的ステップ　164, 167
リトロダクション　45
リーマンショック　168
類推　→　アナロジー
レヴァイアサン・グループ　146
連想ゲーム　192
ロウイ　146
ロードプライシング　100, 103

ワ 行

ワーキングメモリ　192

ワークショップ　138, 172, 176, 186, 188　　　　　──プロセス　188, 207

著者略歴

堀井秀之（ほりい・ひでゆき）

1958 年　東京都生まれ．
1980 年　東京大学工学部土木工学科卒業．
1983 年　ノースウェスタン大学大学院博士課程修了．PhD
　　　　（土木工学）．
現　在　東京大学大学院工学系研究科社会基盤学専攻教授．

主要著書

『問題解決のための「社会技術」：分野を超えた知の協働』
　（中央公論新社，2004），
『安全安心のための社会技術』（編著，東京大学出版会，
　2006）

社会技術論　問題解決のデザイン
2012 年 7 月 25 日　初　版

［検印廃止］

著　者　堀井秀之
　　　　ほり い ひでゆき

発行所　財団法人　東京大学出版会
代表者　渡辺　浩
　　　113-8654　東京都文京区本郷 7-3-1 東大構内
　　　http://www.utp.or.jp/
　　　電話 03-3811-8814　Fax 03-3812-6958
　　　振替 00160-6-59964
印刷所　新日本印刷株式会社
製本所　矢嶋製本株式会社

©2012 Hideyuki Horii
ISBN 978-4-13-062833-4　Printed in Japan

Ⓡ〈日本複製権センター委託出版物〉
本書の全部または一部を無断で複写複製（コピー）することは，著作権法上の例外を除き，禁じられています．本書からの複写を希望される場合は，日本複製権センター（03-3401-2382）にご連絡ください．

安全安心のための社会技術	堀井秀之編	A5判/3200円
ヒューマンエラーは裁けるか 安全で公正な文化を築くには	シドニー・デッカー，芳賀繁監訳	四六判/2800円
東大エグゼクティブ・マネジメント 課題設定の思考力	東大EMP，横山禎徳編	四六判/1800円
技術経営論	丹羽清	A5判/3800円
イノベーション実践論	丹羽清	A5判/2600円
政策過程分析入門［第2版］	草野厚	A5判/2800円
科学技術社会論の技法	藤垣裕子編	A5判/2800円

ここに表示された価格は本体価格です．ご購入の際には消費税が加算されますのでご了承ください．